曲终人未散

QUJIN RENWEISAN

民国梨园那些角儿

MINGUO LIYUAN NAXIEJUE

陆阳 著

团结出版社

图书在版编目（ＣＩＰ）数据

　　曲终人未散：民国梨园那些角儿 / 陆阳著. -- 北京：团结出版社，2018.1
　　ISBN 978-7-5126-5864-6

　　Ⅰ．①曲… Ⅱ．①陆… Ⅲ．①京剧－艺术家－生平事迹－中国－民国 Ⅳ．①K825.78

　　中国版本图书馆 CIP 数据核字 (2017) 第 304482 号

出　　版：团结出版社
　　　　　（北京市东城区东皇城根南街 84 号　　邮编：100006）
电　　话：（010）65228880　65244790　（出版社）
　　　　　（010）65238766　85113874　65133603（发行部）
　　　　　（010）65133603（邮购）
网　　址：http://www.tjpress.com
E-mail：zb65244790@vip.163.com
　　　　　fx65133603@163.com（发行部邮购）
经　　销：全国新华书店
印　　装：三河腾飞印务有限公司

开　　本：163mm×240mm　　16 开
印　　张：16.25
字　　数：244 千字
印　　数：4045
版　　次：2018 年 1 月　第 1 版
印　　次：2018 年 1 月　第 1 次印刷

书　　号：978-7-5126-5864-6
定　　价：48.00 元

目录

梅兰芳：一枝香梅盛开在梨园

　　清晨，北京城里一片寂静，破落了的梅家大院里传来稚嫩的童音，原来是梅家那个唤作畹华的独苗小儿郎在吊嗓子。

　　可是，细听去，心里不禁有些凄凉，那咿咿呀呀之声略显生涩，并不合拍，也少韵味。看来，梅家这个梨园世家，到了第三代不仅家境没落了，就连唱曲儿的功夫也随之没落。

郁郁畹华

　　当年，在北京城里，提起京剧班社"四喜班"的班主梅巧玲，那可是出彩的名角儿，不论是在扮相还是在唱腔上，都让人为之惊叹。他到哪个戏园子唱戏，哪个戏园子里就满坑满谷，座无虚席。宫里的贵胄、宫外的达官贵人办堂会时，点名邀请的也有他。

　　当畹华在 1894 年呱呱坠地之时，祖父梅巧玲已经离开人世。有关他的一切，只是从慈祥祖母的口述中才有了梗概。

　　早年，苏北的泰州，有一家梅姓的铺子，专卖一些木雕的人物和佛像。虽说家中不算富裕，但也和和睦睦。不过，天不遂人愿，里下河一带的水患不断，导致无数人家沦为赤贫。梅家男主人穷病而死，女主人颜氏带着三个儿子逃难江南，可富庶的江南并没有改变一家人的命运。颜氏不能眼见儿子们饿死，只得忍痛将 8 岁的长子梅芳普卖给苏州的一个江姓鳏夫作义子。后来，另外两个儿子又不知什么原因下落不明，孤苦的颜氏只能只身回到故乡。不久，颜氏也饿死了。

　　梅芳普被卖到江家，逃却了饿死的噩运。义父江某一度也将他视如己出，但好景不长。江某在娶妻生子之后，对梅芳普的态度就变了。

11 岁那年，梅芳普就被遣出了江家，卖到了当时的"福盛班"学唱戏。

"福盛班"的班主杨三喜虐待徒弟，是当地出了名的。在杨家，梅芳普受了多少的罪，吃了多少的鞭打，数也数不清。接着，梅芳普又被卖到了夏家，京剧的唱腔技艺没学多少，一样是备受折磨虐待。

当时有一位名叫罗巧福的艺人开门授徒，见不得小小年纪的梅芳普受尽磨难，就拿钱赎了他。这位罗巧福，曾经师从杨三喜，如今已经满了师，算来也是梅芳普的师哥。好在罗巧福待徒弟厚道，且教戏认真，对饮食寒暖也算得上处处当心。梅芳普也总算是苦尽甘来，有了希望。

不多久，梅芳普就登台演出，这时候也有了挂牌的艺名——梅巧玲。一上台，梅巧玲就赢得了追捧，不久即师满出门。之后，梅巧玲娶了京城昆曲儿名角陈金雀之女。成了家的梅巧玲更是一心扑在了京剧上，这时候他已经是唱红了北京城的名旦角儿。

梅巧玲应工花旦，却又不满足于本行，他革新了身段、表情、神气、台步及扮相，打破了过去京剧舞台上贞女烈妇"行不动裙、笑不露齿"的动作程式，又汲取青衣的唱功技巧，逐渐红透京城，成为"同光十三绝"之一，也顺理成章地接管了"四大徽班"之一的"四喜班"，成为班主。梅巧玲还应召进了宫，为慈禧太后和王公大臣唱堂戏。由于他生得脸圆体胖，与他为人的一团和气相称，慈禧太后还赐了"胖巧玲"的雅号。

接手了"四喜班"这样一个百年的戏班子，并没有给梅巧玲带来更多的荣耀，反而耗尽了他的一生。当年遭遇了接连两次"国丧"，"四喜班"已经寸步难行。还不等"四喜班"喘口气儿，偏偏赶上了八国联军攻入北京，"四喜班"此时已经是气数不再，成了空架子、烂摊子。

从磨难中出头的梅巧玲在做了班主之后，一反苛待学徒和同业的戏班恶习。无论是有名的角儿，还是普通学徒，他都尊重爱护，并且特别宽容。在"国丧"期间，戏班不能演出而没了收入时，他不照日薪制的行规，不惜借贷给班子发全薪。梅巧玲因而又有"义伶"的美誉。

对于畹华来说，真正不幸的是他父亲梅竹芬死得太早，26 岁，留下 22 岁的妻子杨长玉和 4 岁的畹华。

母亲带着畹华，跟着大伯梅雨田一家生活。由于大伯一连生了几个女儿，没有儿子，梅畹华集传承梅家香火于一身，于是有了"肩祧两房"的责任。然而话虽如此，寄人篱下的日子，再好过能好到哪里，伯父伯母的疼爱，能疼爱到哪般。姑母曾经这样回忆梅兰芳："他幼年的遭遇，是受尽了冷淡和漠视的。从家庭里得不到一点温暖，在他十岁以前，几乎成了一个没人管束的野孩子。"

畹华8岁时，正式开始学戏了。出身于梨园世家，秉承父业、光大祖宗的门楣和事业，是顺理成章的事，事实上更大程度上他是无从选择，也不能选择。

然而，小小少年似乎不是学戏的料。大姑母就曾这样数落他："言不出众，貌不惊人。"

先说"貌"。小时候的畹华，长着一张胖嘟嘟的脸，细长的眼睛，厚厚的嘴唇，宽阔的脑门——并不难看，还颇可爱。但照艺人的标准来看，条件就不大好了。而且他的视力还有点儿问题，眼皮老是半下垂着，遮住了眼眸，看上去两眼无神。

再说"言"。准确地说，他不是"言不出众"，而是口不能言——不爱说话，不善表达。

沉闷的院子里，少年的声音戛然而止。少年面无表情，有些呆板的大脸庞，一双眼睛耷拉着眼皮，整个人看上去有些蔫乎，哪里有他父亲梅竹芬的半点清秀，更是不及他祖父梅巧玲的半分玲珑。

第一个被梅雨田请来为侄子说戏的是朱小霞，同学中有朱小霞的弟弟朱幼芬及畹华姑母的儿子王蕙芳。

有王蕙芳的聪慧机灵作对照，畹华更成了"扶不起的阿斗"。朱小霞教《三娘教子》开头的四句老腔，畹华终是不能上口。朱小霞一怒之下，撂了句"祖师爷没给你饭吃"，拂袖而去。

谁也不知道性格内向的畹华，当时自尊心会受到怎样的伤害。当他望着师傅气哼哼的背影，不知心中会有多少委屈多少懊恼，想到又要听到祖母、伯父和母亲的叹息，他的眼皮也许耷拉得更厉害了。

都说"千里马易得，伯乐难寻"。那位不肯教畹华学戏的朱小霞显然不是伯乐，他被孩子的表象所蒙蔽，没有发现内藏的深深的潜质。倘若家长辈听信了他的判断，从此让畹华另寻人生道路，那么京剧史上就可能少了一位大师。很多年以后，梅畹华成了梅兰芳，大名在外。

有一次，在戏院后台，梅兰芳遇见了当年被他气走的师傅朱小霞。朱小霞有些惭愧地对梅兰芳说："我那时真是有眼不识泰山！"梅兰芳却笑着说："要不是挨您一顿骂，我还不懂得发愤苦学呢！"

朱小霞之后，畹华的伯乐出现了，他就是吴菱仙。吴菱仙是著名的"同光十三绝"之一时小福的弟子，当时已年逾五十，较之血气方刚的朱小霞自然要多些耐心。他不用"戒方"体罚，甚至连大声呵斥都不曾有过，有的只是不厌其烦。他在桌上摆放着10个铜板，畹华每唱一遍，他便取下一枚铜钱，放在一边的漆盘内，直到10枚铜钱全部拿完，然后再重新来过。这样的土办法很有效，不仅使畹华有了一个比较扎实的基础，也如同"书读百遍，其义自现"——就在那一遍遍的重复中，畹华也渐渐感受到了唱戏原来是如此地妙不可言。

1904年，梅畹华实足年龄10岁。这年，他第一次登上了舞台，在《长生殿》里饰演一个小织女。台上有一个用道具搭成的"鹊桥"，小小的畹华被师傅吴菱仙抱上了"鹊桥"。站在"鹊桥"上，望着摇曳的烛光，畹华很兴奋。一兴奋，也就忘掉了恐惧，他放声高歌。他没有料到，这一唱，就唱了半个多世纪，一直唱到了他生命的尽头。

13岁那年，畹华正式搭班"喜连成"参加日场演出。17岁那年，他以一曲《玉堂春》开始引人瞩目。那几年，畹华的生活极为刻板、单调、枯燥，天明即起出城吊嗓，然后练身段、学唱腔、念本子。练跷功时，他踩着跷站在放一张长板凳上的一块长方砖上，一站便是一炷香的时间，直站得汗如雨下、眼泪汪汪。寒冬腊月里，他踩着跷在冰面上跑圆场，常常被摔得鼻青脸肿。拿大顶时，他得忍受着头晕、呕吐等不良反应，有时竟昏倒在排练场。认真刻苦，几乎到了"惨烈"的程度。

想来，畹华应该是以戏为命的人。旁人下了一成功夫，而他却是下了九成的功底。畹华虽然姿不过人，毫无天质，但却是遗传了祖父梅巧玲坚忍不拔的性子，学得了父亲梅竹芬认真踏实的风范。

与师兄弟王蕙芳、朱幼芬相比，梅畹华自然是个"慢热"的人，正如他不急不躁的性格。人们往往喜欢将他们并论，王蕙芳以天资聪慧被人称好；朱幼芬以响亮高亢的嗓音获得称赞；至于梅家的这第三代，摇头的人就多了，有人说他"脸死、身僵、唱腔笨"，有的感叹"这孩子怎么就一点都不像那胖巧玲呢"，更多的则是深深惋惜，梅巧玲的风采到了第三代竟然要湮灭了。对人们的这些评论，年少的畹华只是听在耳里，照常练功，照常演戏，如同山里的一条小溪不声不响地向前流淌。

终于，畹华赶上了王蕙芳。堂兄弟俩一度在戏园子里同台亮相，风采相当，戏迷们戏称"兰蕙齐芳"。"蕙"，当然是指王蕙芳，"芳"，指的正是畹华郎，此时他已经有了自己的艺名——梅兰芳，透着几分书卷气。

终于，畹华赢得了台下轰鸣的掌声。好一个梅家儿郎，果真是世家男儿，巧笑间有了丝祖父的音容，踱步的身姿添了几分父亲的影子，带着让人不由就叫好的范儿。

婚姻，原来是缠绵的伤

刚唱出了些名气，17岁的梅兰芳却碰上了嗓音的变声期，也就是所谓的"倒仓"。这对于艺人来说，是一个磨难，今后是不是还能唱戏就没准儿了。

此时的梅兰芳既不能天天吊嗓子练习唱腔，又不能去戏馆登台演出，终日无所事事，心情不佳，也打不起半点精神。不久，开始迷上了养鸽子，梅家大院里平日咿咿呀呀的练噪声也变成了鸽子咕咕的鸣叫声。

相依为命的母亲，已经在两年前因病去世。祖母和大伯母觉得总要为他做些事情，冲冲晦气，不能再这样下去。

在祖母和大伯母看来，能够冲晦气的当然是喜事。梅兰芳在自己青黄不接的时候，迎来了自己的终身大事。

那一年，清宣统二年，公元1910年。一袭青裳的她，拘谨地站在一株枝丫遒劲的古槐树下，满含羞涩地望向树后一身素衣的他，刚想开口问些什么，却忽地低下头去，拉扯着衣襟。忽地，有几只鸽子从她头顶翩翩飞过，携着一缕明媚的阳光，将她和他纤薄的身影交映在梅家大宅的影壁墙上。她忍不住偷偷瞥他一眼，却看到他正瞪大眼睛望着她笑。

出身梨园世家的王明华，就成了梅家上选的媳妇。这样的媒妁姻缘，自然门当户对。

相遇，没有言语，只是惊鸿一瞥，便能锁定某些东西，比如时光，比如记忆。与意中人四目相对的刹那，清澈的双眸中，尽是柔情。

就在那个春天，她成了他的女人，成了他梅兰芳的结发妻。她爱他，她把自己低到了尘埃里，并在那里开出了绚丽的花。从此以后，她心甘情愿为他做着一切，为他浆洗衣裳，为他烧茶做饭，为他描眉梳妆，为他生儿育女。

也许真的是大婚冲了喜，梅兰芳的好运也是接踵而来。"倒仓"不到一年时间，梅兰芳就恢复了嗓音，并且能够重新搭上大班唱戏。

梅兰芳在许少卿的邀请下，前往上海演出。从精湛的唱腔技艺，到或娇俏或妩媚的扮相，梅兰芳的演出一场即红。整个剧场里满满当当，疯狂的观众在台下掌声如雷。

婚姻的幸福美满，自然不在话下。王明华为梅家诞下了个大胖小子，取名为大永，这给一直没有儿孙的梅家带来了很大的喜悦。隔了一年后，王明华又生了个女儿，唤作五十。两个孩子不仅模样好看，而且十分乖巧，一家人沉醉在天伦之乐中。

王明华是个心思缜密的女人，对于夫君在台上的扮相，从化妆到行头，从发型到戏服，她总是有着天然的、极好的审美直觉。

《嫦娥奔月》那一出戏，梅兰芳饰演嫦娥，按照以前的程式，总是把短裙系在夹袄的里面，全然少了仙女的飘然意味。王明华参照古代侍女图，将嫦娥的衣饰改为淡红软绸对胸袄，外系一白绸长裙，腰间围着丝绦编成的彩色巾围，中间系一条打着如意结的丝带，两旁垂着玉佩。至于嫦娥的头面，王明华更做了大幅度改动，将头发披散在后面，分成两条，每一条在靠近后颈的部位加上一个丝绒做的"头把"，在"头把"下面用假发打两个如意结。这个崭新的嫦娥形象，初一上台，便获得满堂喝彩。

甚至连梅兰芳头上戴的一朵小小的绢花，她都要亲自到绢花作坊去定制最新花样。

她擅长梳头，尽心为他梳好假发，那梳法既繁复又漂亮，甚至连专业的梳头师傅都梳不来。她将梳好的乌黑假发装在梅兰芳随身携带的木箱里，只要他在上台前戴在头上，便是一个精美巧俏的古代美人。

为了梅兰芳，有了一双儿女的王明华做了一个更大胆的决定，那就是做了绝育手术。但是，这样不计后果的决定，最后让她失去了所有的一切。因为她那个倾之一生的男人，也只是抵不过世俗、逃不过红尘的男子罢了。

一场不幸降临到了梅家。一双儿女被麻疹夺去了性命，一时间梅家陷入了极大的悲痛。对于梅兰芳来说，丧了一双儿女，自然是悲痛，但是对于骄傲的王明华来说，在失去一双儿女的悲痛上还要承受着家庭的解体。

当时，梅兰芳还不到 30 岁，还正值年轻，又是家族里兼祧两房的独子。依旧是为了他，为了梅家的后代，王明华最终让步同意他再娶。

前生的擦肩，换来今世的相逢，前世的回眸，换来今生的姻缘，只是，谁在辜负着难得的姻缘？回望，不过是虚梦一场；回首，不过是飞蛾扑火。

梅兰芳第二段婚姻的女主角叫福芝芳。

福芝芳和梅兰芳第一次见面，是在一次堂会上。那时她正是 15 岁的豆蔻年华，正跟着梅兰芳的启蒙师傅吴菱仙学青衣。

她于滚滚红尘中与君王邂逅，红尘里不相识的两个人走到一起，是上天冥冥之中注定了的安排。初次相见的那一天，鲜红的梅花高挂枝头，一如她含羞的面颊。他的一颦一笑都那么熟悉、温暖和令人心动，爱情的种子悄悄萌芽。

面对梅家的提亲，福芝芳母亲自然同意，但又表示，福氏虽家境贫寒却是正经人家，不以求荣来嫁女儿，也不要订金和聘礼，但她的女儿绝不给人做二奶奶，梅兰芳必须按照兼祧两房的规矩迎娶福芝芳，嫁过去后与王明华同等名分。且她膝下只有这么一个宝贝女儿，必须让她也跟着女儿到梅家生活，将来梅兰芳要为她养老送终。

对于福芝芳母亲的条件，梅家一口应允，做了"错事"的王明华也没有异议。很快，在那个雪花漫天飞舞的日子里，她终于穿上华美的新嫁衣，一路吹吹打打，欢天喜地嫁到了梅家，与她思慕了整整一年的梅郎结为伉俪。

新婚当夜，梅兰芳并未直接进洞房，而是来到了王明华的屋子里。他与她挑灯说话，与往常一样；她笑着应答回话，亦如往常一样。

然而，过了今夜之后，往常便再不是往常。这个自己深爱的男人，将把自己的温情与怜爱分与另一个女人，他曾经看着自己的眼神，说话的语气，曾经只属于自己的温热的肌肤，温暖的怀抱，都将归了另一个女人去。

王明华心头百般滋味，苦楚，痛惜，哀伤，不得不以平静甚至欣喜努力将它们压制下去。

她笑着听他说完想说的话，然后替他整整衣襟，淡然地说："快过去吧，今天是你们大喜的日子，别让人等得久了。"

梅兰芳轻声安慰王明华早点休息。王明华轻轻推他，说："快去。"

梅兰芳轻轻关上门后，王明华终于无须忍耐，霎时泪流满面。

新人进家，旧人的举动大气得体，然而内心却一直在痛苦流血。

冬去春来，梅兰芳娶了福芝芳之后，先后生下几个孩子。王明华心中由衷为梅家高兴。

只是有多高兴，心中便有多荒凉。眼前的儿女绕膝，与天伦之乐，自己又何尝没有享受过呢？如果自己的一双儿女尚在人间，如今，已经读了学堂吧？若是当初自己没有贸然做出绝育的决定，如今眼前的场景应该还是属于自己与他的吧？

整日的沉重心思，让王明华情绪越来越消沉，身体越来越孱弱。先开始时胃痛，后又染上了肺结核，久治不愈。

王明华以担心影响一家老小为由，执意离开，去往天津，独自养病。

1926 年，梅兰芳的情感生活又有新故事，他与老生演员孟小冬相爱了。梅兰芳特意带着孟小冬到天津医院探望王明华。

王明华依然给予了他们诚挚的祝福。因为除了祝福，她已经一无所有。

之后，听闻梅兰芳与孟小冬于 1927 年成亲，听闻他们恩爱，听闻福芝芳不接受孟小冬，听闻他事业蒸蒸日上，如日中天……

这些故事，于王明华而言，俨然已经是另一个世界里的，俨然远得如同前世里的一个梦，如今，统统与她不再有半点干系。

1929 年初，王明华在天津病故，终年 37 岁。

碧落间，黄泉去。今生的相伴，到此成了终曲，只盼来世珍惜。她是一个鞠躬尽瘁、全心全意，为梅兰芳死而后已的女人。可惜，大爱大悲，她低到尘埃，芳菲落尽。

嫁给梅兰芳的福芝芳，自打进了梅家门，就断了一切外面的往来，专心致志地做着梅家的媳妇，整日里不多言语，操持着整个梅家。

与他携手，虽一路风雨，却也延续了一份平凡而绵长的深情。然而，红尘深深，不染纤尘的爱情或许只存在于童话世界里，柴米油盐酱醋茶伴着喜怒哀乐才是生活的主题曲。

后来，孟小冬的出现，如过客一般，匆匆地来了，匆匆地离去，似乎留下些意犹未尽的余香，却也随着风散去，慢慢淡泊了。

注定是自己的，终会是自己的，就像她和兰芳，兜兜转转还是走到了一起。注定不是自己的，怎么努力也是枉然，就像兰芳和孟小冬，历尽波折亦是无法终老一生。

二十世纪八十年代，福芝芳去世，和王明华、梅兰芳合葬在万花山大梅花下。据说五十年代末的一天，梅兰芳与福芝芳游于万花山，大师突然说："我想我死后最好就下葬在这里。"福芝芳以为丈夫随便一说，接口道："您老百年后还不是被请进八宝山革命公墓？"大师不无担忧地说："我如进了八宝山，你怎么办？"一听此言，福芝芳的眼泪几乎夺眶而出。

茫茫人海，诸多过客，擦身的，不擦身的，就这么过去了。如果，每个人都要有些点缀，那人生会不会有太多烦琐，还是简单一些，容易让人沉醉。故事的开始，是令人欣慰；故事的结束，依然令人满意。

香梅盛开时

"海岛冰轮初转腾，见玉兔，见玉兔又早东升。那冰轮离海岛，乾坤分外明。皓月当空，恰便似嫦娥离月宫，奴似嫦娥离月宫……"清婉的唱腔骤然响起，那个穿越历史烟尘的杨玉环款款而来。

只见她，头戴着金丝八宝攒珠髻，绾着朝阳五凤挂珠钗，身穿缕金百蝶穿红缎，贵妃之容，增一分则长，减一分则短。只见她，一双杏眼儿含情，两弯柳眉含意，身量修长，体格风骚，粉面露春，丹唇含朱。只见她，衣袂乍飘，翩翩似舞蝶，香气袭人，朦胧间入了迷。当真是，回眸一笑百媚生，六宫粉黛无颜色。

台上妩媚的杨贵妃引了台下的痴迷，台下阵阵的轰鸣掌声，惹了台上人娇媚一笑，不是女儿却更似女儿情，当真让人心思乱了。这就是台上的梅兰芳，美得无可比拟。

1914 年冬，在"丹桂第一台"的一出《贵妃醉酒》，真正地让上海的观众迷上了梅兰芳。人们每天都可在《申报》上看到有关梅兰芳的演出消息，称其所扮演的青衣角色有"一种妩媚幽静令人心醉"之感，说他的《贵妃醉酒》"声色兼备，真独一无二之好戏"。有人这样评价他在上海演出的成功原因："他的扮相、嗓子和出台的那一种气度，过去我们是没有见到过的。"那么，这是怎样的一种气度？答案是：清新、脱俗、美丽、高贵、大气、从容，又不失神秘。

这是梅兰芳时隔半年多时间后，再次踏上上海滩。这座不夜城，令他激动，令他欣喜，更令他流连忘返。

京剧早在 1867 年便进入了上海，随着上海日渐成为远东大都市，京津两地的京剧艺人更加频繁南下，上海实际上成为南方京剧艺术中心。

《贵妃醉酒》是花旦艺人路三宝的拿手好戏。畹华早些年看路三宝演出此戏时便觉得他的做派相当细致，功夫也扎实，确实名不虚传。但因为当时这出戏是路三宝的"看家戏"，尽管心仪已久，他始终未曾启齿向他提出学习这出戏的要求。当他第一次从上海演出回京后，发现路三宝居然已不再唱这出戏了，于是才虚心向其求教。路三宝对畹华这个后生晚辈也是另眼相看，当即满口应承下来，足足教了他半个多月。

说来，梅兰芳的走红，还与另外一个人有着莫大的关系，这个人便是齐如山。

民国初建，齐如山当时担任京师大学堂和北京女子文理学院的教授。这个时期，北京城流行的就是听曲儿看戏，而且齐如山本人也痴迷京剧。普通看客，平日里看戏，看的是热闹，但这位齐如山看的却是门道。

一次，他看了一出梅兰芳的《汾河湾》。在这出戏里，梅兰芳的一笑一颦，一举一动，一个踱步，一个水袖，做得非常到位，但里面的一个场景，让齐如山看到了瑕疵。那是梅兰芳扮演的柳迎春苦等了丈夫十八载，丈夫已经回来在窑门外向她诉衷肠，然而柳迎春进窑后用椅子顶住窑门，然后一直背向观众而坐，并无动作。

散场之后，齐如山给梅兰芳写去了一封长达三千字的信，对梅兰芳的演技做了一番评价，大抵的意思就是柳迎春太过木讷，没有感情，这样的戏看起来味同嚼蜡。在指出自己不同的看法之后，还提出了一些建议。他说，柳迎春盼夫盼了十八年，当丈夫站在眼前诉说时，她却如木头人一样背身听着。那种再见丈夫时的惴惴不安和激动，要表现在举止之间，可以趁着琴拉"过门"时，见缝插针地加进身段、表情，表示她在注意侧耳细听。这样才能把这个人物演活，才是实实在在的、有情有感的女人。

信寄出去之后，齐如山逐渐地也就忘了自己一时兴起写的那封信。过了十几天，正赶上梅兰芳再次演出《汾河湾》。看完整出戏的齐如山，心情澎湃，因为他看得出来，梅兰芳这次的《汾河湾》是照着他的意思，当真是一一做了修改。

齐如山没有想到，这位风头正劲的青年名旦，竟是如此虚怀若谷、从善如流，不由得增了几分敬佩之情，他相信眼前的这位男旦将来必能成大器。

此后，齐如山对梅兰芳的表演就更加关切，每看到梅兰芳的戏，便会写信，而梅兰芳除了会吸取意见之外做修改，还会给齐如山回信。这样的书信关系一直持续了两年，两人终于见了第一面，成了一老一少的莫逆之交。

无关儿女私情，无关红尘烟火，他带着那份热情给了他真挚的瞩目，他带着那份谦逊接受他真诚的关怀。或许，齐如山这个名字根本如大海中的水滴，寻不到半点痕迹，但是在当年梅兰芳的艺术生涯中，他却是一滴落在梨花上的露水，晶莹的，在阳光下显而易见。

1930 年，北平的梨园行"元旦开台"，戏迷们把戏园子坐了个满满当当。戏虽看得过瘾，不过不少戏迷的心里还是觉得缺了点什么，因为他们非常喜爱的梅老板没露面。

这一年的 2 月 8 日，纽约的一家报纸上出现了这样一行标题："受五万万人欢迎的大艺术家梅兰芳来到纽约了！"

1930 年的 2 月 16 日，京剧就是在这里第一次登上了美国纽约第四十九大街剧院的舞台。

梅兰芳访美的提议，始于美国驻华公使保罗·芮恩施。这位公使偶然看了梅兰芳的演出后，对京剧艺术入了迷。在离任之时说了这样一句话："若欲中美国民感情益加亲善，最好请梅兰芳去美国一次。"他的这番话打动了梅兰芳，于是梅兰芳和他的一些好友开始了长达八年之久的准备。

当梅兰芳巡演的消息传到美国后，美国戏剧界的反应却与芮恩施公使大相径庭。美国著名演员斯金纳认为，梅兰芳美国之行成功的可能性很小，除非他只在少数几个城市的唐人街里为他的同胞表演，中国戏曲的表演形式太过另类，更适合好奇者。

梅兰芳当晚演出的剧目有：《汾河湾》《剑舞》《刺虎》等。当时的美国人仿佛是一夜间就接受了梅兰芳和他的表演。梅兰芳在纽约一炮而红，两个星期的戏票三天内便预售一空，以致后来不得不又在国家剧院连演了三个星期。大萧条的美国被梅兰芳迷住了。五美元的票价被票贩子们炒到了十五六美元，算得上是大萧条时期百老汇的天价了。

《纽约先驱论坛报》在首演之后立刻刊登了对梅兰芳的报道："梅先生的每一个动作都看起来像个女人。在中国传统戏剧中，女性角色由男人扮演，这本身并没有什么不同寻常。值得注意的，是梅先生在表演中所表现出来的优雅。这是一种新奇、完美的艺术，它是如此高雅，足以整晚吸引美国观众，尽管大多时候，他们只能猜测台词和演员动作的意思。"

当时的美国对梅兰芳有这样的评论：

"东方是东方，西方是西方，这对孪生子从未相遇过，但现在他们毕竟相遇了，这一情况体现在梅兰芳的身上。"

"对我来说，梅兰芳首先是个舞蹈家，我在看他表演《红线盗盒》的剑舞时，总代表性地思考到他的舞蹈已经达到一种最高的境界。"

"梅兰芳在舞台上出现三分钟，你就会承认他是你所见到的一位最杰出的演员，像这样的艺术过去在纽约压根就没有看见过。"

"在美国，每几年里必定有一个夺冠军的人，无论是政界、工商界还是学术界，这是一个最引人瞩目的人，这一次夺冠军的这个人一定就是梅兰芳无疑。"

《纽约时报》的记者阿特金森，更是把梅兰芳的表演称为"美得如同一个中国古代花瓶或毛毯"，这句话作为对梅兰芳表演的赞美之词，后来被印到节目宣传单和广告插页上。

在以后的半年时间里，梅兰芳在西雅图、芝加哥、旧金山、洛杉矶、圣地亚哥和檀香山等地继续演出，梅旋风在萧条时期的美国也越刮越大，到处是如痴如狂的观众，赞誉不断的评论，杯觥交错、仕女如云的招待会……

不过有一位美国人没能一饱眼福，他就是胡佛总统。演出的当天，胡佛恰好在外地。事后胡佛特地打电话邀请梅兰芳再来华盛顿。由于下一站演出的门票已售出，一向很守信用的梅兰芳只能谢绝了胡佛的好意。为此，梅兰芳和胡佛都遗憾了好长一段时间。

梅兰芳访美演出载誉而归，苏联有关方面又发出邀请访苏的函件。于是，又有了梅兰芳 1935 年 3 月的苏联之行。

苏联政府方面怕团员受不住颠簸之苦，派一专轮"北方号"，直接驶往上海迎接梅兰芳。"北方号"从沪出发直航海参崴。然后再转乘西伯利亚特别快车，经过二十多天的旅程，梅剧团一行于 3 月 12 日抵达莫斯科。

梅兰芳在苏联演出的盛况不亚于美国。原计划在莫斯科表演五场、列宁格勒三场，后因观众购票空前踊跃，经苏方要求，盛情难却，遂改为在莫斯科演出六场、在列宁格勒增加到八场。最后苏联对外文化协会又请他们在莫斯科大剧院再加演一场，作为临别纪念。这一场，梅兰芳被掌声请出谢幕多达十八次之多，这在该剧院的舞台演出史上，亦是破天荒的事。那些日子里，甚至马路上的小孩，看见衣冠整洁的中国人走过，都会喊一声"梅兰芳"，可见其影响之大。

在苏联期间，梅兰芳还拜访了斯坦尼斯拉夫斯基、丹钦科等戏剧大家。德国名剧作家和导演布莱希特当时受希特勒的迫害，正在苏联政治避难。他观看演出后，对京剧艺术着了迷，写了一篇《论中国戏曲与间离效果》的论文，盛赞梅兰芳和中国戏曲艺术。他兴奋地指出，他多年来所朦胧追求而尚未达到的，在梅兰芳却已经发展到极高的艺术水平。

斯坦尼斯拉夫斯基、布莱希特、梅兰芳，世界三大演剧体系的创始人会聚一堂，各抒高论，互相交流，是当年国际艺术界的一件盛事。自此，世界三大戏剧体系也真正为世界戏剧界所公认。

不同桃李混芳尘

温温润润的梅兰芳，如玉般光滑，没什么棱角，也没什么刺儿，但却是一个极有原则的人。不论是唱戏还是做事，有着自己的原则。

1937 年，卢沟桥事变之后，日本侵略者发动了全面的侵华战争。梅兰芳放弃了他经营半生的缀玉轩故居，与家人移居上海。

没多久，战火延至上海，虽然租界没有被日军攻占，但由于断绝了经济来源，梅兰芳一家生活窘迫，甚至靠典当度日。

应该说，日本对于梅兰芳的艺术，也是推崇至极。早在 1919 年 4 月，梅兰芳就应文学家龙居濑三之邀，到日本东京的帝国剧场公演。这是中国京剧第一次走出国门。

梅兰芳演出的票价：特等票为 10 元，而日本歌舞伎的特等票价不过 4.8 元。尽管如此，剧场仍然天天满座。据说，日本的皇后和公主特别订下第一号包厢观看梅兰芳的演出，看完后，因为台上梅兰芳的扮相太美而自惭形秽。

日本为之震惊，震惊于中国除了他们所认为的小脚、长辫、马褂外，居然还有如此新颖别致且精美绝伦的文化；震惊于中国除了抽鸦片的猥琐小市民外，居然还有如此高贵大气的艺术家。

1923 年，梅兰芳又一次带团赴日本演出。这次梅兰芳在重建的帝国剧场演出了十来天。从公开演出的第一天起，东京各大报纸几乎每天都有关于梅兰芳演剧的评论。

结束演出后，日本许多戏院的老板都想以重金聘请梅兰芳就此留在日本长期演出，梅兰芳当然是拒绝了。日本人无奈地感叹："梅郎不是樱花，东瀛无福消受。"

日本人对梅兰芳京剧艺术的挚爱，结果给梅兰芳带来了麻烦和痛苦。那时，有日本人邀请梅兰芳为了生计去演出几场营业戏，也有朋友极力劝荐梅兰芳拒绝演出，避免给日本人留下口实。多重压力聚于梅兰芳一人身上。最终，梅兰芳还是坚持了自己的原则："这个口子开不得！千里之堤，溃于蚁穴。我们不能上这个当！"

1938 年初，梅兰芳全家移居香港。从此，他深居简出，很少露面，每天里只是作画、练习太极拳、打羽毛球、学英语、看报纸、看新闻，以消磨时光。

战争蔓延，很快香港也未能幸免于难，在战火中沦陷了。为了收拢人心，点缀升平，日本人又盯上了梅兰芳。

为了摆脱日伪的骚扰，梅兰芳有一天早晨正对着镜子刮脸，突发奇想，"如果我能长出泰戈尔那样一大把胡子就好了。"几天没刮脸，小胡子就留起来了。虽没有成为美髯公，这还真成了他拒绝演出的一张"王牌"。

身为大汉奸的资深票友褚民谊来劝说梅兰芳，梅兰芳不忘嘲讽地说："你演得好，不如你自己演吧。"

香港的日本驻军司令酒井看到梅兰芳留蓄胡子，惊讶地问："梅先生，你怎么留起胡子来了？像你这样的大艺术家，怎能退出舞台艺术？"梅兰芳回答说："我是个唱旦角的，如今年岁大了，扮相也不好看，嗓子也不行了，已经不能再演戏了，这几年我都是在家赋闲习画，颐养天年啊！"数日后，酒井派人找梅兰芳，一定要他登台演出几场。正巧，此时梅兰芳患了严重牙病，半边脸都肿了，酒井获悉后无可奈何，只好作罢。

梅兰芳一家当机立断，离开香港返回阔别三年的上海。之后的梅兰芳闭门索居，以卖画为生，也不登台演出。

一时间，大上海的人们到店里争相购买梅兰芳的国画作品，不到两天时间，二十幅国画全部卖完。

许多知名仕商纷纷提出要为梅兰芳办画展。得知大家如此支持的梅兰芳特别兴奋，苦战了半个月，最后将完成的几十幅作品安排展出。

只是，卖画也不得安生，日本人的主意打到了梅兰芳的画卷上。

这一天,参加展览开幕式剪彩仪式的梅兰芳夫妻刚刚到展厅门口,看着观众们脸色不佳地离去。两人觉得不对劲儿,径直走进展厅,才发现每幅画上都用大头针别着纸条,分别写有"汪主席订购""周副主席订购""冈村宁次长官订购"……还有一些写着"送东京展览"。

气愤不已的梅兰芳,拿起桌上的裁纸刀,刺向一幅幅图画。"哗!哗!哗!"几分钟内辛苦半月有余的几十幅国画此时成了片片碎纸。梅兰芳义愤填膺的毁画举动,很快传遍整个上海,也很快传遍了整个大江南北。宋庆龄、郭沫若、何香凝等发表声援讲话,称赞梅兰芳凛然的民族气节。普通群众也纷纷寄来书信,支持梅兰芳的爱国行动。梅兰芳感动得热泪盈眶,兴奋地对夫人说:"我梅兰芳再也不是一只孤燕了!"

1945 年 8 月,抗日战争胜利了。正在全家欢庆的那一天,梅兰芳忽然从客厅里不见了。一家老少正在诧异,眉开眼笑的梅兰芳以折扇半遮着脸的下部从内室出来,幽默地笑道:"瞧!我给你们变个戏法儿!"然后,他像魔术师般地缓慢地移开折扇,露出了如当年的青春面容,小胡子消失了!

程砚秋：玉霜鸣凤野

1931 年 9 月 21 日，《华北日报》刊出了这样一条消息："平市名伶程艳秋，原定今晚在中和演《文姬归汉》，唯因国难当前，既挽救之不及，何忍再粉墨登场，显露色相！遂于昨日通知该园，今晚决不出演云。"

这是"九一八"事变后的第三天。面对时局大变动，大多数人选择潜身缩首，不发言惹祸。而一个唱戏的伶人，竟然公开在报上刊登罢演的新闻，而且其间的文辞满怀激愤之情，于心忧国难者当然是一种鼓励，而对于惯常迎合政治风向的人来说，无疑是一种想都不敢想的傻呆、迂阔。

一个伶人对国难的忧愤，当然挽救不了时局的倾颓，甚至也唤醒不了踟蹰观望、瞻顾麻木的国人，只能留在历史文献上成为一份资料和文本。但是在那个风雨飘摇的时代，一个身份有别于士大夫的人，却做出了贤士大夫才能做出的选择，仍然值得尊敬。

荆棘路上遇贵人

程艳秋（后改名程砚秋），1904 年 1 月 1 日出生，出自满军正黄旗，全名是索绰络·承麟。虽然世袭将军爵位，但到父亲那一代，家道已经没落。当他长到三岁之时，父亲病故，母亲托氏带着四个儿子迁出祖宅，离开了官宦、商贾居住的北城地区，在贫民聚居的南城哈德门外一个杂院里住下了。

家境日渐艰难，看到母亲为了全家的生活而备尝艰辛，懂事的小承麟与母亲商量，提出要去学戏，分担家里的生活压力。

望着年幼的承麟，托氏心里百转千回，虽然觉得不该让儿子学戏，但梨园行又何尝不是一条活路？于是，托氏找了熟人将儿子引荐到名旦荣蝶仙门下学艺。

起初，小承麟学的是武生。练了将近一年的光景，小承麟腰腿功夫练得差不多了，但他身材瘦弱，不适合向武生行当发展。不过他眉目清秀，学戏也有悟性，于是荣蝶仙决意让他改学花旦。

踩跷，是花旦、武旦的必备功夫，要求艺人做到三直：腰直、腿直、脚直。刚开始练的时候，小承麟每天一早绑上跷练站，先是五分钟，然后是十分钟，逐渐累加。到了后来，一天也不许解下来，练完功以后就绑着跷给师傅家里做事。扫地、打水、扫院子这样的体力活儿，也要踩着跷完成。荣蝶仙是出了名的脾气大，稍微慢了一点儿，就惹来他一顿打。

打是打，但荣蝶仙对这个孩子的基本功很是满意，只是不知道嗓子有没有希望，于是又请来青衣陈啸云给小承麟上胡琴吊嗓子，这一调不打紧，发现了一块学青衣的好材料。从此，小承麟由学花旦改学青衣。花旦与青衣虽然都属旦行，但较之花旦扮演性格活泼或泼辣放荡的青年女子，青衣主要扮演端庄正派的女性，或贤妻良母或贞妇烈女，唱功繁复，动作稳重。

13岁时，小承麟开始正式参加营业演出。戏园门前的水牌子（广告）得写名字。既然父亲和师傅都"姓"荣，小承麟的艺名自然也应该姓荣。可是荣蝶仙实在太狠了，近乎残酷、残忍，于是根据"承"的谐音改为汉姓"程"，取艺名叫程菊侬。为了这个事，荣蝶仙生了几天闷气。

这样过了一年，程菊侬的嗓子变得嘶哑，开始"倒仓"。按理，"倒仓"以后只要多休息是可以缓过来的。但此时上海的戏园老板许少卿来北京邀角儿南下，看中了程菊侬，向荣蝶仙提出每月六百包银。到上海唱戏，每天有戏，有时会赶日夜两场，这样的强度势必会毁了他的嗓子。

在这样危难的时刻，有一个人挺身而出，救了程菊侬。他就是被程菊侬终身奉为恩师的罗瘿公。

罗瘿公，早年师从康有为，与梁启超等人同为康门弟子。辛亥革命后，在总统府任职。不久，罗瘿公辞官避居，纵情诗酒，流连戏园。

事实上，罗瘿公与戏子"狎游"，与其说是玩乐，不如说是"避祸"。原来，1914 年袁世凯恢复帝制的说法甚嚣尘上，时任总统府秘书的罗瘿公虽与袁氏有旧，却不肯附逆，无奈选择了辞官。

当罗瘿公听闻荣蝶仙打算让"倒仓"的程菊侬出去唱戏时，托人前去说和，结果却是不欢而散。最后只有一个办法，那就是解除二人的师徒契约，让程菊侬恢复自由，安心养嗓子。但提前出师要包赔老师的损失。远离政治的罗瘿公十分清贫，只能找到中国银行副总裁张公权。张公权倒也爽快，借给罗瘿公 600 元。就这样，罗瘿公用这600 元为程菊侬"赎"了身。这样一算，前后不到七年，程菊侬提前出师了。

在接出程菊侬的路上，罗瘿公兴奋异常，口占一首七绝，头两句是："柳絮作团春烂漫，随风直送玉郎归。"

罗瘿公救出了程菊侬，将"菊侬"改为"艳秋"，字玉霜，并为他的书斋取了个堂号"玉霜簃"。一心进取的程艳秋获得自由后，从此追随罗瘿公读书习字，钻研音韵。后来的程砚秋不但精通经史，一手字也写得不错。特别是对京剧的行腔咬字，深具功夫。这是文人雅士熏陶所致，也是艺人当中少有的。

也正是在罗瘿公的引荐下，程艳秋遇到了他生命中的两个"贵人"：一位是"四大名旦"中的梅兰芳，另一位则是享有"通天教主"美誉的王瑶卿。

罗瘿公曾是"梅党"成员，梅兰芳演出的《西施》，罗瘿公是编剧之一。程艳秋偶尔随他到梅家拜访，他的聪慧与用功给梅兰芳留下了极好的印象。罗瘿公见两人投缘，便一力促成程艳秋拜梅兰芳为师。梅兰芳为程艳秋说了《醉酒》《虹霓关》《女起解》《玉堂春》等戏，遇到自己有演出，必定为程艳秋留出一个座位，让其观摩。

程艳秋拜梅兰芳为师的第二年，又拜了另一位老师王瑶卿。王瑶卿初习青衣，后转工刀马旦，创造了新的"花衫"行当，使得旦行与生行并驾齐驱。"四大名旦"都曾拜在他的门下，因此被称为"通天教主"。王瑶卿有独到的眼光，看到各人的长处，才有了"梅兰芳的样，程砚秋的唱，尚小云的棒，荀慧生的浪"。

王瑶卿是个慎重的人，他特意让程艳秋唱了两段《玉堂春》。结果，听着听着，王瑶卿不由自主地锁紧了眉头。

原来程艳秋的嗓子自"倒仓"以后，变得又闷又窄，出现了一种"诡音"（又称"鬼音"，即脑后音）。这种"诡音"，如果唱老生、花脸还勉强可以，可如果唱旦角，那就百分之百是吃不了戏饭儿。王瑶卿虽然对程艳秋啬啬溢美之词，却为他指出了另一条出路："你别跟畹华比。要是模仿别人，就没饭；要是闯，就有饭！"

王瑶卿依据程艳秋的别样禀赋，为他设计出新的唱法，专走偏锋，独创一格。一个特殊的歌喉加一种特别的唱法，骤然之间程艳秋与其他青衣迥乎不同了：行腔乍疾乍徐，一股细音，唯其独有；音调忽高忽低，高唱则如天外游云，低唱则似花下鸣泉。

此后很长一段时间，罗瘿公的编剧，王瑶卿的导演和定腔，程艳秋的表演，成为完美的铁三角组合，三个人非常默契，呈现出一大批优秀的京剧作品。

拜梅兰芳为师后，程艳秋完成了人生中的一件大事，那就是娶到了果家二小姐为妻。

程艳秋与果家的联姻，是由梅兰芳夫人王明华一手促成的。程艳秋的岳父果湘林，习青衣，因不堪师傅的打骂和师兄弟的欺侮，曾服毒自杀，幸好被他人救起。16岁时遇到一位恩人出资赎身，然后独立搭班演出，也曾红极一时。后来经人介绍，娶了名旦余紫云之女余素霞。王明华给程艳秋提亲的时候，果湘林已经退出了舞台。当时，果家的两个小姐在一家绣花缝纫社学习女红，同时在那儿的还有梅兰芳姑母的两个女儿和王明华。王明华见果家姐妹温婉，程艳秋又斯文清秀，就动起了说媒的念头。不过，在这姐俩中，她一早中意的是果家大小姐。

第二年春节，在梅兰芳祖母大寿宴会上，余素霞看到程艳秋后，觉得样貌不错，很满意。回家与丈夫一说，果湘林却说："光看相貌不行，还得看看台上演得怎么样。"

于是，程艳秋演了一出《宇宙锋》。知道未来岳父来看戏，他表演得分外认真。果湘林看得频频领首。

果湘林看中了女婿，可是左等右等不见程艳秋上门提亲。原来，王明华越想越觉得果家大小姐没有二小姐漂亮，而且二小姐果秀英与程艳秋是同年生，年龄、相貌上更般配。于是又到果家二次说媒。余素霞对此反对得很激烈，不同意带二女儿去男方家相亲。

后来，王明华终于说服了余素霞。不过她也提了条件："我家姑娘小，人又老实，程家哥们儿多，不能一块儿住，让闺女受委屈，得进门就管家。"这个条件，程家点了头，两家的婚事才最终敲定。

1923 年 4 月 26 日，二人正式举行婚礼。因为新郎程艳秋、岳丈果湘林、媒人梅兰芳以及新郎的师傅荣蝶仙、王瑶卿，新娘的外祖父余紫云等人，都是唱旦角的，因此在京的旦行名角，几乎倾巢出动，前来贺喜助兴。报刊称之为"自有伶人办喜事以来，真正巨观之名旦大会也"。

婚后，果秀英将名字改为素瑛。两人相敬如宾，携手相伴，成为梨园界少有的一对恩爱夫妻。程艳秋一生无二色，并立下"不传女弟子"的规矩。

彼此扶持到终老，是一种安慰，更是一种可贵，将历史的延续拉得绵长、绵长，回味无穷。

静好的岁月，就像一架无人操控的摄影机，掠过一个个镜头，一段段缠绵悱恻的爱情上演，那时的画面就被定格在其中。

一兰一菊唱"对台"

1923 年 9 月 18 日，也就是婚后 5 个月，程艳秋与自己新成立的戏班"和声社"一行赴上海演出。这次演出，气势极盛，每晚舞台上的花篮都不下五六十个，全场无一空位，另有许多人环立而视。戏院门口，汽车 200 余辆，马车不计其数。

上海观众对程艳秋的演出，一时好评如潮，就连罗瘿公的老师康有为也称赞："艳秋下装，明秀绝伦，尤胜于上装。"

《申报》对于程艳秋演出的报道连篇累牍，甚至还展开了一场无厘头的讨论——

原来，程艳秋的个头很高，与其他艺人配起戏来并不十分合群。《申报》副刊向观众提问："如何才能使程艳秋的个子矮一些？"不出十天，收到读者来信上千封，其间的建议可谓五花八门：有的让程艳秋"把腿锯了，装上假腿"；有的说"在台前钉一截木板，遮住脚部，可以显得矮些"；还有人出主意要把舞台加高；更有甚者，请程艳秋以后只唱武戏，便不用踩跷……

每日里，茶会、堂会、剧场演出，几乎占满了程艳秋所有的时间，真可谓无一息之闲，但他依旧是容颜焕发光泽，嗓音穿云裂石。

见此情景，罗瘿公喜于心也惊于心，对他说："你此行红得可惊，也遭人嫉恨。有些人正意欲挑拨梅先生与你之间的师生情谊呢。"

程艳秋是年 11 月 15 日返京，梅兰芳赴站迎接。10 天后，梅兰芳带着戏班到上海演出。

程艳秋最初的艺名为"菊侬"。果然，一兰一菊，就在上海争起了短长。他们的竞争，最初顶多在戏码上争个高低——你唱的戏，我也能演。

到了 1927 年，《顺天时报》举办中国旦角名伶竞选活动，经投票选出了梅兰芳、尚小云、程艳秋、荀慧生"四大名旦"。也就从这时起，他们的竞争开始趋于明显化。

到了 1946 年年底，梅兰芳与程艳秋（此时已改名程砚秋），一个在"黄金（戏院）"，一个在"天蟾（舞台）"，两个人真的唱起了对台，形成了高潮。"梅党"与"程党"之间，在各大报刊唇枪舌剑，大开其火。双方势均力敌，难分伯仲。但真正占便宜的是听众与看客。两个剧场夜夜告满，观众是大饱耳福。戏唱到最后，程砚秋使出撒手锏，连演 5 场《锁麟囊》，天平向他倾斜了。

"四大名旦"里，尚小云与荀慧生都没有追赶梅兰芳的念头，唯有程艳秋雄心万丈。梅、程在北京的情况也是如此，用罗瘿公的话说，"偌大京师各剧场沉寂，只余梅、程师徒二人对抗而不相上下。梅资格分量充足，程则锋锐不可当，故成两大势力。"

面对这样的情势，罗瘿公给程艳秋定下的策略是："玉霜（程艳秋的字），对梅应当在不即不离之间。"何谓"不即不离之间"？那就是既近又远，既热又冷，一举一动、一言一行清醒冷静，有极好的控制力，合乎分寸，合乎人情，表现得又极自然。

梅兰芳有富贵气，程艳秋是书卷气，一个得于天赋，一个纯恃人功。梅、程之间尽管竞争激烈，彼此一争高下，却都是不露声色，不动肝火，一副温良谦恭。1933 年 11 月 11 日，移居上海的梅兰芳 40 岁生日。程砚秋特往拜寿，行叩头大礼，见者均叹其未尝忘本。

明明是打对台的人，却绝不伤和气。今儿晚上唱戏是两军对垒，各不相让；明儿中午见了礼数依旧，风度依旧。这举动里面包含着道德信条、江湖规矩、人情世故以及个人修养。

当初，罗瘿公为他将名"菊侬"改为"艳秋"，颇有深意，因为艳于秋者厥为菊。菊，傲霜斗雪；兰，馨香幽远。尽管香气、风姿各有不同，但菊、兰同为花中上品。

从"罗时代"到"金时代"

1924 年，对于程艳秋来说是个极忧郁的年份。这一年 9 月，罗瘿公因病逝世。

罗瘿公的离去，对程艳秋而言，不仅是事业上的一大损失，更是精神上的一个重创。程艳秋的挽联因朴实真挚而传诵一时：

当年孤子飘零，畴实生成，岂惟末艺微名，胥公所赐；从此长城失恃，自伤孺弱，每念篝灯制曲，无泪可挥。

有人这样评价："梅兰芳柔媚似妇人，尚小云倜傥似贵公子，艳秋则恂恂如书生。"如此形容，是指程艳秋受到罗瘿公的熏陶，气质自化。

此后，每当程艳秋外出演戏，行前数日必先往罗墓凭吊；演毕返京，亦去墓前。逢罗忌日，则必去祭奠。二十余年从未疏懒。

不过，罗瘿公的去世，并不代表着程艳秋事业的终结。很快，程艳秋迎来了金仲荪时代。金仲荪之所以会成为程艳秋的编剧，也是因为罗瘿公。

金仲荪，比罗瘿公小 7 岁，同样盛于文名。由于经历的相似、爱好的相同，两人成为一生的知交好友。金仲荪对程艳秋极为推崇。陈艳秋二访上海时，那幅极尽赞誉的台联"艳色天下重，秋声海上来"，正是出于金仲荪之手。这次罗瘿公托付给金仲荪的，不仅是程艳秋的前途，还有未完成的手稿《聂隐娘》与《碧玉簪》。

1925 年 4 月 18 日，《聂隐娘》首演。这是金仲荪与程艳秋合作的第一出戏。这是一出侠情戏，程艳秋饰演聂隐娘，在戏里有一套惊艳四座的"双舞单剑"。

《碧玉簪》这出戏，由金仲荪借鉴并改编自其家乡的越剧。程艳秋在设计唱腔时袭用了王瑶卿"以腔就字"的制曲方法，又吸收了老生的曲调和唱法，唱腔怨而不怒，哀婉悱恻，全剧都笼罩在惆怅的氛围之中。就连王瑶卿看了此剧，也直夸"程老四真行"。

金仲荪独立编剧的第一部戏是《文姬归汉》，于 1925 年 12 月 12 日首演于北京华乐园。程艳秋擅演悲剧人物，选择蔡文姬这一角色与他的表演特色有关。虽如此，《文姬归汉》却不是程艳秋常演的剧目，只在年终封箱时偶尔演出，到别处演出，这出戏也常作为临别纪念戏。就是这样一出不常演的戏，却演到了东北，又演到了南京。

1930 年，蒋介石和阎锡山、冯玉祥之间爆发"中原大战"。持中立态度的东北军张学良，成为各方极力拉拢的对象。3 月，蒋介石指派代表李石曾等人亲往东北，与张学良谈判率军入关。恰在此时，程艳秋率领班社在东北各地巡回演出。而他在东北演出的主要戏码就是《四郎探母》和《文姬归汉》。

最后，张学良于 9 月 18 日发出通电，归顺蒋介石。随即，他率军入关，占领平津，使中原大战整个战局急转直下。晋军顿时大势去矣，而冯军也随之溃败。"中原大战"以蒋介石的胜利而告终。

当然，不能说程艳秋的《四郎探母》和《文姬归汉》触动了东北军将士的神经，而使张学良下定决心易帜。只能说程艳秋因为此次事件，更加认识到戏剧不仅仅是娱乐的工具，更有社会功能性，而这对他戏剧观的形成产生了极大的影响。

也是在这一年的 11 月，程艳秋应李石曾邀请，前往南京参加赈灾义演。14 日晚，中国国民党第三届四中全会举办宴会。程艳秋携《青霜剑》登场，仅一个亮相就博得了满堂喝彩。

1931 年 1 月 26 日，程艳秋又推出了新戏《荒山泪》。在编剧之初，程艳秋对金仲荪说："我们自编一出戏，不同于以往的故事或见于某某小说，或见于某某笔记，或见于某某史书。我们完全自创一出戏。"
金仲荪问："你意下这个故事源于何处？"程艳秋回答："苛政猛于虎。"

《荒山泪》写的故事是：明末，朱明王朝为挽救颓势在全国征兵抽税。农民高良敏、高忠父子因交税不足被抓进牢房，媳妇张慧珠织绢卖钱，将丈夫与公公赎出。官府又征人丁赋税，高家父子二人不得已进山采药，以期卖药后可以有钱交税，却不幸死于猛虎之口。高良敏的孙子宝琏被官兵强行拉夫，高良敏的老伴听闻这些消息，痛绝身亡。一个五口之家，只剩下张慧珠子然一身，但却仍然被强索重赋。她不堪忍受，奔入荒山。差役跟踪而至，仍然向她索要税款。张慧珠悲愤至极，自刎而亡。

《荒山泪》的公演，引起了许多观众的共鸣。李石曾更是语出惊人："《荒山泪》是开了中国京剧的一个新纪元。"

"刀尖上的舞者"

到了 1929 年，程艳秋的"鸣和社"遇到了他独立挑班以后最大的一次变故。

关于这次变故，程艳秋在自述中仅记录了一句话："正月，自汉回，大家倒戈。"而所谓的"鸣和社"倒戈，指的就是新艳秋挖角一事。

新艳秋原名王玉华，艺名玉兰芳，学的是河北梆子。1925 年左右，看了程艳秋的戏后，立刻迷上了程派。她暗下决心：不唱梆子，唱京戏，且一心学程。每当有程艳秋的戏上演，她就和哥哥躲在戏院的角落里，做琴师的哥哥记胡琴、唱腔的工尺，王玉华就学唱念表演，记身段，然后再将两人所记加以比较，时常彻夜研究。在梨园行，"偷戏"是大忌。为了怕被人认出来赶了出去，新艳秋去剧场时都是女扮男装。几年"偷"下来，就把程艳秋的代表剧目都"偷"到了手。

梅兰芳和齐如山看了她的表演，惊异地说："这孩子的唱法，很像程老四呢。"就建议她拜程艳秋为师。结果可想而知，被程艳秋婉谢。之后，新艳秋就拜了梅兰芳为师。但她实在喜欢程派。既然得不到亲传直授，她就绕着弯子学。一是再拜了程艳秋的师傅王瑶卿为师；

二是向给程配戏的搭档学。

工于心计的她，忽出奇兵，策动了当时轰动梨园界的"鸣和社"倒戈事件。就是用重金把"鸣和社"戏班里的小生演员买通，连人带程派剧本都弄了过来。她见时机成熟，亮出了"程派"的旗号，改艺名为"新艳秋"。

"倒戈"事件后，"鸣和社"元气大伤，程艳秋怨气难平，怒火满腔。但他为人一向克己宽人，并没有选择报复，甚至没有当面斥责过任何人。

1932年1月1日，是程艳秋28岁生日。按照中国人的虚岁说，此时他年已三十。也就是在这一天，他在报纸上登出启示，更名"艳秋"为"砚秋"，改字"玉霜"为"御霜"。在谈及改名的原因时，有人猜测，似与新艳秋有关。但程砚秋却说："将'艳'字改为'砚'字，取'砚田勤耕为秋收'之意。"

三十而立的程砚秋，对于自己的人生已经有过颇为成熟的思考与计划，而他的1932，也注定会因为这些思考而变得不同。

也是这一年，他选择了只身前往欧洲考察。到欧洲后，程砚秋如饥似渴地汲取着来自话剧、电影的知识。他郑重表示："此行真是大开眼界，美不胜收。此番回国，我一定要尽心尽力把京剧改革一番，吸收西方舞台的精华，此志不变。"

在他赴欧考察、远离舞台的一年间，新艳秋得到了一个难得的发展机会，大红而特红。

回国后的一天，程砚秋去戏院看新艳秋的《红拂传》。这样的事，自然算是大新闻。有好事者立即奔到后台，神秘兮兮地对新艳秋说："程老板来了！"正在化妆的新艳秋的心不由颤了一下。倒是"鸣和社"的一些老人，如郭仲衡、侯喜瑞等，因为了解程砚秋的为人，所以感觉很是轻松，甚至还安慰新艳秋，让她不要害怕，只管大胆上台就好。

新艳秋上了台，唱得很小心，也很认真。在唱到"喝酒"一场时，与她对戏的艺人悄悄冲着她对台下某个地方努了努嘴。新艳秋立时就明白了，她快速地朝台下那个地方瞥了一眼，看见前排坐着一个身形高大、戴着墨镜的先生。她知道，他就是程砚秋。

散戏后，程砚秋像来时一样，悄无声息地走了，什么也没有说。

两人的隔阂一直持续了二十余年，期间总有不期而遇，两人却如素不相识一般。直到 1954 年，程砚秋在上海演出，新艳秋路过上海，去看他的戏。散戏后，她前往后台，正在卸妆的程砚秋像见到老朋友一样，迎上去与她握手交谈。还问："《荒山泪》《春闺梦》你会不会？《锁麟囊》你会唱吗？"这些程派名剧都是"鸣和社"倒戈后排的。他的亲切态度让新艳秋放松了下来，她说："我也是偷着学的。"同样是面临"偷"的问题，程砚秋此时却笑了。他对新艳秋说："我住在国际饭店，你来玩，随时可以来找我。"又补充了一句，"你要来啊！"遗憾的是，新艳秋最终没能赴约前往国际饭店。

有些过程，就像是修饰，在结局面前形同虚设，无论是真实，还是虚假，每个人都无法自如地把握自己的人生。"艳秋之争"落下了帷幕，但是谁负谁胜，只有天知晓。

程砚秋自欧洲考察回国后，对"鸣和社"进行了第二次改组，特别邀请了俞振飞。自这次重组后，直到 1937 年彻底解散，除了个别的人事变动，"鸣和社"一直很稳定。

1924 年以后直至 1932 年那七八年时间，对于程砚秋来说，他好似一位"刀尖上的舞者"，承受着巨大的痛苦，反而展示了人性中最善的心、人生中最美的艺。

侠者之风

虽然程砚秋在舞台上演绎的是各样女子，但并不代表他的性格就是怯懦柔顺的。在他的身上，柔肠与阳刚结合在一起，撑起了一位"侠者"的风采。

1937 年 7 月 7 日，七七事变爆发。7 月 29 日，日军进城，北平沦陷。

三个月前，程砚秋和尚小云还为 29 军军长宋哲元将军表演了《弓砚缘》和《青城十九侠》，座中还有副军长佟麟阁、师长赵登禹。而三个月后，将军却已倒卧在沙场。

程砚秋深知国破家亡，自己作为一个唱戏的伶人，将会面临更大的屈辱和磨难。

果然，日本人胁迫梨园公会出面将北平城的名角儿组织起来，以

"支援、捐献飞机"为名，演一场义务戏。程砚秋说："我不能给日本人唱义务戏，叫他们买飞机去炸中国人。"还有一次，伪警察局请程砚秋演义务戏，还点名让他唱《红拂传》，遭拒后又乘火车从北平追到天津。但面对这样的"约请"，无论软磨硬泡，还是武力胁迫，程砚秋只有一个回答："这戏我不唱！"不仅如此，凡是日本人组织的义务戏，他一律拒绝参加；凡有日本人参加的活动，他一律拒绝出席。因为不与当局合作，程砚秋遭到了"封杀"，广播电台被命令不准播放他的唱片。

1942年的9月初，程砚秋自上海经天津返回北平。在前门火车站，他受到日伪铁路警宪便衣的盘查搜身。他忍无可忍，厉声呵斥："士可杀不可辱，你们要干什么？"说着，他靠近一根柱子，立在柱前，以防后面遭袭。为首的一个便衣上去就动武，他挥拳还击。后面的几个便衣一拥而上。程砚秋曾学过武旦，又拜过武术老师学习功夫，来一个，打一个，把几个便衣打得轮流倒地，狼狈不堪。程砚秋也就停了手，从地上拾起帽子。

便衣对程砚秋说："以后碰见再说。"

"好，后会有期。"程砚秋说罢，整整衣冠出了车站。

回到家中，他才发现手腕上的金表没了，耳朵也被打坏了。但是程砚秋"修理"特务的壮举也传遍了北平城。

遭铁路警宪盘查群殴后，程砚秋决定息影务农。1943年3月，程砚秋来到北平西郊青龙桥，购下一方土地，当起了菜农。

一条溪水，几片白云，柳梢月色，板桥残霜，都令程砚秋感怀不尽。从此，粗茶淡饭、土屋绳床，程砚秋过上了归隐生活，每天里不是读书写字，就是肩负锄头，耕种田间。

真正的平静，不是有意避开街巷的喧嚣，而是在心中有一份修篱种菊的念想。如流往事，似涛声依旧，在每个人的心中若潮汐潮落，但只要消除执念，便可享受安然寂静，不会忘却初心一片。

不过，新艳秋并没有他这般幸运。有一次，她贴演《四郎探母》，有不少日本官兵前来看戏。她饰演的公主刚一出场，台下忽然枪声大作。一位日本大佐当场被人刺杀。台前、台后慌作一团，演员还没定过神来，日本宪兵队便包围了剧场，对在场人员一一搜查。没等新艳秋卸完妆，就被抓进日本宪兵队的大牢。为了救人，她母亲慌不择路地敲了川岛芳子家的大门。结果，新艳秋虽然走出了宪兵队的大门，却又一步跨进了川岛的牢笼。

抗战胜利以后，国民政府以新艳秋与川岛芳子过从甚密为由，以汉奸罪对新艳秋进行了起诉，关进了监狱。

新中国成立后，因为"政治背景复杂"，新艳秋在多次政治运动中都受到审查。平反之后，也得到了程砚秋夫人果素瑛的认可，得以补入程门。当然这是后话。

抗战胜利了，解放战争又打响了。1949 年 1 月 20 日，北平和平解放。3 月 27 日，家中来了几位访客。不巧的是程砚秋外出，没能出门迎客。来人便从本子上扯下一纸，俯身写下了一张便条：

砚秋先生：特来拜访，值公出，不便留候驾归为歉。

周恩来

尚小云：清风听歌入空去

晨曦，北京城里一片寂静，一声清音划过天际，惹了半晌红霞。清风间，花弄影墙，弱柳拂袖，曼妙身姿随风摆动，宛若垂帘。不知哪个科班用功的戏子。

春，是一帧浸染希望的画布，上面点点啜啜的全都是绿。不论是柳枝新芽的嫩绿、香椿满树冠的鲜绿，还是草间点点的翠绿，都温柔了人们的视线。

这个时节，惊喜了人们目光的除了春的绿色，便是一位小小少年的出色。又逢一季春来到，一曲《芦花河》，让北京的观众们记住了这样的一个名字——尚小云。

记得当年初学时

尚小云，原名尚德泉。5周岁，到了启蒙的年纪，父亲将他送进了私塾。德泉天资聪慧，又勤奋好学，刻板的私塾先生也认为他将来定有出息。

刚进了私塾，老实本分的父亲却又一病不起，撇下了妻子和6个儿女。接下来的两年，家中又频遭变故。先是德泉的大姐、四弟相继染病，因无钱医治而夭亡。接着，大哥莫名离家出走，下落不明，从此再无音讯。大哥走，大姐死，德泉一下子成了家中长子。

看着残缺的家，看着眉眼间尽是哀愁的母亲，德泉自觉长大了，生出离开私塾、入戏园挣钱养家的心思。尽管他此时不过7岁。

母亲含着泪，答应了他的请求。一路上，母亲并没有任何话语，德泉与弟弟德福小哥俩，随着母亲踩下的脚印一步步地跟着，一直跟到了李春福的戏班。

当时，学戏主要有四种途径：科班学艺、拜师做手把徒弟、请师傅到家中传艺、票友学艺。对于初入戏门的孩子来说，票友学艺，自然不可能。一般来说，只有那些家境比较好的，才有能力出钱请师傅到家中传艺。因此，尚德泉初学戏，只有前两种方式可供选择。

起初，母亲执意要送两个孩子去科班学艺。当时北京城较有名的科班，是"喜连成"（后改名"富连成"）。可是，"喜连成"班主叶春善见了尚氏兄弟，认为兄弟俩骨架过大，不是学艺的材料，拒绝了他们。

之后，经人介绍，尚氏兄弟拜到了唱老生的李春福的门下，做了他的手把徒弟，双方签了"字据"，也就是"卖身契"。客观地说，"喜连成"的叶春善当初拒绝尚氏兄弟，并非完全没有道理。李春福初见尚氏兄弟，也觉两个孩子的天生条件并不好，也曾萌生拒收的想法。下层人家的妇人遇事大都带着些诚惶诚恐，尚家的妇人也不例外。她眼圈红红地将家中的困苦一五一十地说给李春福听，言辞恳切，几乎是央求着，请李春福收留两个苦命的孩子。听了尚母的一席话，李春福十分同情，答应收他俩为徒，教习老生戏。

世事就是如此难料。有些事看似美丽无比，却无比艰难；有些事看起来困难重重，实际上却轻而易举。总之，有时候，抓住时光中的流彩，便会换来不同的生活。

可是，李春福并没有教太长时间，就发现尚氏兄弟并不适合唱老生。于是，李春福把尚氏兄弟推荐进了"三乐社"。

正如徒弟拜师要与师傅订立"字据"一样，入科班要签"关书"。"关书"的形式是大红纸折子，外写"关书"两字，折内的具体内容与"字据"相仿，也相当于"卖身契"。"关书"立过之后，尚家小哥俩就算是"三乐社"的正式学生了。

春天似乎总伴随着德泉，他入科班也是一个春光明媚的四月天，满巷都暗涌着香椿的香味儿。这一年，德泉9岁，迎接他的却不是明媚的春光，而是梨园"七年大狱"般的磨砺。

在"三乐社"，德泉有了自己的艺名"三锡"，弟弟德福的艺名则是"三霞"。三锡随着师傅赵春瑞习京剧武生。

学武生重的是基本功。每一个戏曲行当都必须有扎实的基本功，但武生相对来说，基本功的要求更为严格。赵春瑞不仅要求德泉从腰到腿的功夫游刃有余，而且不论是"控腿"还是"涮腰"，举止都要达到完美，不得有半点的牵强与僵硬，不得有力不从心的强迫之感。

刚学了几个月，尚三锡登了台，唱了一出京剧传统剧目《郭州庙》，饰演主角黄天霸。结果，他的表演并不是很出彩，台上的一举一动，都显示出这孩子身孱体弱。这出戏之后，班主李际良见德泉并不是武生的料，让他改学花脸。

但是，尚三锡只学了一出《空城计》，就又转行了，转习旦角。这次转行，完全依赖于师傅的独具慧眼。在师傅看来，三锡这个孩子相貌英俊，嗓音娇脆，是个难得的旦角人才。

因为已经练了两年腰腿功夫，转习旦角的三锡学身段，吊嗓子，进步飞快。日后上了台无论是舞姿，还是摔屁股座子，都能做到步履矫健、身体轻盈，不觉吃力。更重要的是，在转行旦角后，将武功带到旦行领域，创造性地文戏"武"唱，丰富了旦行的表演。

尚小云改习旦行后，他的老师是唐竹亭。唐竹亭见德泉脸型酷似京剧名旦孙怡云，就将艺名"三锡"改为"小云"。之后，德泉便以尚小云为名，行于世。

进了科班，一天三遍功，是雷打不动的。从天不亮起床到晚上睡觉，几乎没有片刻得闲。尚小云小时候的练功经历，也是十分枯燥，十分艰苦，甚至是常人难以忍受的。

入科的岁月，如独舟泛江，一蓑烟雨，独钓寒江。梨园的日子，如薄履踏冰，层层寒意，随之而来。

传统家长教育孩子的观念是"棒下出孝子"，戏界前辈则认为"不打不出功"。那个时候，学戏还有一个替代词——打戏，即无论是科班的学生，还是手把徒弟，学戏期间免不了挨打，这就是所谓"七年大狱"的来历。由于科班学生常常趴在板凳上挨老师打，所以，他们自嘲是"啃板凳出身"。

尚小云的旦角师傅唐竹亭也是个对徒弟毫不手软的师傅，有"唐扒皮"的绰号，眼之犀利，耳之灵敏，非一般人所及，唱腔儿不准，一词有差，一举不到位，便是一顿狠打。

唐竹亭最常用的"刑具"是戒方。戒方，木质，长尺余，宽寸把，两三分厚，有两个用途：一是用来拍板，指挥唱腔节奏；二是用来责打思想不集中的学生。

柳树娉娉婷婷，风下尽显妖娆，吹过脸，斑斑泪迹凉了脸颊。宁愿辜负了这些良辰美景，小小少年，只望明日天依旧晴好，只望明日能唱好那一出《落花园》。

说起这一出戏，便是尚小云一生难以忘却的痛。说是难以忘却，因为在身体上留下了重重的痕迹。当年，在排练《落花园》时，有句台词"一阵风刮到了老夫人的花园"，因为唱腔婉转多变，尚小云总也唱不准确。再唱，还是不行，唐竹亭怒火难抑，突然间大喝一声："你干什么呢？"尚小云被吓得不轻，精神恍惚，唱得也就更加生硬了。唐竹亭暴跳如雷，一下子从靠椅上跳了起来，随手用戒方朝尚小云捅去。戒方竟像把尖刀一下子捅进了尚小云的腹部。身体孱弱的尚小云腹部肉皮薄嫩，戒尺一戳，便戳破皮肉，血流不止。

尚小云顿时蒙了，也不知道痛。唐竹亭此时又用力将戒方从尚小云的肚子里抽出。这一抽，尚小云的直肠也随着戒方流出腹腔，鲜血四溅，染红了他身上的小褂。剧痛袭来，尚小云瞬间昏倒在地。其他学生被吓得不知所措，缓过神来后，赶紧七手八脚地将尚小云抬起来，心急火燎地送往附近医院。幸好送医及时，尚小云的命总算保住了。

似乎是命中注定，尚家的孩子必有一人会死在科班的棒打之下，尚小云这次幸免于难，但是三弟尚德福就没有那么幸运了。1916年，也就是在尚小云终于熬过了"七年大狱"出科时，尚德福在一次学戏时，被师傅暴打，没能抢救过来，惨死了。

春风过，秋风清，落叶聚，明月散。瘦小的身影在淡淡月色中，显得单薄。动则痛，不动亦痛，旧伤未愈和，新伤遍了身骨，小小年纪，身上的伤痕却布罗成林，结成了痂，却成了永久的伤。

逃离"地狱"就在一刻间

在唱出了些名堂之后，尚小云不敢懒惰，而是更加努力地习艺练功。

春去春回，花开花谢，随着一年春来，一季春往，转眼间，又是两年。

如果说《芦花河》是个引子，那么《三娘教子》则让尚小云一鸣惊人，崭露头角，走上了名角儿之途。

只见他身着素衣，静坐，满目愁容，心思惆怅，一句"王春娥独一人自思自叹，想起了薛郎夫心内痛酸。急忙忙进机房织布纺线，人勤俭无难事不怕熬煎"，引了一场的悲情，搅了一水的心酸。

转而，眉目间多了几番似怒非嗔的神情，语气间多了些恨儿不成才的怨怒，一腔快调儿随之呼出，"小奴才说些话我又气又恨，从未见你这样懒惰的书生。儿不想娘受苦为的是甚，皆因是一家人孤苦伶仃。常言道一寸光阴一寸金，寸金难买寸光阴。失却寸金犹小可，失却了光阴无处寻。说到此怒难忍打儿一顿"，那神情，一颦一笑间的无奈，那身段，容止端庄中的愤怒，当真将三娘演活了。

这一年，尚小云 14 岁。

说起《三娘教子》，就不得不提孙菊仙。在京剧老生行，有"前三鼎甲""后三鼎甲"之称，孙菊仙就是"后三鼎甲"之一，并逐渐在梨园形成了独树一帜的孙派。孙菊仙出生于 1841 年，比尚小云年长近 60 岁。45 岁时，他被选入宫廷升平署，时常进宫唱戏，长达 16 年。在宫中，他不但戏唱得好，也很会说笑话，所以很受慈禧宠爱，常被赏赐。

说起来，那一年，得亏了已年入古稀的孙菊仙，提携了当时的尚小云。孙菊仙以唱功闻名，嗓音洪亮，故有"孙大嗓"之美誉。此时尚小云唱功不凡，已显穿云裂石、大气磅礴之象，加上天赋歌喉，在发音用嗓上清亮激越，吐字行腔上洒脱爽朗，棱角分明，又于阳刚中见柔媚。这样的嗓子与唱功，足以与"孙大嗓"匹配。

尚小云在表演上所显示的豪爽大气和英姿旷达，与孙菊仙本身的性格也很相配。难怪孙菊仙在听了尚小云的唱、看了他的表演后，微微颔首认可，并同意他与自己合作《三娘教子》。似乎是机缘巧合，似乎是有意提携，不管如何，当年便是这一老一少，惊了北京城的舞台。

京剧宗师慈爱的眼中掩不住对他的赞赏，台下观众的掌声压不下对他的喜爱，过客的一个转身，便是落了一地的芳华。似是一杯茶，看则淡如平常，待到浓香洋溢，方知是青梅春水煎的春茗，别有一番滋味。

后来，每说到孙菊仙，他都心怀感激和敬仰，曾说："谈起我与名伶合演的往事，我首先忘不了'老乡亲'。那时，他老人家已经是80岁（实则为73岁——引者注）的老人了，论辈分，要长我们两辈；论声望，我们是初出茅庐的，差得远，他要我跟他配旦角，完全是认为'孺子可教'，存心提携的意思。"

《三娘教子》落了幕，尚小云的梨园路途却是刚刚登了场。之后，声名鹊起的尚小云，上演剧目大增，几乎从早晨到晚上，戏约不断，他与孙菊仙的《三娘教子》也成了京城戏园久演不衰的经典剧目，而由他主演的全本戏《义烈奇缘》，"唱念做打俱佳，文武昆乱不挡"，因而被人赞誉为"独步九城，万众倾倒"。

秋天，《国华报》效仿当时京城媒体常见的做法：举办菊选。《国华报》的菊选与以往不同，它侧重于童伶，也就是说是童伶菊选。另一个不同之处在于，它将授予被选出的童伶以"博士""学士"的名义，并赠金菊徽章。菊选结果公布，尚小云与李连贞同获男伶部"博士"，且排名第一，从而赢得"第一童伶"之美誉。

旧时京城，达官贵人、文人雅士竞相热捧所钟情的艺人，甚至为此另组专社团队。比如，捧白牡丹（荀慧生）的有"白社"，捧筱翠花的有"翠花堂"，捧杜云红的有"杜社"。尚小云在取得"博士"名号后，也有了自己的"云社"。

尚小云在京城里愈发唱出了名气，但他所在的科班"三乐社"却突然停办。这对于尚小云来说，并不是个坏消息，当年跟"三乐社"签的"生死状"一纸作废，尚小云出科。算来也有趣，当尚小云结束了七年的科班生涯时，随之结束的还有"地狱"。这一年，他16岁。

匆匆而来，匆匆而去，算起来，正是七年光阴。从此，昔日老师不在，昔日同门各分，一词一曲也成了孤调独弹。

"青衣第二"

似乎每一个京城的名角儿在唱红了京城的一片天后，总要南下上海再唱一番天地。

作为远东大都市的上海，日渐成为南方京剧艺术中心。吸引京角儿离京赴沪的一个很重要的原因是，上海戏园开给艺人的包银往往是京城戏园的好几倍。况且，艺人应邀赴沪的所有开销，均由园方承担，更有吸引力。当然，能被邀赴沪演出的，大多是角儿。所以，京城一度流传着这样一句话："北京成名，上海赚钱。"然而，角儿毕竟有限，那些崭露头角的后起之秀，也就成了被邀对象。对于这些后生而言，到上海就不仅仅是为了赚钱，也是为了成名走红。一旦在上海唱红了，返回京城后，身价也就不一样了。

1919 年，杨小楼、谭小培带领初有名声的白牡丹（荀慧生）、尚小云南下江南，来到了肆夜繁华的大上海。在上海，"三小一白"一共演出了七十多场，场场座无虚席，演出获得了极大的成功，以杨小楼、尚小云合演的《长坂坡》《湘江会》更为叫好。

底子好，扮相美，唱腔佳，尚小云唱出了些名气。台上的他，有传统的端庄柔媚，更于柔中见刚；在演唱方面，既有传统青衣审美要求的高亮而清脆，也有富于个性的刚劲挺拔。这一切，让台下看戏的惊了艳，叫了绝。

回到北平，《顺天时报》举办"菊选"，设定"剧界大王"（又称"男伶大王"）"坤伶大王""童伶大王"（又称"童伶第一"）各一人。经戏迷投票后，最终选定"剧界大王"梅兰芳，"坤伶大王"刘喜奎，"童伶大王"尚小云。这是尚小云又一次以"童伶"身份获得荣誉。经历多了，自然生出更多的感悟，在细细品味中，生活也慢慢偏爱了他。

第二年，他再次来到上海。此次邀请尚小云的是上海"天蟾舞台"的老板许少卿。1913 年梅兰芳第一次赴沪，就是应许少卿之邀，演出于"丹桂第一台"。当时，许少卿给梅兰芳的头衔是"南北第一著名青衣兼花旦"。一年以后，许少卿离开"丹桂"，接手"迎仙新新舞台"，随即将其改名为"天蟾舞台"。取"天蟾"之名，是借用神话月精蟾蜍食月中桂树之典故，意即压倒"丹桂"。

第一次赴沪，就能在人气极旺的"天蟾舞台"演出，尚小云是很幸运的。与梅兰芳首赴上海相仿，尚小云此次也是挂二牌。此次，许少卿给尚小云的头衔是"最优等南北欢迎娟秀正工青衣"。

尽管身为商人的许少卿对于被邀艺人的宣传，往往不免夸大，但也非信口开河。从他给梅兰芳和尚小云的两个不同的头衔来看，他对艺人的真实艺术功底心中有数，且评论客观。比如，梅兰芳工青衣，也兼演花旦，正在努力向"花衫"过渡，故其头衔是"著名青衣兼花旦"。尚小云则不然，他不思旁门，只一门心思继续正统青衣的表演程式，严格按照规范行事而不逾越，"娟秀正工青衣"的头衔倒是名副其实。

　　按照惯例，外聘艺人一般一期唱30天，额外再加3天，算是对戏院和配戏艺人的酬谢。但此次尚小云在上海的演出，从1月31日至6月17日，一口气唱了近5个月，这极为少见。

　　晚春的天气，带着淡淡的湿意，风也不似那般干燥，拂在脸上，引得心中起了圈圈涟漪。这又是个让人动容的春，柳树的枝桠已经有了艳艳的翠绿，桃花在空中瓣瓣飘落，很是一种惬意伴春风。

　　这一年，他18岁。单从青衣行当来看，尚小云已步梅兰芳之后，显出"青衣第二"之势。所以当时曾有人这样评价尚小云："龙门声价，与梅氏畹华并驾齐驱，争一日之短长矣。"

相爱总是简单，相处总是太难

　　1918年，18岁的他迎娶了大两岁的她。她名叫李淑卿，梨园女儿。艺人之间彼此通婚，是梨园界的习俗。

　　岳父李寿山，是京城名净，梅兰芳就曾师从他学昆曲。尚小云从岳父李寿山那里学到的最重要的一出戏是《昭君出塞》，这也是他"文戏武唱"的代表作之一。1935年，在剧作家还珠楼主（本名李寿民）的帮助下，尚小云将此戏改编扩充后，取名《汉明妃》。

　　翁丈对女婿提携有加，女婿对翁丈一腔敬重，堪称梨园佳话。可一对佳人之间却少了卿卿我我的交流，爱情的基础建立在流沙上。

　　当年，刚刚成婚后，尚小云就丢下新婚的妻子，应上海天蟾舞台之约远赴上海演戏。不知道，刚刚入了尚家门做了新嫁娘的李淑卿是怀着怎样的心思，为夫君打点远行的衣物，想来那份不舍、那份眷恋总让她心酸。

三年后，两人生下了女儿。不知，是否是两人之间并无浓情眷爱，但足以能够说明，尚小云对于这一段婚姻的潦草，或者说尚小云把所有的时光和精力全部交给了舞台，遗忘了他的妻子，遗忘了他的责任。

此后，冬去春来，年年岁岁，李淑卿却再未给尚家添上一个小儿郎。那是在不孝有三、无后为大的年代，她一介女子承受着怎样的压力，如今想来，却无从知晓。

此时的尚小云很忙，搭班入社，戏约不断，况且，他一唱便是一晚上的戏，从头顶到尾。当时，对于多数演员来讲，尤其是那些名气大的，一晚上的戏，多数只唱一折，有些会唱个"双出"，唱下来也不过一个多钟头。但尚小云演出时，往往一开戏就上场了，一直到剧终才下场。

千好万好，尚小云不该忘了妻子忘了家，忘记了被风吹过的秋光。他或许不是不爱，不是薄情，只是没有多余的时间，没有多余的心思用在这姻缘之中，只是，他当真是活在舞台上的伶人。作为夫君，他终是亏欠了她。

盼了红霞，盼了骄阳，盼了皎月，总算盼到尚小云一朝归家。回到家，他又是倒头大睡，攒足精神应明天的场儿，哪还有闲时间与妻子你情我侬地说说话，谈谈心。第二天，他又睡到上午十点多钟才起床，到十二点钟吃午饭，饭后，便是出去溜达，待到溜达够了，三点钟回来接着又睡，四点半起来，喝点茶，就一声不吭地保养精神，待到该去戏场时便早早出门。

转眼，当春天再次翩然而至的时候，尚小云已经27岁了。在《顺天时报》发起的"五大名伶新剧夺魁评选活动"中，他以《摩登伽女》夺得第一，奠定了他步入"四大名旦"的基础。而这一年，对于李淑卿来说，也是锦年，因为迟迟没有动静的她，终于能够为尚家添丁延续香火，多少有些多年媳妇熬成婆的感慨。

只是，她的幸福并没有走得太远，在儿子长春两岁时，她离开了这个装满寂寞的家，离开了让她孤独了十二年的姻缘。这是一场宿命的缘，从起点到终点，自始至终，是孤独的。从无到有，从有到无，不过是飞蛾扑火的错，不过是独自舔舐寂落的痛。

十二载的如水年华，十二载的相濡以沫，十二载的风华芬芳，随之，淡然离去。从此，他继续舞台，她流连碧落，只是，他即便等她离开，却也不曾为她谱下一曲，书上一墨。想来，还是那份爱意太浅，浅到了无心无意，浅到了缘散情灭。

她彻底落幕，他情缘已续，镜花水月，弹指间破碎一地。传说有三位女子成为新尚夫人候选。一为梨园女子雪艳琴，一为清朝格格，一为天津名妓美香。

雪艳琴也是梨园女子，兼学梆子和皮黄，8岁登台，16岁唱红京城。如今，她被称为"中国京剧最早的女艺人之一"。为什么传闻会将她与尚小云"撮合"在一起呢？因为她时常出入尚家，请教尚小云。那时候，女伶稍不慎就易遭非议，雪艳琴出入尚家的举止，无意间便授人以话柄，招致流言，不足为奇。更有甚者，添枝加叶地说，尚小云属意雪艳琴时日已久，眼下夫人去世，岂不正好比翼双飞？

尚小云与清室某贝勒有私交，于是，社会上捕风捉影，说这位贝勒欲将原大清贵胄之女（清格格），介绍给尚小云为续弦。

还有名妓美香。据传，时美香之名，津门无人不晓，但她并未真的卖身，只是个"艺妓"而已。有人说，无论天赋歌喉，还是相貌长相，美香均像极了尚小云。更令人惊异的是，她虽为女儿身，却性情如男，带几分侠气，这也与尚小云神似。她善歌舞，爱听戏，只要尚小云演出，她必去观看。更有传言说，尚小云对美香作为续弦备选，并无恶感，反而说："只要人好，我倒不在乎是哪里出身，只要是守身如玉的姑娘，比烂污小姐强多着呢。"

不过，她们都是尚小云生命中的匆匆过客。最后，真正成为新嫁娘的，是梅兰芳姑母的女儿，也就是梅兰芳的表妹王蕊芳。双人合卺成亲之时，是在隔年的元月，李淑卿去世不到一年。

关于王蕊芳与尚小云，大抵和所有生活在一起的夫妻一样，一生一世就这么过来了。第二年，次子长麟出生，后来又生了长荣。虽然道路满是荆棘，却也携手以沫，共同地踏过乱世，躲过战火，迎来解放，最终在"文革"的浪潮中遭遇了潮汐。好在，当尚小云离世时，王蕊芳一直在身旁陪伴，倒也是平淡中见得真情，真情中寻得幸福。

20世纪30年代中期，尚小云自办"荣春社"科班，学生犯错是要被他打的。他在教学方面非常严厉。本身，尚小云的脾气就很大，不容半点差池，倘若有了错，就一定是责罚。当时，外面尚小云拿着长长的戒尺打孩子，屋里王蕊芳就打鸡蛋，而且是只留蛋清不要蛋黄。挨完打的学生都要到师母那里去，不是哭诉，而是让师母在伤处抹蛋清，消肿去痛。

王蕊芳不是没有遇到李淑卿所遇到的问题，而且尚小云对于京剧的热爱与追求，随着时光的流逝，更加地浓烈。不得不说，王蕊芳当真是前世五百次回眸换得一世姻缘的女子，在艰难中，默默陪伴尚小云。这份爱情，如烟花灿烂时，看到的一抹繁星，不会消逝；如青松绿柏，大雪压枝时，依然墨绿如新。

情系"荣春社"

说起尚小云的"荣春社"，在京剧史上是不可勾画掉的重墨一笔。算来，"荣春社"的历史只有短短的 12 年，但它的意义却不比有着 200 多年历史的"四大徽班"轻几分。

起初，尚小云并没有创办科班的想法，只是想找 10 名年龄相当的孩子，陪着长子长春一同学艺，互相对对戏、打打把子。

只是，广告刚贴出，一下来了几十个孩子。他只得改变初衷，一下子收了 18 个孩子。这 18 个孩子被尚小云戏称为"十八子"。这些孩子算是"荣春社"最早的一批学生。

尚小云没有想到，尽管"招生"工作早已结束，却还是不断有家长带着孩子来到尚宅。尚小云心软，对夫人说："不如就凑个'三十六友'吧。"就这样，又一批 18 个孩子，加入进来。

上门学艺的孩子还在不断增多，尚小云又从不拒绝，结果超了百。一看这情形，尚小云干脆敞开大门，来多少，收多少，凑成一个科班。

办科班，可是件大事，不是想办就能办的。校舍、教师、练功场地，缺一不可，而这一切都需要钱。

艺人办科班并不是件新鲜事，"富连成"的创始人叶春善就是个全才艺人。但是，少有艺人自己投资，自筹经费办科班。"富连成"的经济后盾，前是吉林财主牛子厚，后是北京财主沈昆。与"富连成"齐名的"中华戏曲专科学校"隶属于中华戏曲音乐院，而该音乐院是由国民党元老李石曾以其掌控的庚子赔款创立的。

对于局外人的怀疑、担忧，甚或嘲笑，尚小云视若无睹，他正在苦心谋划科班的名字。夜半时分，他躲在书房里，欣赏名人字画，把玩珍藏古玩，期冀从中获得灵感。最后他的目光落在了"全家福"照片上。看着照片中的长子尚长春，他的心头一动。既然这个科班是因长春而设，不如就叫"长春社"？可是，这样又过于直白，毫无创意。他摇了摇头，自我否定了。但是，科班名总得带有"长春"中的一个字，以示纪念嘛。那么，究竟取"长"字，还是"春"字呢？由"春"字尚小云自然联想到了曾经的一个科班，即梅兰芳外祖父杨隆寿创办的"小荣椿班"。这个科班曾培养出了著名武生杨小楼、小生程继先和"富连成"的创始人叶春善等。

于是，新科班的名字从脑海中蹦了出来："荣春社"。此名既与"小荣椿"相区别，读音上又与"荣椿"相合，表明他对"小荣椿"的尊崇，并暗含欲将"荣春"办成"荣椿"的意思；同时又嵌入一个"长春"的"春"字，也不违背初衷，真可谓，一举三得。妙哉！

1938年3月，尚长春10岁。这年，"荣春社"首次亮相演出，并正式宣布成立。

"荣春社"成立了，尚小云对登门学戏的孩子，仍然豪爽地照单全收。一年后，"荣春社"的孩子已超过两百。算起来，这可不是个小数目。

自打有了"荣春社"，尚小云不再过一日两歇三睡的日子。他早早地起床，去查看学生练习早功，到了晚上，会亲临舞台为学生把场。除了自己唱戏，他把所有的时间都用在这些学生身上。尚小云非常严格，倘若有了错，就一定是责罚。同样的错误，学生挨打只有五下，那么，长春就要挨打十下。

没有人能随随便便成功，不经历鞭笞戒尺，怎么长得了记性？谁说心里不疼，谁说看着会冷漠，只不过，心中藏一份生硬罢了。盼望有一日，他们登了台方知他心思。经过一年的学习、训练，这两百多个孩子能演出的剧目达一两百出。可以说，"荣春社"已初见成效。

在"荣春社"里，尚小云是东家，又是教师，不仅管理这几百口子的吃喝拉撒，又要教授技艺，其间的辛苦是一般人难以想象的。

倘若只是辛苦点，倒也罢了，问题是，乱世年间，京剧的消遣慢慢地被战争的火炮逼到了死角。"荣春社"赔了钱，只能是自己赚钱来养科班。

"四大名旦"中，有两个人非常热衷于戏曲教育，一是尚小云，一是程砚秋。"荣春社"是尚小云的，"中华戏曲专科学校"与程砚秋大有关系。程砚秋于1935年接替焦菊隐，新任戏校校长（由金仲荪代理）。当时，程砚秋刚从欧洲考察归来，雄心勃勃，拟订了八年教育计划。然而，事与愿违，维持了十年的戏校因各种原因被迫关门了。

尚小云得知此情，提出戏校的学生如果有继续学戏意愿的，可以转入"荣春社"。就这样，"荣春社"一下子又多了几十张嘴。

此后，"文林社""志新诚社""稽鼓社"也都因无力为继而先后解散，又有不少学生转了进来。"荣春社"，一度成了梨园学生"收容所"。人员的过度膨胀，无疑加剧了科班的困难处境。"那时，我家廊下，经常放着一大堆面粉，可是，二三百张嘴，十来天就吃完了。"许多年以后，尚小云就曾如此回忆。经济负担之重，可见一斑。

"荣春社"筹建于抗战爆发前几个月，成长于抗战时期，其生长环境极度恶劣。抗战刚刚胜利，国共内战又起。时局动荡，人们看戏的少了，听曲儿的少了，尚小云没了戏唱就赚不了钱。

尚小云心里像是被堵上了千斤巨石，憋得慌，透不过气来。他可以选择逃避，关门解散了事。但是，以他那样的个性，却做不出来。更重要的是，在他心底还保有一份乐观。

于是，他只得变卖家产，卖房，卖车，卖家具，卖古玩字画，甚至卖夫人的首饰。1949年，梅兰芳的秘书许姬传常随梅剧团自沪北上进京演出，因而有机会常与尚小云叙旧。这时尚小云栖身在友人杨守一的家，许姬传不免好奇："你位于椿树下二条的私宅呢？芳信斋里那许多古玩字画呢？""卖掉了！七幢房子，一辆汽车，都填进'荣春社'里去了。"

大多数科班纷纷关门解散，仅有几所科班照常演戏，"荣春社"是其中之一。与其说是"荣春社"在坚持，不如说是尚小云在坚持。

但，这能坚持几时？

1948年，大地复苏，春天到来的时候，办了11年的"荣春社"

终于走完了它的艰难又光荣的历程，在华北戏院辍演了。戏迷们扼腕叹息，因为此时京城科班就只剩下了"荣春社"。在这之前，"富连成""鸣春社"已经宣告解散。

"谋事在人，成事在天"，这是尚小云留给"荣春社"的最后一句话，透着无奈，也透着无限不舍。

荀慧生：分得春光最数多

六十年前，华北平原，河北省东光县的一个小村庄，一座用黄土夯实的土戏台。头插棉花秆的小小男孩上场了，用稚嫩的嗓子唱起了——"金牌调来银牌宣，王相府来了我王氏宝钏……"

六十年后，北京古城，一条偏僻的胡同，一方冷清的院落。一位憔悴的老人，拖着蹒跚的步伐走来，从外推开了院落的大门。院落内，满是零乱的物品，如同刚被"洗劫"一般。老人张开了干渴的喉，唱的还是那一句："金牌调来银牌宣，王相府来了我王氏宝钏……"

跳出"大狱"又入"火坑"

这一年，天津城里，来了一对从河北逃难来的一家人。这家的男主人姓荀，夫妻俩带着两个男孩，哥哥叫慧荣，弟弟叫慧生。

在繁华的城市里，男主人进了一家做线香的小作坊，收入虽然少得可怜，但总算可以糊口了。女主人每天在穷人集中的西北角摆个地摊，缝缝补补挣几个小钱。哥俩则每天背着小筐，拣煤核、拾破烂。

只是在路过戏园子时，听到里面一声声喝好，隐约看到伶人在戏台上的耀眼夺目，哥俩儿会不由得停下脚步，倾听着时断时续的声声唱。

最后一片枯叶落下，冬天来了。矮小的棚屋里，是一家人的心酸。一宿未眠，只因那雪如繁花片片落下，也只因为明天的生活不知该怎么过。

有一天，晚饭桌上摆上了许久没有吃过的白面馍馍和肉菜。哥俩大口嚼着热喷喷的馍馍，吃着香喷喷的肉菜，高兴极了。荀家夫妇却是心痛难抑，口袋里的 50 元大洋是卖子的钱。为了能够让儿子们和自己都能有口饭吃，两口子一咬牙，狠着心将小哥俩卖给了小桃红梆子戏班。

哥俩吃完这顿饭，便不再是荀家的好儿郎，而是入了梨园做了戏子。但是想想，虽说入了戏班就是入"大狱"，但却不用再过"吃了上顿没下顿"的穷苦日子；虽说入了戏班要吃尽苦头，却也能学个一技之长。

那一天，天阴沉得让人压抑。母亲在屋里收拾着几件干净衣物，父亲倚着门沿儿发呆，面色沉重。哥俩知道父母将自己卖给了唱梆子戏的戏班，除却对父母的依依不舍之外，心底怕是也有半丝雀跃。

入了戏班，学了唱戏，也许有朝一日，自己真的能够带上金钗，穿上斑斓的戏服，在台上唱那么一段："金牌调来银牌宣，王相府来了我王氏宝钏……"

第二天，荀家兄弟跟着父亲进了戏班的门。从这一刻起，他们不再是父子，而是擦肩而过的陌路人。哥俩看着父亲孤独的背影离开，心中不禁万般悲凉，还好兄弟俩还有彼此，可以相依为命。

班主小桃红不是一个善良之辈，整日里对哥俩呼东唤西，动辄打骂。当春天降临、万物复苏的时候，哥哥慧荣不堪忍受"大狱"生活，逃离了戏班，来不及跟弟弟说一声"再见"。

弟弟荀慧生因为哥哥的出逃，不仅挨了小桃红一顿毒打，而且被人拎着就送回了荀家。小桃红在这件事上不依不饶，要荀父把当时 50 元大洋还他。

小桃红的 50 元大洋是不得不给的，可是钱又从哪里来？唯一能做的，就是再次卖了荀慧生。

春风吹，拂过荀慧生脸颊，却如柳鞭划痕，阵阵疼痛。童龀少儿，能经历几番人生，不过是匆匆聚聚，不过是在斥骂声中含泪远望。

那一年，荀慧生 7 岁。刚跳出小桃红戏班的"大狱"，却又进了庞家当了家奴。眉目清秀、嗓音甜润的荀慧生，"识货"的庞启发一眼瞅上了他，认定他是一块唱戏的好料子。

70 元大洋，就是荀慧生进入庞家做"私房徒弟"的价格。

庞启发，艺名庞艳红，不但擅演河北梆子花旦，青衣、刀马旦的戏也能演能教。但庞启发脾气差得很，稍有不如意便对学徒肆意打骂，且行事苛刻，人送绰号"庞扒皮"。

明知眼前是"火坑"，但为了还小桃红的债，荀父还是签了立约关书。所谓立约关书不过就是一纸卖身契，签下关书，荀慧生是生是死从此与父母无关。

庞启发也非善辈，立的关书条条苛刻，字字见血。荀慧生学艺期间，所有的衣食由师傅供给，若荀慧生不遵约束，师傅管教打死勿论；倘外出被车马碾撞，不许家属过问；倘若吃不下苦，受不下罪，荀慧生投河溺井自寻了短见，概与师傅无关。并且还规定，荀慧生在学徒期间不准赎身，更不准家人过问，如果背师私逃，必须赔偿七年损失。更为要紧的是，荀父"画押"按了手印的关书，是一份没有日期的立约关书。

每个人在世上，都不过是旁人眼中匆匆的过客，一些邂逅，转身忘记；一些擦肩，必然回首；一些缘分，注定扛不住世间冷暖，消散了去。不过，几年的亲情却被几十块钱大洋打得支离破碎，想来也实在悲戚。

作为哥哥荀慧荣，是自私而又懦弱的。他丢下幼年的弟弟，不带半点犹豫地逃出了戏班子。当小桃红上门索要 50 元大洋之时，慧荣游荡在街头巷底，不管父母的痛苦和弟弟的死活。当荀慧生因为他的出逃而被迫卖给庞启发当了家奴的时候，他又悄悄潜回父母身边。后来当荀慧生在庞家受着七年"大狱"之苦时，他在父母膝下享受着衣食无忧的生活。再后来，荀慧生唱出了名堂，成了梨园界的角儿，身为哥哥的他却整日无所事事过着悠闲的日子。只是，荀慧生是善良的，当他成名后却对当年抛弃他的哥哥毫无怨言。

只为心中那个王宝钏

谁不知，这入了师傅的门第，便如踏上了奈何桥，再无返还之路。天涯间，念故里，遥想当年，心间悲戚。

秋去冬来，一年四季，做了所谓私房徒弟的荀慧生，就像是上了发条的表盘，不停地转，全无自由，从早到晚除了练功，就是给师傅家里做杂务。

小小年纪的荀慧生，以巨大的耐力与毅力坚持着，只为今后能吃上一口热馍馍，也只为心中那个曼妙登场的王宝钏。

乾隆年间，秦腔艺人为表现古代女性婀娜的身姿，创造了跷功技艺。从此，跷功成为河北梆子（河北梆子源于秦腔）的一个主要基本功。荀慧生的学艺生涯就是从艰苦的练跷功开始的。跷，业内又称"寸子"或"末子"，多用枣木或榆木等坚硬的木材，仿照缠足的女性的小脚的形状制作，所以又叫假脚。踩跷时，艺人三分之二的中后部脚掌就全要托在条板面上，只有三分之一的前脚掌是踏在假脚背部的平面上。

为了练习踩跷，庞启发在给荀慧生练跷功时，先用布带把荀慧生的双脚紧紧绑在跷上，命他背靠墙站立，直到双脚、双腿乃至全身酸胀，失去控制力。一段时间后，练习扶墙行走，再过渡到踩跷自然行走。之后开始练耗跷，就是把踩跷的双脚站在竖立的青砖或桌面上，站一炷香的工夫。耗跷阶段之后是走跷、跑跷和走"花梆子"。走跷，就是练习各种旦角踩跷时的步法和姿势。跑跷多用于武戏趟马、赶路或开打等动作。"花梆子"是舞台上表现少女人物喜悦和复杂心情的程式化动作，综合了跷步、肩、腰等部位及面部表情的各种表演形式，是难度最高的跷功技巧。

刚刚学踩跷的荀慧生坚持到半炷香时，便无法支撑。看他有要下来歇息的意思，庞启发走过去，二话不说就是"啪啪"几个耳光。荀慧生含着泪，忍着痛，继续站着熬过一炷香。

说起来，少年荀慧生也是有出息，当真能受得了其中的苦。台上要有六分本事，台下就得练出十二分来，要成名角红角，就得有十二分本事。春天，夹着尘沙的大风，挡不住他早功晚练；夏天，穿棉袄汗流浃背，却依旧扎着稳实的马步；秋天，院子落了一地的枯叶，纷乱秋风中他点着香火头练转眼珠；冬天，寒风彻骨，他穿单衣浑身瑟瑟不止，却还要头顶大碗，足履冰水。日复一日，年复一年，苦功练出了硬本领，唱、念、做、打无一不精。

在8岁那年春天，他终于有了一次登台的机会。可是这一次却完完全全演砸了。

那一天，在天津西边的小道子魁星楼，演出的戏目是梆子戏《忠孝牌》（又叫《三娘教子》）。锣鼓响，开戏了，小小的荀慧生上了台，见台下观众都齐刷刷地看着自己，一时将唱词儿忘了个干净，急得在台上哭起来，下面的戏自然也是荒腔走板，错误百出，台下观众喝起了倒彩，唱一声轰一声。

待观众散去，怒不可遏的庞启发将荀慧生按住，没头没脑地毒打一顿。荀慧生这次挨了打，疼在身上，记在心里。他知道，这是因为自己没记住词儿，在台上被人喝了倒彩，不仅是跌了师傅的面儿，更是让师傅大感失望。他给自己取了个名字叫"荀词"，就是为了提醒自己，唱戏的不能忘了词。忘了词儿，便是忘了本分。

第一次登台的失败，带给他几分惘然，几多惆怅，剪不断思绪中的痛，理不断心绪中的烦。但他知道，人生不只是一场戏，意不动，心亦不动，只得踏踏实实地继续这份宿命。

第二年，荀慧生9岁了，庞启发见他愈加俊秀，心中掩饰不住几分得意，给他挂艺名"白牡丹"，再次登台。

这次登台，他已经不再是一年前忘词的荀慧生，而是脱胎换骨的白牡丹，这次剧目还是当年的《忠孝牌》。

开戏了，随着锣鼓声，却见小小三娘迈着碎步上了台，手如柔荑，肤如凝脂，眉若翠柳，目似杏桃，只见他一个回眸，一个兰花指，惊艳了台下众生。

身段妖娆，型姿婀娜，随着琴声锣鼓，镇定精神，一个叫板、一个亮相就来了个满堂彩。再听，腔调婉转，语音清脆："王春娥听一言喜从天降，幸喜得奴丈夫转回家乡。想当年我的夫青春模样，到如今三绺须打落在胸膛。人人说个个讲儿夫命丧，哪有个人死后又来还阳？常言说人一死休要妄想，阴曹府哪有个放鬼的阎王？莫非是夫妻们梦中相望……猛抬头又只见红日当光。一霎时腹内事明星亮亮，不枉奴王春娥守节一场。"

长长一段念白，半字不差，一字不错，后台的庞启发隔着厚厚的幕布，心里说不出的满意，眉角间尽是笑意。

这样，又过了两年。1911年，庞启发应邀进京担任科班教师，白牡丹跟着师傅进了京城。一进京，师傅便领他拜谒太师傅侯俊山。侯俊山听白牡丹唱了一段《三娘教子》后，瞅上了这个根红苗壮的戏苗子。侯俊山是专门给慈禧唱戏的清廷供奉，不但是梆子花旦中的翘楚，而且串演武生和小生也极其精彩。

侯俊山留下了白牡丹。在侯俊山身边，白牡丹学会了《小放牛》《辛安驿》《花田错》《英杰烈》等戏剧。有了这位技艺高超的师爷的传授，白牡丹的技艺更进，名声更响。舞台上，白牡丹踩跷出场，快步如飞赛过水上漂的圆场，俊美的扮相，清脆的念唱，征服了台下的观众。

喜欢白牡丹的观众成立了"白社"，文人墨客在报刊上撰写诗词歌赋，赞扬白牡丹的演技。有人写下了这样的诗："色艺丛中独擅场，佳名不愧傲花王。任教兰蕙饶风趣，到此低头亦败降。"把白牡丹与"兰蕙齐芳"（即梅兰芳与王蕙芳）相提。《国华报》评选"菊坛童伶"，白牡丹当选为"博士"。

见到徒弟如此有出息，师傅庞启发心中自然高兴，但这高兴并不能消解他严苛和贪婪的本性。

庞家一下子被踏断了门槛，京城里的名班名社纷纷邀请白牡丹。庞启发在前后掂量之后，让白牡丹入了"三乐社"。尚小云正是"三乐社"的当家青衣，两人一见如故。

白牡丹在台上，活泼俏丽，深深吸引了尚小云；尚小云在台上那优美的唱念，水袖起伏作舞时的妩媚，也让白牡丹沉迷了。两人在台上相互观摩对方的唱腔姿段，在台下互相钦佩对方的才艺，且总是在一起切磋，一起学习，大有相见恨晚之意。

转眼间，小小少年，已经长成。由于嗓子倒仓，是继续在梆子里发展还是开辟新的领域，他陷入深深的思考。因为他的嗓音不适合高亢激越的梆子唱法，加之辛亥革命后梆子呈日渐式微，他决定改学皮黄（徽调，京剧前身）旦角。

之后，白牡丹师从路三宝、薛兰芬学京剧青衣、花旦，因为底子好，人又非常勤奋，学得很快，不久即在京剧舞台上也有了一席之地。这时候的"三乐社"正式改名为"正乐社"，成为京城里有名的戏社，而白牡丹也与尚小云、赵桐珊并称"正乐三杰"。

到了1915年，七年"大狱"般的学徒生涯到了头，白牡丹到了该出科的时候了。可是，当年荀父签订学艺契约，庞启发早早地挖了个大大的"陷阱"——没有标明具体的出师时间。没有日期，便是随时都是开始。看着红极一时的白牡丹带来的巨大财富，庞启发自然不愿让这棵"摇钱树"出师。

一年年，一季季，花开花落，白牡丹从稚嫩花蕊，长成了娇艳夺目的花朵。载不动，几多愁，不老夜里，独悲伤，虽是台上红角儿，却是台下的家奴。

庞启发用尽手段，威胁并"软禁"了白牡丹。关书没有出师日期，白牡丹只能哑巴吃黄连，苦水往肚子里咽。只是他的好兄弟尚小云却是个正义的角儿，愣是联合了梨园界的名家唱角儿来解决这件事。最后，"正乐社"班主李际良出面，在"白社"众人的努力下，最终与庞启发达成了协议。

协议对于白牡丹来说并不公平，他要延长出师时间两年，演出所得还要与师傅对半分成，即便是这样，白牡丹还是一口答应。

两年后的1917年，白牡丹正式出师，属于他自己的舞台人生开始了。

许多年后，荀慧生曾经用五个字来形容自己的从艺经历——"一部伤心史"。辛酸，却也贴切。

一世隔绝的相思

突如其来的缘分，总会砸伤毫无准备的路人。有时候，这些缘分像是生命中不可或缺的主题，有时候不过是虚无缥缈的南柯一梦。有的缘分落地生根，有的却是瞬间而逝的浮萍。那些美好，即便只是人生过客，却也让人无法释怀。

不知从什么时候起，白牡丹身边多了一个豆蔻年华的少女。少女十六七岁，一张圆圆的鹅蛋脸，眼珠子黑漆明亮，两颊微有晕红，周身透着一股青春活泼的气息。她双目犹如一泓清水，惹人几分心醉，眉目间却又隐然有一分书卷气息，当真如秋菊似夏荷，好一个雅致清丽的姑娘。

这个姑娘，便是白牡丹一生浓情不解的初恋——吴小霞。

白牡丹出身贫寒，既不是梨园世家，也无权贵支撑，受尽千辛万苦，终是成了梨园的名角儿。而吴小霞不同，出身梨园世家，父亲是有名的青衣吴彩霞。自幼被父亲捧在手心里的吴小霞，当时还是一名在校的女学生，有着梨园戏班胭脂俗粉没有的清纯怡人。就是这样的两个人，门不当户不对的一对男女，却生出了让人艳羡的爱情。

恋爱中的女子的笑意是写在脸上的。有着强烈门户之见的吴彩霞，虽然欣赏白牡丹的天资与才气，却难以接受他梆子戏出身的现实。在他看来，京剧的"文野"之分泾渭分明，绝不接受"野路子"。

尽管父亲不欣赏白牡丹，但新文化影响下的吴小霞敢爱敢追，为了白牡丹她努力寻找一切可能的机会。在白牡丹为《玉堂春》的唱词发愁时，她连夜抄写好了送来。白牡丹第一次和一个妙龄的美丽女子接触，显得笨头笨脑的，本来心里波涛汹涌，话到嘴边却只有一句："谢谢你！可是我不识字。"

这句话，似是白牡丹和吴小霞的媒人。听白牡丹这样说，吴小霞决定一句一句教他。彼时，一个教得痴情，一个学得忘情，陶然亭、北海、颐和园……留下了他俩的身影。爱的种子，一旦种下，便生了芽，长了叶。

吴小霞与白牡丹的两相情愿、你情我侬的爱，打动了吴彩霞的师哥杨小楼。

杨小楼看得出来，这一对如花似画的男女是付了真心真情，不觉想要做个媒。杨小楼提上彩礼上了吴家门。

吴彩霞是当真犯了难。他不能以门不当户不对这样的理由来拒绝杨小楼，毕竟唱戏的谁能比谁高贵几分，不过是一早一晚踏入梨园罢了；可是，白牡丹没有念过书、不识字，与在大学念书的女儿相差太甚。不论是说得出的理由，还是说不出的理由，吴彩霞只有应了的份儿。

幸福来得突然，总带着些不真实，想来，当时的吴小霞和白牡丹的心中不是没有半分的疑虑，不是没有半晌的不安。只是，相思难回，一个只想快快娶了凤冠霞帔的心上西施，一个只念早早嫁了大红喜袍的如意郎君，谁也没有细细回想，谁也没有再多的谨慎。

无论是杨小楼，还是白牡丹，都不知道，此时的吴彩霞打起了"偷梁换柱"的算盘。当时答应求婚时只说吴家嫁女，并没承认是嫁小霞，吴家尚有待字闺中的六妹吴春生。这个妹妹，因为父母早逝，由他一手抚养，事事听从长兄的安排，在谈婚论嫁这等大事上，吴春生自然也对吴彩霞言听计从。再说，小姑都没嫁人，怎么能先嫁侄女呢？

是的，换亲！果然，一听说兄长将自己许配了青年才俊，一向温婉柔顺的吴春生低头默许。

吴春生和吴小霞，这一对吴家姑侄，各怀心思，都为一个白牡丹。

五天后，也就是 1918 年 4 月，荀家办喜事了。杨小楼、王瑶卿、梅兰芳、尚小云等名流欢聚一堂，好不热闹。

喜堂红烛，客人渐次散去，激动的白牡丹手拿挑杆，轻轻地揭起大红盖头。只是，一瞬间，幸福一瞬而逝，取而代之的是惊讶，是无措。看着美丽而陌生的姑娘，白牡丹呆在了原地，姑娘虽美，却不是心上人，没了那分清灵，多了几分的贤惠。

新郎官白牡丹一夜未归，新娘子吴春生一夜未眠。

红尘，浮生，世事难料，咫尺，天涯，难解心愁。怎知，凤冠霞帔下的林妹妹被早早换了宝姐姐，怎知，一场喜事竟是一场情爱的凄惨结局。泪沁衣衫，终难思量，年少轻狂，却抵不过红尘世事，唯有泪自尝。

这场突如其来且又莫名其妙的"情变"，让吴小霞莫名惆怅，她留下一封信，走了。信里说："慧生，今生无缘，来世再结同心。六姑是好人，好好待她。你一定要冲破阻力，成为一代京剧大家，你一定会成功的。我永远是你最忠实的观众和支持者。"

爱情总是凄美的，明明握在手中，却只能眼睁睁看着它如流沙般从手中溜走。

经历了这一场情感劫难的白牡丹，日日以酒消愁，消沉了些日子。好在白牡丹终是清楚自己的人生，倘若不唱戏，自己才是一无是处的无用，倘若不唱出个名堂，就证明了吴彩霞抉择的正确。

1919 年，白牡丹随杨小楼、谭小培、尚小云，组成了"三小一白"的阵容赴沪公演。白牡丹一炮而红，誉满上海滩，并被当地剧院热情挽留演出，在沪逗留达六年之久。盛誉之下，白牡丹受到粉丝们的狂热追求，然而除了练功唱戏，私人时间他总是独处，与妻子春生也仅是书信报平安。

1920 年夏，演出结束，白牡丹回到租住地，却听看门人告诉他有人来访。进了门，果然有位身姿苗条的女士背门而坐。没想到，女士一回眸，白牡丹的血液都要凝固了，竟是小霞！

原来，郁郁寡欢的吴小霞一直以为是白牡丹移情别恋。直到前不久，才清楚父亲使用调包计的真相。她情难自禁，再也顾不得什么礼义廉耻，不告而别，直奔上海。也许是出于对父亲的怨恨，临走时，她将父亲积攒一生购置的凤头水钻头面也一并带走了。

他抚着她的眉眼，看不够，他吻上朝思暮想的红唇，红烛烈烈而烧，这一对相爱的情人，终于等来了他们的团聚。清风起，圆月升，但愿今后日日是今朝，但愿此生不分离。

从此，白牡丹将吴小霞带来的凤头水钻头面应用在舞台上，水钻熠熠闪光，那支凤钗摇曳生姿，更增添了他扮相的妩媚。快乐的日子，总是短暂的。1924年底，白牡丹结束在上海的演出，将返回京城。白牡丹欲携吴小霞回京，却想到仍留守家中的春生，不禁踌躇不已。正在这时，吴彩霞的一纸家书寄到了小霞手中，"为父寻你三载，却不知你已私奔至上海，你置六姑于何地……"原来，吴小霞私奔后，吴彩霞气急攻心，病入膏肓，他只求女儿回家见最后一面。吴小霞读罢不禁潸然泪下，又看到白牡丹的犹豫，这个爱得纯粹的烈性女人，毅然留下一封诀别信，飘然而去。

再次失去吴小霞的白牡丹痛苦难当，然而千百封信都不能再挽回她的心了。他郁郁回京，与吴春生相敬如宾。两年之后，两人的长女出生。吴小霞曾写信来贺："汝之爱女，亦是我之骨肉。"白牡丹读后默然。

1928年5月，功成名就的白牡丹被邀请到浙江绍兴演出。那日，他在沈园游玩，却在满园的行人中，看见一个依稀熟悉的影子，竟是吴小霞。他心头大震，拨开人群寻找，却转眼杳无踪迹。

郁郁回京，白牡丹收到小霞的书信，里面抄录了陆游的《钗头凤》："世情薄，人情恶，雨送黄昏花易落。晓风干，泪痕残，欲笺心事，独语斜阑……"他这才知，那日在沈园，绝非是他的错觉，而是小霞打听到他的行程，远远地来见他一面。白牡丹泪珠滚滚，世事这般误人，到底是谁的错？

吴春生是个善良、贤惠的女人。石头般的白牡丹，终于在她的温暖下化开了心中郁结，最终与她携手半生。在外人眼中，这一对错打错成的夫妇却也是夫妻恩爱，相敬如宾。既然命运让他们走在一起，他们便双手撑起这份美好的姻缘。

1937 年，日本侵略中国，北京城沦陷。他收到小霞的信："人生如乱世飘蓬，今女儿已去，我此生再无可忧之人，就此别过。"这个敢爱敢恨的奇女子，就此不知所终。

从此，荀慧生把那顶凤钗头面视为珍宝，与小霞的那封手抄《钗头凤》一直珍藏。

妻子吴春生因病去世后，他又娶过一位妻子。但不论他身处何地，那套行头与信件，一直随身携带。几十年里，水钻依旧灿然如新，可他却怎么也找不到小霞。

1968 年，"文化大革命"期间，荀慧生饱受冲击和羞辱，连这套他最珍爱的凤头水钻头面，都在家被查抄时失踪。当夜，荀慧生突发心肌梗死。不久，他郁郁而终。临终前，他念念不忘吴小霞，特别嘱咐身边的子女，要他们找到这位"表姐"，只要有了音讯，即使是他死了，也要到他的坟头告知他一声。

2011 年 10 月，北京中国国际展览中心，一项民国时期的水钻旦角头面引起围观，特别是水钻上的那支凤钗，形状优美，雪白光亮，格外引人注目。据介绍，头面的主人正是荀慧生。近一个世纪过去了，水钻熠熠，凤钗仍然灿然如新。

"名旦"是这样炼成的

1919 年，富丽堂皇的天蟾大舞台门前，霓虹灯闪烁，交替亮出杨小楼、谭小培、尚小云、白牡丹的名字。

"三小一白"到上海演出。白牡丹的首场"打炮戏"是《花田错》。一个艺人到新的码头演戏，头场"打炮戏"非常重要，行内有话说："唱好了是新角打炮，唱不好是新炮打角。"好在白牡丹跷功和梆子功底扎实，把春兰那种伶俐而敏捷、热心又急躁，处处逢迎、讨人喜欢的性格特征表现得恰到好处，赢得观众阵阵喝彩声。

尚小云甘当绿叶为白牡丹配戏，二人珠联璧合，观众如醉如痴。

白牡丹在台上的一颦一笑、一举一动，风情万种惹人醉。

从 9 月初到年底 4 个月时间里，白牡丹演出了《小放牛》《玉堂春》等 60 多个剧目和《杨乃武》《奇侠阁》等六七部新戏。在上海这个西风劲吹的都市，刮起一股强劲的北派京剧旋风，观众中流行着"三小一白，誉满春申，风靡江南"的赞美之词。1920 年 1 月 4 日，"永胜社"做告别上海演出，江南名士樊樊山专程到上海观看了演出，不但高度评价了"三小一白"，尤其称赞白牡丹是"天下奇才"，还书写了一副对联送给他："用百倍功身成名立，退一步想心平气和"。

就在"三小一白"欲凯旋北归时，上海几家剧场经理都来劝白牡丹留在上海继续演出。白牡丹念及杨小楼对他的提携之情，都婉言谢绝。后来，杨小楼知道了这件事，说："机会难得，留下来挑班吧，闯闯嘛。"

这一留，白牡丹在上海留了六年。除了短时间到南京、杭州等地演出，偶尔回北京与杨小楼、余叔岩进行短期合作外，他几乎大部分时间都是应上海老天蟾与亦舞台等几个戏园子的要求轮番演出。从当时上海一家报纸刊登的一篇文章可以看出上海观众对他的喜爱："青衣花旦白牡丹，自民国八年秋偕小楼南下，献艺申江，即大受沪人之欢迎。去冬北返后，复于今夏应上海之邀，计前后在沪历时四年之久，而沪上人士欢迎之盛与日俱增，此次牡丹在上海亦舞台已有半年之久，牡丹再三辞约欲归，园主强留，恐明年尚须蝉联，京城剧界人士想望其风采者，恐有秋水伊人之叹也。"还有人说他到上海后，"嗓音更好，乃兼青衣，旁及古装，并请上海名人编排《元宵谜》等新剧，牡丹之名乃更大噪。"

妩媚的时光，妖冶的芳华，虽是男子，却美得一塌糊涂。三千红尘中，芸芸众生间，寻不到第二朵才情德馨的白牡丹。

一年又一年，六年时光就这样在鲜花和掌声中度过了。1925 年，在 26 岁生日的那一天，他从上海启程返京。归途中，他的心像大海的波涛一样难以平静，既有衣锦还乡时的兴奋，又有一些对未来的踌躇……

荀慧生于年底回到京城，他没有急于参加演出，而是等到半年后，当漫天的杨花随风飘舞的时候，开始了回京后的首场演出，演出剧目是《花田错》。多年来没有观看白牡丹演出的京城观众争相购票。演出后，一些观众评价："白牡丹扮演的春兰，娇柔妩媚，洒脱自然，使这出戏玲珑剔透，妙趣横生，久久难忘，其艺术魅力实在无法言传。"

这一年，白牡丹接受杨小楼、余叔岩二位的建议，废除艺名，恢复本名"荀慧生"。

从这一刻起，不再是莽撞少年郎，又已经是众人所慕的荀家儿郎。当年卖身后，便不知姓为何，如今流年过，再回荀家祠堂上，不相负。

1927 年 7 月，《顺天时报》举办的"五大名伶新剧夺魁"，历时一月终得出结果，梅兰芳的《太真外传》、程艳秋的《红拂传》、尚小云的《摩登伽女》、荀慧生的《丹青引》、徐碧云的《绿珠坠楼》入选夺魁剧目。

正如梅兰芳有齐如山、程砚秋有罗瘿公，荀慧生也有一位相知相识十多年的编剧好友陈墨香。

陈墨香和荀慧生合作的第一出剧目是改编《全本玉堂春》。该剧起初是两出折子戏，历代的青衣、花旦艺人都很重视这出戏。经过众多艺人的不断加工和再创造，《玉堂春》成为脍炙人口的名剧。然而美中不足的是它的故事性差，给人支离破碎之感，非四天不能演完，影响了该剧的欣赏效果。当年，荀慧生学这出戏时，就暗想将情节丰富一些，把苏三被屈含冤的遭遇，通过戏曲的唱念做打等形式表现出来。他把这个想法告诉陈墨香。最后，经过陈墨香改编，在"起解"和"会审"前加上"关王庙""落凤坡"等内容，后面加上"监令""金殿""团圆"等场次，构成了一天可以演完的完整的戏剧故事。

两个人的合作默契，大有"心有灵犀一点通"的意味。每一部戏，都是由陈墨香先打出全剧的提纲，然后做好初稿，再逐一研究剧中人物的性格。剧中重要的场子和唱、做、念的安排，都是两人商榷而得。每个剧本都是在排演和演出中，反复推敲，不停修订不妥之处，终而定稿。

从 1924 年到 1935 年 11 年的时间里，陈墨香一共为荀慧生编写了 40 多出戏。荀慧生与陈墨香是刀对鞘一样，彼此知心，相互启发，只是，这样坚定的情义却不知最后怎么竟没落了。

陈墨香逝世，荀慧生仅仅是致赙仪 4 元，一时传为新闻，众说纷纭。

当时有人评论荀慧生，说他受的是涌泉之恩，报的却是滴水之情。不过，其事必有原委。但荀慧生至死也没有说出两人为何最后竟是如此冷漠收场，即便被冠上了无情无义，却也还是保持缄默，而这件事则始终成为疑团！

峥嵘岁月里的坚守

七七事变后，京剧界一片凄凉。"四大名旦"之中，程砚秋在海淀农场做起了农民，梅兰芳也谢绝了演出活动。

这时候的荀慧生还在唱戏，但是，他不再唱那些儿女情长的温馨，不再唱才子佳人的天配姻缘；他只唱那些让人洒泪的悲剧，却从不肯再唱惹人愉悦的喜剧。句句明喻暗讽，唱出来的，却是比不唱的更狠，更铮骨三分。

从他的日记中可以看出他的拳拳爱国之心："1931 年 12 月 26 日，为拯救国难，余演义务戏《双沙河》；1932 年正月 18 日，谈上海中日战争之详情，中国军士义勇非常，日寇累次败北。为酬劳中国战场将士，约演义务戏，吾允与高庆奎演《翠屏山》；1933 年正月 17 日，吾自动演慰劳前方抗日将士义务戏《荀灌娘》；1933 年 2 月，为抗日前方将士购买飞机，在哈尔滨戏院演义务戏《红鬃烈马》……"

不过，夜深人静之时，抖落一日尘埃的他，伫立窗口，一时心潮奔涌。没落的乱世，怎敌浊酒一杯，前尘旧梦，满是盛世繁华。不若醉笑一场，悲恸一回，忆苍茫，当年那些往事入了窗。夜幕下，云遮月，雪纷纷而下，又是一季隆冬腊月天。

杨小楼：化作春泥更护花

傍晚，夜幕渐渐落下，大地悄悄地融入夜色之中。微风徐徐，满天繁星下，四周安静得只有风滑过的痕迹。行走在街路里的小小少年，不经意地抬头，夜空中闪烁的星星，是他一路上唯一的伙伴。

涩涩泪水，打湿了少年悲戚的脸。母亲白日里所说的话，他听得一个字儿不落。他知道，父亲病重，迟早有一天会离开他们母子俩。这一年来，母亲的眉眼间尽是哀愁。读不懂"独上高楼望断天涯路"的悲，却也看得出母亲眼中"寒灯照孤影"的痛。

绕过一条街，便是家。只是，此时的家中，灯火昏暗，透出浓重而不可压抑的悲哀。病床的父亲，原本俊朗的脸庞不再俊朗，惨白而无血色；魁梧的身材不再魁梧，消瘦而又虚弱。

母亲坐在病床一侧，捂着一方帛巾在低声抽泣。病床旁，肃坐着一位中年男人，低头垂眉，轻声叹气。

少年跪倒床前，哭着呼叫："爹——"病床上的父亲费力睁开了眼睛，看着少年，又费力抬起手指着床边的中年男人，用虚弱的声音对少年说："小楼，叫义父！"说完这句话，又闭上了眼睛，眼角沁出了一滴混浊的泪。

生命因着曾经的热烈，在终要消失时是这样的无可奈何；生命因着承载的渴望，问苍天可不可以再多点怜悯奢华。

少年名叫杨小楼，这一年12岁。他的父亲名叫杨月楼，这一年47岁。从此，父子阴阳相隔，唯在梦中才相见。

我决不当"象牙饭桶"

杨小楼，原名杨三元，出生于1878年，梨园世家。咸丰初年，祖父杨二喜手推独轮车进京，成为一名武旦艺人，擅长耍大刀片。父亲杨月楼，习老生、武生。他的扮相很佳，面阔耳大，仪表堂堂，有"天官"之称；拿手戏很多，尤其以演《安天会》的孙悟空有独到之处，人送绰号"杨猴子"。后来杨月楼当上了"三庆班"的管事，又担任了精忠庙（即后来的梨园公会）的庙首。1888年，杨月楼进入清宫升平署，成为专门为慈禧太后演出的内廷供奉。

杨月楼与谭鑫培，是换过帖的结义兄弟。杨月楼临终之际，将杨小楼托付给谭鑫培。从此，杨小楼拜在谭氏膝下为义子。谭鑫培按谭氏宗谱排序，为杨小楼取了新名叫"嘉训"。

出生于这样的梨园世家，杨小楼注定是要走上戏台，以戏为生。9岁那年，杨小楼进入了小荣椿科班学戏，为二科"春"字辈学生，排名春甫。

在科班学习期间，发育期的杨小楼不断长身子，身高臂长，无合适配演之角色。接着又到了变嗓的时候，进入"倒仓"期。这时，就有人说杨小楼的闲话了，讥讽他是"象牙饭桶"，意思是说徒具外表，但其实肚里没货，是个饭桶。

1897年，出科后的杨小楼只能离开京城，来到天津投靠奎派老生周春奎，搭入聚兴茶园"义顺合班"，充当"打英雄"（即武行班底）。

总有人是角儿，为什么不是我？我决不能当"象牙饭桶"。

虽然每天在台上只是跟着翻跟头，打下手，但生性温顺又执拗的杨小楼并不自暴自弃，私下里坚持练功，冬夏不辍。每天演两场戏，又没有地方练功，他就在深夜或黎明，独自到聚兴茶园后院，戴月披星地苦练。

慢慢地，杨小楼悟到了扬长避短的窍门。根据张二奎一派的唱腔，找到了适合自身的发声方法，并领悟出"一抬二连三趋四颤"的方法，解决了身高臂长、舞台动作不雅的毛病。这样，不久杨小楼提升为"二路武生"，再后一些时候，又开始演一些小型武戏的主角。

之后，杨小楼去见义父谭鑫培。谭鑫培观看了他的表演后，很兴奋，介绍他拜著名武生俞菊笙为师。

俞菊笙，最初学武旦，后来改习武生。他的身躯魁梧，扮出戏来雄猛威武，气宇轩昂，有古代大将的风度。又由于他的面庞宽阔，高额巨目，勾出脸谱来特别显得威严开朗，神采奕奕。就长相而论，杨小楼与俞菊笙倒也有几分相似。于是，坊间有了这样一个传说——

小楼之父杨月楼与俞菊笙为至交。两位夫人先后有孕。杨、俞二人约定：若一男一女，则指腹为婚；若二男，则换子。1877年冬，俞菊笙之子俞振庭诞下，过两年杨小楼来到人间，按照当初约定，二人换子。杨小楼拜师学艺，因其为俞菊笙亲子，所以俞菊笙倾囊传艺，这就是外界所谓的"杨小楼得其八九，俞振庭得其二三"。

此时的杨小楼22岁，得到了俞菊笙的真传之后，技艺自然大进。后来，杨小楼以"小杨猴子"艺名演于津门，一炮而红。

当时，就连饭馆跑堂的端着菜，也学杨小楼的声调高喊"闪开了"！这是杨小楼在《艳阳楼》中的一句台词，可见他在津门影响之深。

1901年，杨小楼从天津回到北京，搭入"宝胜和班"。

第二年，杨小楼又搭入谭鑫培的"同庆班"。谭鑫培重情重义，视杨小楼为己出，悉心教导。

"象牙饭桶"的帽子，终于被杨小楼甩掉了。

成了内廷供奉

1906年，29岁之时，杨小楼被清宫升平署以"民籍教习"挑选入宫，成为了内廷供奉。

清初，乾隆皇帝南巡，广选江南伶人携来北京，供奉内廷，名为民籍学生。道光年间的1827年，改南府为升平署，将民籍学生遣散，除少数愿意留在北京谋生者外，其余均遣回原籍。到了咸丰十年（1860），又重新在北京挑选民籍伶人进内演戏。同治初年又被全部裁撤。直至光绪九年（1883），为准备慈禧太后五旬寿辰，再挑民间伶人。与以前不同的是，自此以后所挑进的伶工全部称为教习，除进宫演戏而外，还要传授内宫太监们技艺。

父亲杨月楼在光绪十四年（1888）被挑入宫，至此，杨家父子两代，先后均为内廷供奉。

从这一刻起，不再是失去父亲的孤儿郎，又已经是众人所慕的杨家儿。"父亲啊，人生不留一丝怨恨和遗憾，这也是您对我的嘱托啊！当年您临去黄泉之时，浊泪滴，目未瞑；如今流年过，您的期望不遗忘，不相负。"

杨小楼在宫里头一天当差，唱的是双出：一出是《水帘洞》，一出是《长坂坡》。一亮相，就引得慈禧太后的喜爱。

早年，杨月楼入宫之时，慈禧太后就十分欣赏这两出戏。慈禧太后喜欢戏，而且真懂戏，说："这个小杨猴子真不赖！"

杨小楼高大魁梧，虎形猿臂，站在台上气宇轩昂，一派英挺飘逸的大丈夫气概，加之嗓音嘹亮、声腔激越，出演赵云、姜维、高宠等英雄人物，充满了威武雄豪之感。

业界有行话说：挑上升平署的钱粮，这在戏界，等于一步登天。但同为内廷供奉，受宠程度却大不相同。杨小楼作为内廷供奉，是四品顶戴，前无古人。王长林、李永泉二人则不受慈禧待见。两人常说："人家杨小楼，在宫里演戏，如同小儿往姥姥家一个样；我们两个人演戏，仿佛是刑部犯官司的犯人！"

有传说，一次杨小楼在宫里演戏时耍珠子，不小心将戏台角上放置的檀香木架子损坏了。众人悄悄地替他捏了一把汗，因为慈禧太后的脾气的确是不好摸。谁知"老佛爷"不见责怪，反而和颜悦色地询问为什么会出此差错。杨小楼说是连演四出戏，体力实在难以支撑。慈禧面上显露出痛惜之色，额外多赏赐了银两。

更有传说，杨小楼与义父谭鑫培同时被召进宫演出。慈禧赏给每人一包银子，而在叩谢的时候，谭鑫培转身把自己的一包顺手递给杨小楼代拿。几位王爷看见杨小楼手里拿着两包银子，误以为慈禧破格加倍恩赐杨小楼。

于是，"绯闻"开始流传开去。人们猜测杨小楼为什么能够得到加倍的恩赐，这中间有什么隐情？最后越传越奇，节外生枝，添油加醋，更与风流韵事沾了边。

如此热议，传到慈禧耳中，后果如何？杨小楼有口难辩，心情极其苦恼，终日闭户不出。后来更是弃艺从道，去北平西便门外的白云观出家当了老道，自号"超范子"，隐名避祸。

1908 年，慈禧去世。1910 年，32 岁的杨小楼，正是好年华。他二次出山，再返戏曲舞台。

化作春泥更护花

杨小楼秉性厚道，素讲戏德，对后进、晚辈多有提携。梅兰芳、荀慧生、马连良以及票友张伯驹都受过他的提携与教益。

1900 年，梅家搬到百顺胡同居住。隔壁住的正是杨小楼、徐宝芳两家。徐宝芳之子徐兰沅，正是梅兰芳的姨父。后来梅家又搬入徐、杨两家的前院，跟他们同住了好几年。

梅兰芳回忆：

> 附近有一个私塾，我就在那里读书。后来这个私塾搬到万佛寺湾，我也跟着去继续攻读。
>
> 杨老板那时已经很有名气了，但是他每天总是黎明即起，不间断地要到一个会馆里的戏台上，练武功，吊嗓子。
>
> 杨老板出门的时间跟我上学的时间差不多，常常抱着我到书馆。我有时挎在他的肩上，他口里还讲民间故事给我听，买糖葫芦给我吃，逗我笑乐。
>
> 隔了十多年，我居然能够和杨大叔同台唱戏，在后台扮戏的时候，我们常常说起旧事，相视而笑。

两人的首度合作是在 1917 年。梅兰芳排出了全本《春秋配》，杨小楼在这出戏里担任一个活儿不重的角色。参演这出戏，杨小楼显然有意识地捧梅兰芳。

到了 1921 年，杨小楼与梅兰芳合组了"崇林社"戏班。这是因为两人的姓都有个"木"字偏旁。期间，两人合演了一出经典剧目，那就是《霸王别姬》。

《霸王别姬》的前身，正是杨小楼在1918年排出的新戏《楚汉争》，原分为上下两部，剧本较为冗长，分两天演出。这次，杨、梅合作，把《楚汉争》删繁就简，变为一夜演全，并改名《霸王别姬》。

《霸王别姬》取材于大家熟知的楚汉相争的历史。剧情大致如下：韩信会合各路诸侯，兴兵灭楚，布下十面埋伏大阵，欲擒项羽。韩信用计激怒项羽，项羽急欲出战。项羽入宫，虞姬苦劝不从。临行，大旗被风吹折。项羽仍率部急向沛郡进发。行至沛郡不远，项羽被韩信大军围困。项羽闯出重围，屯兵垓下。张良用悲歌谱入箫管，动摇楚军军心。虞姬报知项羽，项羽疑刘邦已尽得楚地，感而赋诗。虞姬歌舞侑酒，泣不成声。虞姬请项羽逃往江东，以图再举。项羽依依难舍，虞姬乃拔剑自刎。项羽率部误走乌江，只余一人一骑。项羽无颜再见江东父老，于是拔剑自刎。

1922年春节的正月十九，杨小楼与梅兰芳在北京第一舞台首次演出了这出《霸王别姬》。

最后"别姬"一场，是全剧的高潮，霸王慷慨悲歌："力拔山兮气盖世，时不利兮骓不逝，骓不逝兮可奈何，虞兮虞兮奈若何！"虞姬舞剑，两人诀别，把剧情推向最高潮。开始演出时，霸王只是坐在桌子后面慷慨唱词，虞姬也只能坐在一旁听唱，动作呆板，情感低沉。杨小楼意识到，要想营造高潮，霸王唱这段悲歌必须离开座位，与虞姬一起边唱边舞，才能取得火炽的效果。但无缘无故离开座位太过生硬，必须找个适当的"契机"。

杨小楼日夜苦思，手比指划。有一次，他手执茶杯，又在冥思苦索。茶喝完了，还剩一点茶底，他下意识地顺手一泼。就在这一泼的瞬间，他突然大叫一声："有啦！对，就这么办！"当晚，他就把梅兰芳找来，研究了这一场的表演方法。虞姬举杯，念完"大王请"后，两人饮酒。霸王喝完酒后，心情焦躁苦闷，把酒杯往桌上一顿，随即站起，把酒一泼，然后用力把酒杯往后一掷。随着掷杯，霸王顺势就离开座位。虞姬一惊，也立即随着站起。随后两个开始悲壮地边唱边舞。

"万人空巷瞻颜色，半为英雄半美人。"杨小楼饰项羽，威猛雄壮；兰芳饰演虞姬，千娇百媚。两人的合演，可谓珠联璧合。

想霸王一生的大业，顷刻之间烟消；与自己心爱的女人，也要生离死别。双重苍凉，化作了声声长啸，也令人永远记住了霸王，记住了杨小楼……

这出《霸王别姬》，后来又经过反复锤炼，已经成为不可多得的经典，日后必将仍然成为经典，直至永远。

说完梅兰芳，再说说荀慧生。

1919 年，上海天蟾大舞台老板许少卿约请杨小楼南下演出。梨园行中人纷纷向杨小楼推荐角色人选，最终杨小楼选定了谭小培、尚小云、白牡丹（荀慧生艺名）组成了"三小一白"的阵容。北平京剧界舆论大哗，有人指责杨小楼选错了荀慧生，说什么"唱梆子的白牡丹不够分儿，他不是正宗的京朝派"。

杨小楼不为所动，说："荀慧生的京剧艺术已有相当高的水平，扮相俏丽，色艺俱佳，尤其跷功技艺可谓登峰造极，是年轻旦角中的佼佼者。"

有人不服："杨老板，荀慧生跟您有什么交情？"杨小楼正色说："一不沾亲，二不带故。"又有人说："不沾亲不带故，您何必这么抬举他？"

杨小楼正色说："因为荀慧生是人才。我杨小楼视艺术高于一切。"

杨小楼的话，引起了同行对荀慧生的嫉妒，心怀叵测者还蓄谋制造了一起事端。临行之前，荀慧生演出《铁弓缘》时，起哄的人突然抄起茶壶茶碗向舞台砸去！说时迟那时快，荀慧生的妻子吴春生迅速扑上台护住了荀慧生。吴春生被砸伤了，荀慧生却毫发未损。

杨小楼闻讯赶去安慰荀慧生，表明此次上海之行非荀莫属，荀慧生感激涕零。正是在上海，荀慧生一炮而红。戏班结束演出，打道回京。当地剧院热情挽留荀慧生继续演出。荀慧生怕这样做会坏了梨园规矩，左右为难。杨小楼对他说："留下来闯一闯，这是机会，不要放弃。"后来，荀慧生在上海一唱就是六年。

当然，还要说一说马连良。1930 年冬天，马连良受邀约了一班名角去上海演出，杨小楼同行。

在马连良的拿手杰作《群英会·借东风》中，剧里的赵云是个配角，只有接军师上船的任务，只有一箭射篷索那么一小段。一向爱提携后进的杨小楼，主动向马连良提出由他来演赵云。马连良和杨小楼还合作演出了《八大锤·断臂说书》。马连良演王佐，杨小楼扮陆文龙。演《摘缨会》，马连良演楚庄王，杨小楼演唐蛟。这两部戏也带有捧马连良的意思。

还有一件事，更出乎马连良的预料。演出后期，马连良贴出新戏《要离刺庆忌》。这里当然没有杨小楼的活儿。可没想到杨小楼把马连良找了去，对他说："你把庆忌的单头本子抄一份给我瞧瞧，我想来这个角。"杨小楼扮演庆忌，真心拉拔晚辈之意，显而易见。

现在提起张伯驹，当今的人们大多知道他一生喜好收藏鉴定书画文物。其实他还是有名的票友，刚过而立之年向余叔岩学戏，吊嗓子、打把子、文武昆乱无所不学。

张伯驹 40 岁那一年，有帮闲者撺掇道："到您生日那一天，邀上余叔岩、杨小楼搞个义演，该多有意义。"

余叔岩听了此言，可犯了难。出于本心，他是不愿的，但碍于与张伯驹的关系，又不好直接拒绝，就用了一小计：他明知杨小楼没演过马谡，却说："如果小楼演马谡，我就来王平。"

不出所料，杨小楼婉拒说："我没有这活儿。"这话确实顺了余叔岩的意愿。

没想到，半路杀出个"程咬金"钱宝森。当时他也在场，就说："这有什么，我给你说戏。"

杨小楼听到此言，自是欢喜，满口答应出演马谡！到此，余叔岩也只有答应的份儿了。

后来，以余叔岩的班底演了一出《空城计》。张伯驹饰孔明、余叔岩饰王平、杨小楼饰马谡、王凤卿饰赵云、程继仙饰马岱、陈香雪饰司马懿……此情此景，在内外行都算是登峰造极了，成就了京剧界的一段佳话。

看过演出，章士钊作打油诗："坐在头排看空城，不知守城是何人。"张伯驹也以诗纪念："羽扇纶巾饰卧龙，帐前四将镇威风。惊人一曲空城计，直到高天五尺峰。"

杨小楼为张伯驹配演马谡，张伯驹认为是平生殊荣，没齿难忘。

每逢张伯驹与朋友见面聊天，谈起梨园，必讲杨小楼。

天下得一知己，足矣；最懂杨小楼者，伯驹也。

在杨小楼一生的演艺生涯中，发生过一件不愉快的事，那就是"杨许失和"。这件事，当时轰动了京剧界。杨小楼从中所表现出的大度，让圈内人士不由大加赞赏。

那是在 1928 年 11 月 21 日夜，戏班上演《状元印》。

这出戏，有个元将角色赤福寿，本来由武生钱金福饰演。可是他临时有事告假，担任后台管事的是杨小楼女婿刘砚芳。他急将赤福寿一角，派给了他的哥哥刘砚亭。还有一位艺人叫许德义，在武净行当里的地位仅次于钱金福。此日他来到后台，得知钱金福告假的消息后，认为赤福寿一角理应由他出演。他勾了赤福寿的红脸，到上场门旁边候场了。

这出戏描写元顺帝计设武科场，诱各路义军将领至都城，拟使互相残杀，再设伏一网打尽。常遇春连败数将，夺得武状元，识破毒酒，保护朱元璋反出科场，杀退元兵追击。这是杨小楼的代表作。剧中赤福寿同常遇春交手开打的一段武打戏，很具观赏性，最能激发观众的热情。那日《状元印》演至这段开打时，许德义与杨小楼起先配合得比较利落。后来，许德义趁着杨小楼有一个退步在自己的腋下蹿过时，不但不高抬手中的大枪，反而尽量压低，同时用左手将杨小楼的扎巾抓住。杨小楼以为挂住了扎巾上的绒球，自恃盔头勒得很紧，不虞脱落，所以仍在用力向后缩颈，哪知许不放手，两人往返挣扎三数次。在旁人看起来，也好像杨头顶扎巾的绒球挂住了许的靠膀，许在好意帮助摘脱，实则是许在暗下毒手。等到他放手的时候，扎巾已经被拉脱，无法接着起打，只好草草下场。到了后台，两人都在火头上，一言不合，大打出手，顿时乱作一团。

当晚，许德义在家里越想越气，第二天一大早手提两只冲满开水的热水瓶，到杨宅门外叫骂，口口声声要让杨小楼"吃炸弹"。与杨小楼同住一个院子的刘砚芳闻讯，赶紧出来劝慰，说好话，赔不是，但全然无济于事。许德义大骂杨小楼"负义""欺负人""有种别躲在家里！"说着就要朝门里闯。

后来，虽然余叔岩从中极力斡旋，但两人的裂痕终究难以弥合，许德义辞演，余叔岩也脱离了杨小楼的戏班，并且决计退出舞台，一直未再演过营业戏。

许德义是杨小楼最重要的武戏伙伴。离开了他的辅佐，杨小楼的许多戏难臻完美境界。从这天起，这出《状元印》被杨小楼挂了起来。

不过，许德义出走后，在外无常班可搭，颇为潦倒。1937 年，距离"杨许失和"八年后，经人说合，许德义重回杨小楼戏班。杨小楼为人天性厚道，不念旧恶，仍旧录用。

"杨小楼主义"

进入二十世纪三十年代，日本接连发动"九一八"事变、"一·二八"事变，加快了侵略中国的步伐。

1934 年 7 月 14 日，杨小楼在北平首演了新排剧目《甘宁百骑劫魏营》。这出戏改编自《三国演义》，讲的是东吴孙权率军攻打合肥，曹操率部驰援。吴将甘宁趁曹操不备，请命领百骑夜间前往劫营。甘宁回营，召集其所选兵士畅饮，说明任务。众有难色，甘宁晓以大义，众军士深为感动，愿与曹兵死战。甘宁率众冲入曹营放火，营中大乱，曹操唯闻喊杀连天，不知敌兵多少。吴将程普、徐盛杀来，曹操慌忙逃走。甘宁查点士卒，果未损伤一人。回营缴令，孙权叹为奇人。

在剧中，甘宁对军士有一段慷慨激昂的台词：

> 想人生天地之间，须要做一番惊天动地之事，方不愧为奇男子。须知一入营伍当兵，乃是一件至尊至贵之事，肩负责任不小。国家兴亡，均在当兵的身上。身为武夫，理当马革裹尸，须以战死沙场为荣。休学那勇于私斗、怯于公战之辈。况且畏刀避箭，临阵退缩，非我辈之所为也。如今曹操挟天子，压群僚，带领雄师，扫灭张鲁，已得东川，欲吞西蜀，虎视江南。汝等俱是江南人民，家眷均在东吴。自古国家一体，国在家也在，国破家也亡。岂不知国家兴亡，匹夫有责。皮之不存，毛将焉附？前者主公逍遥津之败，损兵折将，元气已亏。此时我等若不振作精神，发奋图强，恢复国

威，倘若一旦再败于曹贼之手，不但东吴九郡八十一州，俱归外人所有；我等家小，亦均作了他人的牛马奴隶。我今所讲之言，不知列公以为然否？

这段动员令的台词，影射当时现实，确实犹如石破天惊。杨小楼念这段台词时，情直义烈，一气呵成，字字铿锵，如敲金击石，震撼心肺，感人泪下。每逢他念完这一大段台词，观众必然报以热烈掌声和喝彩。

时人将杨小楼的爱国情怀和爱国思想，赞誉为"杨小楼主义"。

1937 年，"七七"事变后，北平沦陷。人到暮年的杨小楼，再次披挂登台，出演《战宛城》中的张绣。演到拜谒曹操归来，与贾诩定计杀害曹操时，原词是："可恼啊，可恼！今有不法军兵，将我婶娘并使女春梅抢去，我想这城内之兵，俱是曹操所遣。是我到曹营用言语打动于他，他竟命使女春梅前来献茶，哎呀先生哪！"杨小楼念这段台词时，故意加重语气，融进了内心对日寇、汉奸的愤怒感情。而张绣的最后一句："那曹操欺人忒甚！"杨小楼竟临时大胆地改为："这奴隶二字，令人可惨！"借题发挥，即景生情，讽喻现实，台下角落处一时掌声雷动。

他还在第一舞台与人合作出演《九伐中原》。这出戏，同样改编自《三国演义》。剧中，蜀将姜维到了生命的穷途，念白道：四十五万铁甲雄兵，只剩下七人五骑……

姜维此时是英雄末路，他眼见蜀汉江山易主，唱念之中口吐鲜血，涕泪交流。

殊途同归，此时抱病登台的杨小楼，也咳出鲜血……

1938 年 2 月 14 日，杨小楼逝世于北平，享年 61 岁。

父亲杨月楼的"风流案"

杨小楼的父亲杨月楼，是一个有故事的人。

京剧形成以后，很快向南方扩展。杨月楼看准时机，到了上海。那时的上海，正是十里洋场的肇兴时期，软红十丈，纸醉金迷，歌楼舞榭，灯红酒绿，娱乐场所是最兴旺的行业之一。上自官僚买办、富贾豪绅，下至手艺工人、贩夫走卒，无不涉足娱乐场所。

1873年，杨月楼在金桂园演唱，可谓盛极一时。那时上海和北京不同，北京的戏院，还不许妇女到公开的戏院里去看戏，上海的风气则比较开通，一般妇女甚至富宅大家内眷，都可以随便到戏院购票看戏。杨月楼的身材魁伟，扮相英俊，嗓音高亢嘹亮，武功精湛娴熟，戏路宽广，文武全能，引得女性观众趋之若鹜。当时上海有一位文人袁翔甫，撰有一首竹枝词："金桂何如丹桂优，佳人个个懒勾留。一般京调非偏爱，只为贪看杨月楼。"可谓生动地描述了当时的盛况。

可是没有想到，杨月楼竟由此招致一场飞来横祸、牢狱之灾，几乎把性命送掉。

杨月楼在金桂园连续演出表现男女之情的《梵王宫》，一对广东香山籍茶商韦姓母女连看了三天。韦姓茶商经常往来于广东与上海之间，常年不居沪上。韦女名阿宝，年方十七，情窦初开，竟然对杨月楼心生爱慕。回家后就写了封信，诉说自己的思念爱慕之情，又找了张红纸，写了自己的年庚八字，一并封在信内，托乳母当面交付杨月楼，约其相见。杨月楼读后，且疑且惧，不敢赴约。阿宝是个至性至情之人，见求婚被拒，竟然茶饭无心，精神萎靡，从此病倒，卧床不起。韦母连忙盘问底细，乳母这才把前后经过和盘托出。韦母如梦方醒，思量心病还须心药医，于是亲自去找杨月楼，当面许婚。杨月楼感念韦氏母女至诚，终于答应，改日托媒前去说亲。

不料，此事被韦阿宝的叔父得悉。他以良贱不婚之礼法，坚予阻拦。韦母爱女心切，于是与杨月楼密商，仿照上海民间旧俗实行"抢亲"。阿宝叔父就与在沪香山籍乡绅，以拐盗罪向官府告发杨月楼。正当杨月楼与阿宝在新居行婚礼之时，官差及巡捕到来，把两人拘捕，连同阿宝的陪嫁衣物，这里面还有韦母送给女儿的四千元银洋，也一并抄走。

审案的上海知县恰也为广东香山籍人，心怀痛恶，当堂对杨月楼施以严刑。阿宝在堂上声称"嫁鸡随鸡，决无异志"，也被批掌嘴。二人均被收监，待韦父归后再行判决。

此案一出，立刻传遍街衢，舆论轰动。舆论分为针锋相对的两派。

一派以地方绅士为代表，认为伶人一向被视为贱民，而韦姓茶商是有一定身份家资的商人，且捐有官衔，杨月楼以贱民之身而娶良家之女，违反了良贱不婚的通行礼法。他们言辞激烈，要求严惩当事人，并进一步主张"正本清源，谢禁妇女看戏"。上海知县果然颁布《严禁妇女入馆看戏告示》，发布在《申报》之上。另一派则是呼吸了海上新风气的市井文客，他们同情杨、韦的遭遇，也流露出对禁令的不以为然。其中有人化名"与众乐乐老人"致信报馆，批评禁止妇女看戏："夫看戏一举，原属赏心乐事，本当男女同乐，良贱共观。今妇女仍无厉禁，惟良家独自向隅，故愚谓此论未昭平允。试思男子处世，有交游之乐，有纵马田猎之乐，甚至有秦楼楚馆之乐，博钱踢球之乐；而在妇女皆无之。至于看戏一事，可以消愁解闷，可以博古通今，可以劝善惩淫，似宜任其观阅无禁，不宜复分男女，复论贫贱也……故吾深不愿有此一禁也！他日者，余将携家属同赴戏馆，不徒愿吾一须眉男子独乐其乐，可并将使吾众巾帼妇人共乐其乐；不徒携我家妇女与少乐乐，欲邀同人妇女与众乐乐，断不因贵馆之论禁止，遂使之大煞风景也……"

不久，韦氏茶商由广州返回上海，听说妻子做主把阿宝嫁给一个戏子，也认为辱没了自己的门楣，不禁火冒三丈。他一方面不同意其弟的诬告，认为此案并非诱拐卷逃，但一方面也同意上海知县的判决，表示良贱不能通婚，绝不能让女儿嫁一个戏子。韦母气苦交加，病势日重，受不住这样重大的刺激，竟然一命呜呼。

最后，上海知县判决将阿宝发给善堂，交官媒择配；杨月楼杖责五百，依"诱拐律"拟罪为充军发遣，由上海递解南京收监。全案办结的时候，已经是1874年2月。

第二年，光绪登基，传旨大赦天下。杨月楼案属诱拐，罪情轻微，也在大赦之列。

这就是当时轰动一时的"杨月楼风流案"，也是清末"四大冤案"之一。

失之东隅，收之桑榆。在入狱期间，杨月楼竟收获了另一场爱情。

有一位名叫沈月春的评书女艺人，非常同情杨月楼的遭遇。虽然素昧平生，但经常到监狱探望。当杨月楼被递解南京之时，沈月春执意伴送。后来，杨月楼被释回到上海，沈月春便向他吐露了自己的爱意。杨月楼深感于她相助之德、伴送之情，自然同意。两人于 1876年 9 月举行婚礼。当时有一位署名"聆音顾曲生"的文人，在《申报》上写了一篇《春楼双月记》，大意是说：杨月楼串戏，清客也，不得谓之伶；沈月春虽为说书女儿，但有古侠士风。月楼被冤下狱，月春共其困乏，情挚意切。今两人行合卺礼，得唱随之乐，可谓春楼双月，艺坛佳话矣。

不过，对沈月春的出身与结局，另有一个不同的传说。说沈月春是上海名妓，因厌恶风月生涯，早已有心从良。杨月楼每次到上海演出，她都要去看他的戏，并深深爱上了他。杨月楼入狱之后，沈月春前去监房探望，哭着诉说爱慕之情，祈望杨氏早早出狱。杨月楼感动不已，但自己早已与阿宝有过婚约，不可能再娶眼前这位多情妓女，又何必误了人家从良的大事呢？想到这里，杨月楼板起面孔，双目怒视，高声责问。可怜沈月春哪知杨月楼的用意，顿时心灰意冷，痛哭而返，从此厌绝尘事，自削其发，跑到杭州当了尼姑。

余叔岩：繁华落尽子规啼

1943 年 5 月，北平法源寺，一场公祭余叔岩的活动在这里举行。厅堂里挂满了挽联。梅兰芳的挽联是："缔交三世，远武同绳，灯火华堂，赞乐独怀黄蟠绰；阔别七年，赴书骤报，风烟旧阙，新声竟失李龟年。"孟小冬的挽联是："清方承世业，上苑知名，自从艺术寝衰，耳食孰能传曲韵；弱质感飘零，程门执帚，独惜薪传未了，心丧无以报师恩。"

公祭开始，吊唁人群纷纷向余氏遗像鞠躬、磕头，内外亲戚于灵前焚香、烧纸。此时，姚氏夫人挽着 6 岁的女儿，来到灵柩之前，放声大哭。向遗像跪拜之后，吩咐佣人和保姆送来两大捆用旧被面包裹着的东西，打开，然后一一扔向香火烧得正旺的铜鼎大炉里。周围的人见了，都十分惊讶！原来姚氏夫人烧的不是纸钱、锡箔之类的祭品，竟是余门祖传的"余派秘笈"，有余叔岩生前的笔记、演出的场记和心得、所收藏的剧本，以及亲笔校订过的剧本和工尺谱、身段谱！

"小小余三胜"

1903 年，天津南市，下天仙茶园打出了新的广告牌，赫然登着"小小余三胜"的名号，戏码是《击鼓骂曹》。

说起余三胜，那可是享誉京津一带的徽班老生演员。他是湖北罗田人氏，梨园科班出身，擅长西皮调也即"襄阳调"。学成之后巡演于湖北、安徽各地，于道光初年辗转北上，先在天津驻扎。余三胜唱红后进入京城，又很快走红起来。后来，余三胜在老生行与程长庚、张二奎争奇斗艳，鼎足而立，后人称之为"前三鼎甲"或"老三鼎甲"。老生行当后来的发展，都可以溯源到"前三鼎甲"。

那么，"小小余三胜"又是谁呢？正是余三胜的孙子余第祺。余三胜之子余紫云，是同治、光绪年间的皮黄名旦。他是"同光十三绝"之一，是旦行中"花衫"（在表演中兼容青衣和花旦）行当的主要创始人。余紫云生有四男一女，第祺是他的第三个儿子。

　　余第祺生于1890年，是个天生唱戏的料。到他乳牙脱落、准备换牙的那个时期，已经俨然"小老生"了。天津，是余三胜的发祥地，他故世后也归葬于此。这一年，余第祺14岁，就随着他的大哥余伯清来到天津闯荡江湖了。

　　余第祺的首唱舞台名叫下天仙茶园。"茶园"与"戏馆"所不同者，唯看客在座上可以喝茶而已。清朝时有一次国殇，各剧场均停业，但一直不见开禁。剧场主急得无法，只能另择地开"茶园"，改了名称，照样演戏，清廷果然没干涉。天津下天仙茶园是一个砖木结构的建筑，占地面积很大，整个剧场很宽阔，共可容纳一千三百多名观众。

　　在天津观众的瞩目之下，"小小余三胜"第二天登场了。《击鼓骂曹》是明代徐渭的著名传奇之一，原名《狂鼓吏渔阳三弄》。昆曲先有这出戏，演出时场面比较温，后改成皮黄，演起来就热闹了。当年余三胜就擅长这出戏，今天第祺出演此戏，很能令人联想到他的祖父。果然，开场念引子时，人们见到台上是个英俊少年，叫好之声立刻四起。

　　"平生志气运未通，似蛟龙困在浅水中，有朝一日春雷动，得会风云上九重——"

　　好几处都翻唱高腔，如同天际响雷，穿云破雾，又如长空滚雷，惊世骇俗。观众激动地喊叫起来了："好嗓子！"

　　首战告捷，当天许多人看完戏出场，转身就去买第二天的票。"小小余三胜"的名字逐渐传开了。

　　恰在同时，京城另一个汪（桂芬）派的童伶"小桂芬"，也在天津的东天仙茶园挂牌演戏。谭鑫培、汪桂芬与另一位老生孙菊仙，合称老生"后三杰"。这样一来，两位童伶对上了戏。得知小桂芬在"东天仙"茶园贴《文昭关》，伯清和第祺兄弟早就成竹在胸，第二天在"下天仙"门口也贴出了《文昭关》。

　　结果，一场《文昭关》下关，天津轰动了。这个说："到底是家传的余三胜唱法，与众不同啊！"那个说："与小桂芬异曲同工啊！"

还有的说："别看小小余三胜比小桂芬小两岁，可更有灵性啊！"

落了下风的小桂芬拼命"铆上"，企图以汪派的高亢有劲、实大声洪来抗衡，可是他慢慢进入"倒仓"期，越是这么唱，嗓子就越糟糕。所以，他越唱越吃力，越唱嗓子越哑，观众越听越难受。最后，几年下来，小桂芬不得不偃旗息鼓，退下舞台。就这样，余第祺同小桂芬自"童伶"到"少伶"的几年"争霸战"，终以第祺的胜利而宣告结束。

后来张伯驹有诗描写此事："童伶两派各争强，丹桂天仙每出场。唱法桂芬难记忆，十三一是小余腔。"又有民谣曰："真难得，俩童伶，小桂芬，小紫云。唱也好，做也好，能叫座，真迷人。"

小桂芬刚退场，艺名"麒麟童"的周信芳又来到了天津。周信芳比余第祺小5岁，台上也十分有灵气。几场演下来，声名大振，人们惊呼："又来了一个神童！"

不久，"对台戏"在"下天仙"和"东天仙"两个茶园之间开锣了。周贴《落马湖》，余也贴《落马湖》；周演《战长沙》，余也演《战长沙》；周唱《黄金台》，余也唱《黄金台》。好在第祺多吃了几年戏饭，凡是周信芳会的，余第祺几乎都会。几个回合下来，观众觉得还是"小小余三胜"更好些，就纷纷转到下天仙茶园里来了。一些捧"小小余三胜"的好事者，还常常聚在"东天仙"的门口，起哄、指摘周信芳。"强龙斗不过地头蛇"，少年周信芳心里暗暗叫苦，只得撤离天津，到北京去求发展。

在北京，周信芳与梅兰芳、林树森等一同带艺搭班"喜连成"，边学习，边演出。与梅兰芳合作演出了《九更天》《战蒲关》，照样被誉为"神童"，大红大紫。1909年，周信芳二度赴津，与"小小余三胜"再争高下。

周信芳此番到天津，到下天仙茶园演出，恰与第祺同台。剧场里，"麒麟童"的彩声总不如"小小余三胜"多。如此演了几场，周信芳显得有点丢面子，于是撤离下天仙，另搭戏班，开始唱新编的本戏。可是演新戏排戏很烦琐，很消耗嗓子，不如学过的骨子老戏、基础戏那么驾轻就熟，因此演得很累，往往一出大戏唱到后来，就把嗓子唱"横"了。连续演出本戏，嗓子一直得不到休整，就这样，周信芳真的把嗓子累垮了，唱哑了，提前进入"倒仓"期，无法登台了，只好卷铺盖回上海。

短短两三年光景，第祺左手击败小桂芬，右手按倒麒麟童，自鸣得意：当今天津老生，舍我其谁？天津卫这块地盘，是俺余第祺的！

荒唐少年时

然而这位"神童"高兴得太早了，一些令他不堪回首的事情，加速毁了他的嗓子。所不同的是，"小小余三胜"不是因别人挑战而倒台的，而是自己打败了自己。

天津是我国最早开埠的港口城市之一，风气也比北京开化得多。在捧"小小余三胜"的人群中，有一部分是女性。很快，懵懂少年成了"宜春院"的常客，与当红的阿香姑娘好上了。不久，更是发生了一段同坤伶王克琴的艳史。两相夹攻，让他伤了身体，败了嗓子。

王克琴年龄与余第祺相仿，天津人，初学梆子，兼擅皮黄，以花旦、玩笑旦享誉。下天仙茶园老板几度把王克琴请来，与余第祺同台。这样一来，津沽顶尖的青年乾生、坤旦一收眼底，观众大过了一把戏瘾。

王克琴，对余第祺佩服得五体投地。每当她演毕回到后台，总要先到第祺处，问他的观感，刚才台上哪点不恰当，请他指出来。"小小余三胜"的戏码排在后面，此时往往在对镜化妆。王克琴在他身后向镜中人投去爱慕的眼光。

王克琴幼时父母双亡，为姨母收养。她少年走红，很早就独立生活，随着戏班子走江湖，难免沾染一些率性习气。她演的又是些谈情说爱的花旦角色，因此对于风月场上的事情无师自通，并已经历过。她在天津唱红后，包银挣得多，就搬出姨母家，赁屋独住。

很快，余第祺就搬到王克琴处同居一起。由于第祺不懂得节制，逐渐体力不支，嗓子很快就沉了下去。

王克琴有一个不良的嗜好：抽鸦片。王克琴见第祺的嗓子越来越哑，就把他推到炕上，拿自己的烟枪交给他，帮他点上。就这样，第祺也染上了阿芙蓉癖。本来是想用热河土来"疗救"嗓子，谁知，用鸦片临时强打起来的那么点精力，也被第祺发泄到当时难以控制的儿女私情上去了。事后，他的嗓子愈发嘶哑。

有一次，余第祺找到替他管账的大哥余伯清讨要银子。结果兄弟俩有了争吵，最后又急又气地动了手。弟弟一拳恰好打在大哥的右眼上，鲜血直流。第祺见到哥哥满脸是血，心里一惊，急忙夺路而出，一路奔回了北京。

在北京老家，母亲为他请了医生，固本强肾，补气消炎。过了一段时间，气色略有恢复，但嗓子未见好转。

唱不了戏，如何生计？第祺心里苦闷，通过义父王锦章的帮忙，被引进袁府，见了袁世凯的长子袁克定。

袁克定倒也爽快。从此，余第祺换上了北洋军阀的戎装，头戴大盖帽，足蹬大马靴，挎着腰刀和手枪，在袁府里当了一名内卫。

袁世凯也有皮黄嗜好。有一次，总统府演出堂会戏，余第祺等一群内卫人人手持红缨枪，列队肃立于剧场门口。袁世凯进场时，站在余第祺面前停了下来。袁世凯注视着说："这不是余三么？"袁克定忙上前介绍，说他就是余三胜的孙子。"我何尝不知他就是余三胜的孙子。"袁世凯回头对第祺说："你是梨园世家，家里都是好角儿，干嘛到这里来当差？……你不该站在台下。"接着，他用手指了一下场内的舞台，说："应该站到台上，演戏去！"

听了大总统的话，第祺有些心动。袁克定看出他的心思，建议他去找其父好友陈德霖讨教经验。当年，陈德霖倒仓后有六七年不能上台唱戏，后来通过自己摸索的诀窍找回了嗓子，就跟没有哑过一样，而且更好听了。临行之时，袁克定还为第祺取了艺名"余叔巌"。"巌"与"岩"通，"巌"字笔画太多，所以常用"岩"代替。

陈德霖对余叔岩这位世侄早年的学艺十分欣赏，又听说了他在天津的荒唐事。他没有蔑视余叔岩，接纳了他。每天一早，陈德霖亲自带他遛弯，使周身发热，让步履和呼吸均匀，到达目的地后，再喊嗓子。余叔岩在陈德霖的指导下，练习丹田气功：从丹田运出一缕气息，通过胸部、喉部冲向头顶，形成一条通过声带的气柱，从咽壁反射出去，这样既能发出密集而有威力并带共鸣的声音，又不损伤声带。

如此过了两三个月，总统府又要请戏班唱戏了，这回是谭鑫培主演的《四郎探母》。袁世凯传下话来，请内卫余叔岩上台，为谭鑫培配演杨六郎。

余叔岩重新粉墨登场了。谭鑫培演戏的节奏特别流畅，余叔岩亦步亦趋，都按照原节奏跟上了，双方的念白也咬得很紧。毕竟嗓子经过了休息，又苦练了一个时期，加之杨六郎的戏不是很重，因此没在台上出洋相。后来又为谭鑫培配演了几次，把余叔岩的戏瘾吊起来了。

见余叔岩日益把心收回于艺术，陈德霖老夫子感到很欣慰。一段时间后，陈德霖主动差人到余府去为女儿陈淑铭说媒。

1913 年初，余叔岩与陈淑铭结婚，时年 24 岁。

观谭、追谭、学谭

当时，在京剧老生行，谭鑫培无疑是执牛耳的领军人物，有着"无谭不成戏、无调不学谭"的说法。

谭鑫培早年入陈长庚之门学戏，后又拜余三胜为师，与余家有着很深的渊源。对于余叔岩来说，学谭就是学余，学余必须学谭。于是，余叔岩转托岳父陈德霖提出了拜师谭鑫培的心愿，但谭鑫培却婉言谢绝了。

虽然拜师不成，余叔岩并不气馁，开始了观谭、追谭、学谭的生涯。这个阶段是谭鑫培舞台生涯的高峰期，不停在丹桂园、庆乐园、庆升园、中和园、广和楼等园子巡演，余叔岩是每戏必看。他在茶桌上铺着纸笔，对表演、唱腔、站位、身段等一一做记录。陈德霖与谭鑫培多有合作，余叔岩经常向岳父询问谭鑫培表演上的细节。

不久，陈德霖为余叔岩物色了一名教谭派戏的教师，他就是为谭鑫培操琴的陈彦衡。陈彦衡，四川宜宾人，随父游宦到了北方。他的胡琴，得到过谭鑫培琴师梅雨田（梅兰芳的伯父）的传授。后来，陈彦衡又为谭鑫培吊嗓，在梅雨田去世后，他就正式"下海"，成为谭鑫培的舞台琴师。

从此，余叔岩每天早晨八点到川店儿胡同陈家，学习谭派唱腔。余叔岩先学《托兆碰碑》，接着学《琼林宴》，第三出戏是《失空斩》。余叔岩天分极高，不但唱腔一学就会，而且出字收音、运腔劲头都恰到好处。经过陈彦衡集中调教一段时间后，余叔岩的嗓音、唱法又有明显进步。

不久，余叔岩又跟随钱金福学习身段技术。初学走台步时，钱金福发现他有边走边甩胯骨的毛病，怎么走也不好看，于是先给他"治病"。钱金福让余叔岩两手拿一根木棍，横靠腰间，走台步时若再甩胯骨，就会遇到障碍。余叔岩每天去钱金福家一遍一遍地走台步，就像是戴着镣铐跳舞，绑起来脚走路，起先非常别扭，但他不厌其烦，直到走得像样，终于把台步毛病"治"好了。

到了 1912 年 4 月，谭鑫培终于同意接收余叔岩为弟子。那一天，陈德霖设下盛宴，为爱婿余叔岩举行拜师大礼。由陈德霖举香，余叔岩先向梨园祖师爷唐明皇的牌位三拜九叩，再向祖父余三胜的牌位三拜九叩，最后当面向谭鑫培三拜九叩。

拜师之后，谭鑫培手把手教授了余叔岩两出戏：《太平桥》《失空斩》。接着，余叔岩又通过讨教经验这种"捋叶子"的方法，学会了谭派《天雷报》。

后来，谭鑫培却很少主动提教戏之事。原来对于余叔岩拜师后的突飞猛进，反应最强烈的是谭门的下一代。照余叔岩的势头发展下去，在谭鑫培的身后，谭派大旗不是要离开谭门了吗？

这种局面持续到了 1916 年，谭鑫培居家休养。这时他年届古稀，许多事情想开了，对余叔岩从"防备"转向爱护和扶植。许多戏，不等余叔岩开口问，就主动开教。

1917 年元旦后，余叔岩的嗓子已大体恢复，应邀赴天津演出。他用的还是"小小余三胜"的艺名，打的则是"谭派老生"的旗号。观众对"小小余三胜"暌隔数年，纷纷前来购票观看。这是余叔岩从败嗓的低谷中走出后，首次集中做营业演出，因此格外小心翼翼。首场戏，以压轴与岳父陈德霖合演《南天门》，果然一炮打响。他整整演了三个月，刚回到北京就听到了有关谭鑫培的不幸消息。

原来，广西督军陆荣廷来到北京，京城卫戍统领江朝宗专门办一场堂会戏为之接风，事先约请谭鑫培出场。然而临近演期，谭鑫培身体有恙，卧床不起，只能请求回戏。谁知江朝宗坚决不肯，快到演出时辰了，见谭鑫培还不到，就派出一帮警察，荷枪实弹到谭宅，硬是把谭鑫培拽到了剧场。无奈，重病之中的谭鑫培只好上台，提出改演深沉的二黄戏《洪羊洞》。这出戏描写杨延昭临死染病的情状，恰与谭鑫培当时的身体状况相似，演来特别有感情。"自那日朝罢归身染重病——"演至向八贤王叙述病中遭遇的一段唱时，谭鑫培感同身受，声泪俱下，眼前模糊一片。堂会戏的观众蒙在鼓里，分不清是剧中杨六郎的泪水，还是演员谭鑫培的泪水。

演出结束后回到家里，谭鑫培病情加重，沉绵病榻。不久，即在5月10日，一代伶王与世长辞，享年71岁。

在张勋与王克琴之间

1917年6月30日晚，又有一场堂会在江西会馆开场。到场的观众皆是当时权倾一时的人物，有大总统黎元洪、国务总理李经羲、陆军大臣王士珍、京城卫戍统领江朝宗，还有保皇派人士康有为等。

袁世凯死后，接替的大总统黎元洪与总理段祺瑞之间爆发"府院之争"，段祺瑞被迫下台。长江巡阅使、安徽督军张勋率领他的"辫子部队"来京调停时局。这场堂会正是为张勋接风而举办的。一时间，京城里的京剧名角纷纷受邀到场，余叔岩也在应邀之列。

这帮要人纷纷坐定，场面上响锣了。那一晚，一身戎装，但脑后拖着一根大辫子的张勋自然是主角。坐在他一旁的是一位贵妇人，穿着紧身旗袍，外罩一件镶连丝绒对襟小褂，烫起了头发，窈窕之余，多了一份洋气。余叔岩定睛一看，正是他的旧情人王克琴。余叔岩颇觉尴尬，心里甜酸苦辣交织，说不出是什么味道。

余叔岩的《空城计》开始了。他在城楼上瞟了几眼张勋和王克琴，发现他俩看得很认真，心安定了许多。《空城计》还没演完，已是7月1日的凌晨。忽然，张勋一行匆匆起身，离席而去。

回到家中，余叔岩喘息大半天。还没休息，忽听敲门声，开门一看，来人竟是从未登过门的女伶刘喜奎。

刘喜奎是著名的坤旦。几年前在天津的茶园里，张勋看中了刘喜奎，欲纳为妾。刘喜奎不允，逃离魔爪。这次张勋来京，派人寻找并游说刘喜奎。幸亏王克琴与刘喜奎关系好，暗中相助，得以幸免。

这次刘喜奎登门，是应王克琴之请前来送信的。原来，王克琴在余叔岩离开天津的后一年，被张勋弄去做了姨太太。王克琴跟着张勋去了徐州，还生了一个儿子。此次，王克琴在信中如此写道：

> ……别后无时不在念中。前者多次去鸿，迄未获复，何其怅然，顿生人心无常之叹也。克琴自入张府，喜忧参半。当年三哥嗓败，实因情不自禁。克琴虽然不贤，念在一片爱汝之痴心，还望大人不计小人之过耳。今既有妻妾五人，又欲纳喜奎为新宠，克琴焉能无愁？

> 前日观三哥之空城，又发津门之遥忆。相濡以沫之情，似胶如漆之景，历历若在昨日。眼下又是独掌孤灯，难遣悲怀，能慰克琴者，惟君一人耳。望三哥珍惜当年之情分，赐见一面，重续旧欢。地点宜在喜奎所在之六国饭店，时间可由君定。

对于王克琴的邀请，是去还是不去？余叔岩心里颇为矛盾。他回想起少年时云雨初试之后，一发而不可收，随之而来的则是嗓败。王克琴、阿香她们，给自己带来的是须臾之欢，却留给自己长久的病嗓之苦、精神之痛。

于是，余叔岩提笔写下回函。内中写道："经数年苦养苦练，病嗓初愈，甚不易也，断不可重蹈覆辙。君为吾昔日之艺友，往事既可追，亦不可追，岂未闻覆水难收之故耳？""你我仍是艺友，艺术乃吾辈终生之事业。"

送走刘喜奎，余叔岩出门，却发现街头原本悬挂的北洋五色旗已经不见，取而代之的是消失多年的大清黄龙旗。

原来，就在 7 月 1 日这一天，张勋复辟，驱逐黎元洪，拥溥仪复出。不过，在段祺瑞的"讨逆军"的攻击下，张勋复辟仅仅持续了 12 天，就宣布彻底失败。张勋携王克琴仓皇逃进荷兰使馆，惶惶不可终日。此时王克琴向他提出离婚，闹了一段时间，张勋最后只得将其下堂。王克琴后来去上海唱戏，于 1925 年罹时疫逝世，时年 34 岁。张勋另一小妾"小毛子"遭遇更悲惨，抑郁而终。后人做了一副"嵌名联"

嘲弄张勋："往事溯心头，深入不毛，子夜凄凉常独宿；大功成复辟，我战则克，琴心挑动又私奔。"

在此后的岁月间，张勋与余叔岩仍然有过交集。一年后，徐世昌就任大总统，批准特赦张勋。后来，张勋在天津英租界耀华里置产建宅，当起了寓公，还特地在宅内建了一个剧场，人称"张勋戏楼"。张勋家的堂会戏，成了这个时期天津的一道梨园风景。

1920 年 9 月，张勋连办两天大规模的堂会戏，每日从白天演至深夜，把梅兰芳、杨小楼、余叔岩都请来了。张勋指定每天都由余叔岩演大轴。

在余叔岩的一生中，接触过不计其数的忠实戏迷，张勋是其中颇具特色者。其宠妾王克琴迷恋余叔岩，因此余叔岩实际上是他的"情敌"，如此一个"三角恋"的局面，却并不影响他照样迷余、捧余。这也算是民国梨园的一大奇闻。

"甘愿为兰弟挎刀"

谭鑫培逝世以后，菊坛一时"群龙无首"，许多谭派名家都想填补这个真空，出现了群雄竞演、打擂台的局面。显而易见，谁能当谭派的首领，谁就有望执生行的牛耳。

1918 年，梅兰芳邀请余叔岩加入由他挑梁的"翊群社"。可是，余叔岩的一些好友却对此表示了反对。在他们看来，余叔岩的资历比梅兰芳高，况且在"翊群社"里已有当家老生王凤卿，余要去了，位置不好摆。对此，余叔岩内心很是坦荡，说："我甘愿为兰弟挎刀。"

同样，对于余叔岩入社这件事，在"翊群社"内部也发生了争议。原来该社的老生演员，除了王凤卿外，还有高庆奎和麒麟童，若再加上余叔岩就有四位。其中麒麟童比较好办，因为他年龄最小，资历浅些，然而另外三人的戏码，要排得大家都没意见，就不怎么容易了。加之余叔岩入社还要自带两个配角：钱金福和王长林，"翊群社"一下子要增加三个人的戏份开支。

不过，梅兰芳对余叔岩加入"翊群社"，很是积极。这样一来，持反对意见者终于同意接纳余叔岩，但提出了很苛刻的条件：一、戏码排在倒数第三之前，二、戏份是王凤卿的半数。当时"翊群社"的戏份，梅兰芳为八十元，王凤卿为四十元，余叔岩既是王凤卿的半数，就只有二十元。谁知，余叔岩竟一口答应，既不计较戏码，也不计较报酬，让梅兰芳大为感动。

加入"翊群社"的首场戏，余叔岩提出演《游龙戏凤》。这出戏，又名《梅龙镇》，故事情节很简单：明朝正德皇帝假扮军官，出游到山西大同府梅龙镇，在酒店里偶遇酒家女子李凤姐，为她的美貌和娇憨姿态所吸引，用言语挑逗。当正德赖在凤姐房中不肯走出时，凤姐就要喊叫。正德怕惊动当地官府，只得吐露皇帝身份，并封她为妃子。

1918 年 10 月 19 日，余、梅合演的《游龙戏凤》，在观众的热盼中以大轴戏的规格登场了。这是余叔岩艺术生涯中的一个里程碑——从"倒仓"到败嗓，从"息影"到复出，整整养了、练了七八年时间，如今开始以专业演员名义正式重返舞台了。

余叔岩出场了，梅兰芳等人都来到门帘边听戏，为他捏一把汗。他的正德皇帝扮相，头上的网子勒得比较高，显得长相大鬓，带点武生气。开头几段唱词，他唱得有点拘谨，似乎紧张的劲儿还没有完全松下来。及至梅兰芳出场，李凤姐和正德皇帝之间有一段"哑剧"，两个人对眼神、打背躬，余叔岩渐渐入了戏，神经就慢慢松弛下来，嗓子也逐步唱开了。

第二年年初，"翊群社"改组为"喜群社"，仍由梅兰芳挂头牌，并自任班主。在喜群社，余叔岩和梅兰芳重排了《打渔杀家》。这出戏，描写梁山英雄萧恩与女儿萧桂英以打鱼为生，还不起丁员外的渔税，殴打了气势汹汹的讨税人——相府的大教师。萧恩恐官府问罪，到县衙门首告，被县令吕子秋责打四十大板。萧恩忍无可忍，与女儿以献"庆顶珠"为名，径入丁府，杀丁员外和大教师后弃家逃走。

同《游龙戏凤》一样，《打渔杀家》也经过了一个边排练、边演出、边修改的"磨戏"过程，终于成为余、梅的代表作，也成为后世楷模。

就在这一时期，汉口政界名流和士绅出面遍邀京城名角，举行一轮饶有特色的名伶大会演。余叔岩跟随梅兰芳的"喜群社"去了汉口。

梅兰芳结束在汉口的演出之后，去往南通演出，余叔岩则留在汉口。此时，正值杨小楼如期来到汉口。余、杨合作演出，直至 1920 年春节前夕。

余叔岩和杨小楼既有天津之旧谊，此番汉口合作，双方更感到艺术上十分投机，杨小楼希望余叔岩能加入他的"中兴社"。回到北京后，趁着旧历年互相走动拜年的机会，余叔岩向梅兰芳打招呼了。

余叔岩离开了"喜群社"。对于余叔岩和梅兰芳二人来说，这都是一段重要的粉墨历史的终结。从此以后他俩只是在堂会戏和义务戏里，才有机会合作。《游龙戏凤》这出戏，梅兰芳同王凤卿演过一次，不演了；余叔岩同小翠花、朱琴心、王灵珠各演过一次，也不再演了。梅、余的合作戏，排得精细，内行称为"一棵菜"，换了其中任何一个人，均不能臻此境界。这是由于事先不大可能下大功夫、死功夫去排练，也因为茫茫人海之中，两心能互通灵犀者太少。于是，梅、余二人同生"曾经沧海难为水"之叹。

为梅兰芳"挎刀"的时期，余叔岩凭借高起点、高标准的合作，实现了艺术理想，在观众中确立了威信。他单独演的谭派戏，也在谭派传人的争奇斗艳中，力挫群雄。

上海之行

1920 年下半年，余叔岩应上海"丹桂第一台"经理尤鸿卿之邀，赴上海演出。

"京戏"或"京剧"之名，正是起源于上海。早先，皮黄在北京形成，在京津站稳脚跟后，迅速向四方蔓延。同治、光绪年间，上海出现了许多仿京式的茶园。当时沪剧的前身——申曲、滩簧以及越剧的前身"的笃班"等江南地方戏尚不成气候，昆曲又在急剧滑坡，于是皮黄独占鳌头，成为上海滩最大的剧种。由于皮黄是从京城来的，上海人对它的称呼，由"京班大戏"而逐渐简称为"京戏"，久而久之，这一称呼被各地所接受，后来连皮黄的界内人士也以此自称。由上海人叫出来的"京戏"或"京剧"之名，被沿用至今（南京国民政府时期，北京改名为北平，京剧随之被改称平剧），而其本名"乱弹"或"一簧"

"皮黄"反而被冷落了。

沉沦十年之久的余叔岩，至此终于重新崛起。余叔岩对于此次上海之行，也是踌躇满志。

谁知开场锣鼓响起后，不正常的情况发生了：只见台上小花脸在小锣声中出来念白，台下前座有三排观众却一个个离座退席，鱼贯撤离，场内一阵骚乱。此刻余叔岩刚刚调整好情绪和嗓音，准备登台，闻讯大吃一惊，压到丹田里的气又浮了上来。

一连三天，天天如此，场面颇为尴尬。当地报纸更是推波助澜，渲染起他当年与王克琴的艳事，还给他取了一个不善意的绰号"余三排"。

余叔岩心中着急，细细探究，退场的原因是由于他没有拜山头，被人认为过于狂妄。其间还有陈彦衡的因素。余叔岩在早年学谭过程中，曾经受到陈彦衡的指点和教导。但在学习的后期，他对陈彦衡所授《桑园寄子》，糅进一些自己的理解和创造。陈彦衡得知后心里很不高兴，问他为什么要"胡改"。余叔岩回话说："教得都对，但我得把它化用到台上去啊。"

陈彦衡岂能听不出潜台词，当下大怒，把余叔岩狠狠骂了一通。另外，由于陈彦衡的胡琴"控制"太严，余叔岩恐怕自己一些独到的唱法，到了舞台上会难以发挥，所以未再同意陈彦衡任琴师。于是，陈彦衡去了上海。

得知了内中详情，余叔岩听从好友建议，为上海的地方大佬加演了几场指定的戏目，情形得到了扭转，剧场开始满座。

此番来沪之前，余叔岩就有一个愿望：见一见周信芳，消除昔日的隔阂。毕竟，以前在天津对周信芳的排挤，是自己的过错。这个时期，周信芳恰是"丹桂第一台"的基本演员，每天为余叔岩垫戏。余叔岩的演出过程中本应该经常见到他，可是周信芳总是回避。演出的第六天，周信芳完成《捣霜仙子》后，就到杭州去休息了。余叔岩只能亲自写信给周信芳，说明当年行为鲁莽，主动和解。周信芳也为他的真挚所感动，赶回上海，与余叔岩合演《战太平》。余、麒同台，戏码扎硬，又是一个满堂红。

余叔岩的《战太平》虽不全是谭派的演法，但是他独特的技术组合，使观众感到新意盎然，而且能够接受，甚至还有人觉得不比谭鑫培差。

"余派"这个叫法，最早就是从这场《战太平》开始的。

1922年12月中下旬，余叔岩再次整装南下，来到上海。这次余叔岩又会遇到什么怪事呢？

余叔岩一行人到了上海，下榻在好友杨梧山家中。这一天，有人向杨家信筒扔进一封信，打开一看，里面竟有一颗子弹！信函的内容只有一句话："小余，你不要高兴得太早。"刚刚尝了"子弹"，"炸弹"又来了。第二天又来了一封匿名信，信上画着一颗炸弹，写道："莫道杨府能护身，硫黄偏炸狂妄人！"派人打探，写匿名信者姓李，是袁克文的弟子。再打听，原来袁克文是个谭迷，他认为余叔岩狂妄自大，擅自改动谭派的唱腔，想给个"下马威"。

当晚，余叔岩把袁克文安排在包厢，并在原定戏码《失印救火》之外，特地加演了那出《战太平》。袁克文毕竟懂戏，说："叔岩改得合情合理，更好听了，但仍未出谭派的圈儿。看来，外界纯属误传，我也错怪叔岩了。"

一场危机就这样消弭于无形。余叔岩在上海大红大紫。1923年1月10日的《大公报》有文称余叔岩为"谭派唯一传人"。作者写道："奉谭为师，亲承指教，历时八年之久，得之三胜者——还之叔岩，自是叔岩遂能绳其祖武。老谭每谓人曰：'吾子碌碌，他日传吾衣钵者，惟余子耳。'"

1923年10月间，余叔岩第三次到上海。先演了三天堂会，又应共舞台之邀，与程艳秋合作一期。程艳秋当时不过20岁。程艳秋后来娶妻果素瑛，是余叔岩姐夫果湘林之女。

这次共舞台演事中有一段插曲。原来共舞台是上海滩大亨黄金荣的产业，邀余叔岩演出是余氏到了上海后才定的。余叔岩原想演完堂会后就返京，转念一想共舞台背后有黄金荣，不好惹，就勉强答应下来。起先只答应演三天，可是观者热烈，一再加演，演了八天。

余叔岩身体不好，加上心情不佳，到了最后一场时，已是强弩之末，自感体力不支，就想唱一出歇工戏。谁知共舞台非要他演叫座力最强的重头戏《珠帘寨》，余叔岩坚决予以拒绝。黄金荣亲自来到余叔岩下榻的旅馆，劝说余叔岩卖个面子，让他过一次瘾。然而余叔岩并不买账，反复申明自己有恙，还请谅解为盼。这就把黄金荣煮火了，他斩钉截铁地说："你余叔岩的确是个角儿，但请你不要忘记，这里是上海滩。告诉你，不要敬酒不吃吃罚酒！"说完，拂袖而去。

周围的人，着实为余叔岩捏一把汗，齐来相劝。大家都说没必要得罪黄金荣，好汉不吃眼前亏，胳膊拧不过大腿，忍耐了吧。余叔岩呆想了半天，只得摇头叹气，提起精神演了《珠帘寨》。

夕阳惆怅

1925 年 6 月，自幼体弱的余叔岩，由于劳累，血病发作，住进了德国医院，被诊断为肺病初期，兼有膀胱瘤。此后，他的血病时好时犯。1929 年到 1930 年间，他居家静养了两年。

1931 年夏季，上海滩大亨杜月笙建成杜家祠堂，拟举办三天大规模的堂会戏，点名南北大名角悉数参加。包括梅兰芳、杨小楼在内全部同意出席，可是，余叔岩大病初愈，体能尚未恢复，自感心有余而力不足，犹豫了半天，决定不去为妙。

他向杜月笙发去电报："因余有病，未克来沪，对杜公极表抱歉。将来如有机会，必特别效劳。"事后，杜月笙倒也气量颇大，对余叔岩的这次"冒犯"却未置一词。

张伯驹在《红毹纪诗注选》中如此记载此事："笑他势力岂能移，直节干霄竹是师。纵使沪滨再难到，不来出演杜家祠。"

后来，杜月笙客观上成全余叔岩收了一个好徒弟孟小冬。

"孟家班"里的女老生孟小冬，最早在上海大世界唱"髦儿戏"，到了青年时期更加走红，爱看老生戏的杜月笙很器重她。孟小冬北上京城后，大有夺取坤角老生王座之势。好事者屡屡安排她与梅兰芳合作《坐宫》一类的对儿戏，日久自然生了感情。于是"梅党"为之张罗，梅、孟赁屋同居。然而，梅兰芳却没能与孟小冬携手终老，与孟小冬解除了关系。

在天津隐居了三年余，孟小冬的情绪逐渐走出低谷，拜余叔岩为师。余叔岩对孟小冬也颇为中意，悉心传授技艺。

1941 年，余叔岩的尿血症又大发，转到协和医院救治。在动手术前，他从床上坐了起来，唱了一段《鱼肠剑》："一事无成两鬓斑，叹光阴一去不回返——"

他身困力乏，嗓子很哑，可是神态极其认真，几处高音，唱不上去，勉力而为，摇头晃脑，令旁观者一时唏嘘。

手术后，余叔岩回家休养，第一年还算太平，第二年开始恶化，尿血的老毛病又不时发作。到 1943 年开春，余叔岩发病的频率越来越高，再也不能起床了。到 5 月 19 日晚，余叔岩病逝于椿树头条寓所。

一曲老生，唱尽尘世沧桑；一次绝响，盈满红袖暗香。携一缕清风，摘一束淡香，多少情未了，多少意踌躇，惘然回顾中，只当是做了半生的黄粱梦。

周信芳：好一个"麒麟童"

上海滩自 1843 年开埠以来，短短数十年时间就有了国际都市的意味。一到夜晚，霓虹闪烁，灯红酒绿。这里，各式戏台、剧场林立，从来都不缺角儿。一批批的角儿慢慢地淡去，但又有一批批新的角儿开始露头。

1907 年，上海的玉仙茶园打出了一溜京剧戏角的名牌，又有戏班在这里搭台上戏了。在这个戏班的演员中，有个完全陌生的名字——"麒麟童"。可谁会知道，这个艺名正是从这一刻开始，逐渐响遍大江南北。

那一次演出的是《走麦城》。饰演关羽的"麒麟童"，还是一位12 岁的小小少年郎。尽管还有些稚嫩，但他功架威严，不论眼神、口劲、做表，无不是中规中矩。关羽夜走麦城时的刀花、跪步、劈叉等动作，少年郎都做得极美妙，把关羽那种大丈夫气概和刚愎自用的个性，刻画入木三分。

谢幕之时，面对戏台下经久的掌声，站在戏台中央的少年郎，侧过头来，与立在帷幕一侧的父亲相对而笑。父子俩心中都知道，从这一天开始，崭新的生活开始了。

好一个"麒麟童"

麒麟童，本名周士楚，字信芳，1895 年 1 月 14 日出生于江苏省清江浦（今淮阴市）。父亲名叫周慰堂，专演青衣，艺名金琴仙。周信芳从稍微懂事的时候起，接触的就是戏服、锣鼓、琴声……耳濡目染，他与京剧特别亲近、厮熟。

当他 5 岁时，周慰堂随戏班在杭州唱戏，让儿子拜在陈长兴门下练功学习。陈长兴是杭嘉湖有名的文武老生兼花脸。陈长兴教周信芳的开蒙戏是《黄金台》。不几天周信芳就会了个大概,接着教他《一捧雪》《庆顶珠》等戏。

当时,京剧舞台上常出现"小京班",小孩子扮戏,特别能吸引观众。周慰堂心想,何不让自己的儿子也上台试试?

第一次上台用什么艺名呢?他父亲灵机一动:孩子不是虚龄七岁吗?就叫"七龄童"吧!

就这样,一天晚上,在拱辰桥的天仙园门口贴出了新海报,上面写着"金琴仙、七龄童献演《黄金台》"。《黄金台》这部戏,写的是齐湣王宠幸邹妃与太监伊立,伊立诬陷世子田法章无礼于邹妃。齐湣王大怒,擒斩田法章。田法章逃出,幸遇御史田单,田单将他乔装成自己的妹妹,瞒过了伊立的搜捕,得以脱险。周信芳扮演戏中的娃娃生田法章。他虽然首次正式登台,但一点也不惊慌,演得情状逼真,稚气可掬,十分动人。

这一年,著名老生小孟七(孟小冬的叔父)正好来杭州演出,贴演《铁莲花》(《扫雪打碗》),想物色一个娃娃生,找了几个都不合意,结果把周信芳选上了。戏中的定生,深受伯母马氏的虐待,或冬日被剥去衣衫在风中扫雪,或将烧热之碗令他捧奉。周信芳演得十分真切。在这出戏的"雪地奔滑"一场,周信芳演的定生,还顺溜地走了一个"吊毛",博得了满堂彩声。从此,"七龄童"的名字不胫而走,被人呼之为"神童"。

"麒麟童",这是个响遍大江南北的艺名。可是,这个艺名却是无意中得来的。

这个艺名的首次面世,正是他跟着戏班子到上海演出之时。当时,因为他早已超过7岁,故而艺名已改为"七灵童"。唱戏的前一夜,前台照例要贴海报,戏班就特地请了一位擅长书法的老先生来写海报。

老先生姓王,是上海人。他在写海报时,把名字搞错了。王老先生听到了前台管事报的艺名"七灵童",误以为是"麒麟童",于是他依此写好海报,并且马上贴了出去。

第二天,《申报》和《时报》都登出了"麒麟童昨夜演出"的消息。直到这时,班主才知道写错了海报。但麒麟是我国古代传说中的一种动物，形状像鹿，独角，全身披着麟甲，是吉庆祥瑞的象征。"麒麟童"这个艺名吉祥而又动听，班主和周信芳也就将错就错，将艺名正式改为了"麒麟童"。

北上朝圣

周信芳在上海虽然已经小有名气，但要想在京剧舞台上站稳脚跟，必须负笈北上，朝圣京剧的故乡。

1907年，上海的演出一结束，周信芳就踏上了北上的旅程，先到了烟台、大连、天津。这几个地方都是北方的重镇，同时也是北方重要的京剧码头，经常有京剧名角登台，观众也大多是内行。

第二年，周信芳又来到了京剧的发源地——北京，并进入了当时最负盛名的京剧"喜连成"科班。

"喜连成"科班边教习边演出，除本社学生以外，还约聘社外稍有名声的童伶搭班学艺。其居住、膳食不同于本社学生，并付给包银。周信芳就是属于搭班学艺的。同时搭班学艺的儿童演员还有梅兰芳、林树森、贯大元等。

周信芳与梅兰芳年龄相同，当时都是13岁，又都是搭班学生，因此两人特别亲密，配戏也十分和谐。他俩首次合作的剧目是《九更天》，周信芳饰马父，梅兰芳饰马女。这是一出奇冤戏，他们一个悲愤，一个凄厉，演得如诉如泣。接着，他们又合演了《战蒲关》，周信芳饰刘忠，梅兰芳饰徐艳贞。剧中，王霸镇守蒲关，粮尽草绝，城中人彼此相食。王霸拟杀爱妾徐艳贞，以人肉犒军；自己又不忍下手，就命老仆刘忠杀之。周信芳扮演的刘忠，进退两难，语言支吾，手中的剑颤颤抖动；梅兰芳扮演的徐艳贞聪颖贤惠，见刘忠的情状，知有蹊跷，心中猜度。两人表演都很细腻，唱得也委婉动听。当戏演到徐艳贞问明情由，夺剑自刎，刘忠也自尽而死时，剧情达到高潮，观众击节叫好。

北京是京剧的发源地，京剧名角争艳斗丽，美不胜收，使久居南方的周信芳大开了眼界。在北京，他听到人们赞扬最多的要算是谭鑫培了。

谭鑫培在京剧史上是继往开来的一代宗师。他本名谭金福，湖北江夏人。其父谭志道，先学楚调，后改京剧，应工老旦。因其声狭音亢如"叫天子"，时人称为"谭叫天"，鑫培艺名即称"小叫天"。谭鑫培幼年随父学艺，深受汉戏熏陶，又随父搭"三庆班"，先后拜程长庚、余三胜为师。他兼擅武生戏与老生戏，后专演老生。他吸收各家之长，独创"谭派"。

有一次，谭鑫培到上海演出，看了周信芳的《御碑亭》以后，对这位后生小辈十分欣赏。周信芳对老辈更是恭敬，天天雇了马车，到谭老板住的旅馆登门求教。在那些日子里，周信芳恭恭敬敬地向谭鑫培学了《御碑亭》《桑园寄子》《打棍出箱》《打侄上坟》和《金榜乐》等戏。

这样过了一个多月，谭鑫培回到了北京。有人曾问他："上海有什么人才？"谭鑫培回答道："有个麒麟童，是个唱戏的。"北京的名老生张春彦，对周信芳也极为欣赏，说："把北京所有的名老生，放在一只锅子里熬膏，也熬不出个麒麟童来。"

"丹桂"八年

二十世纪初的上海，十里洋场，一派热闹繁华的景象，特别是林立的戏园更使都市增添了几分热闹的气氛。在四马路大新街口矗立着一座高大的建筑，这就是有名的"丹桂第一台"。这是一家老资格的京剧戏院，创建于1867年。自从京剧风靡上海后，丹桂茶园经常邀请京剧名家演出。1908年，在十六铺建起了一座新型剧场，一时间上海各茶园戏馆纷纷仿效，丹桂茶园也不例外。1911年，改建的"丹桂第一台"落成，从此这里成为凡来上海的南北名角必到必演的重要场子，不少名角都是在这里唱红的。1913年，梅兰芳第一次到上海，演出地点就是"丹桂第一台"，一炮走红。

周信芳进入丹桂第一台，是他艺术道路上的一个转折点。周信芳自1915年5月进丹桂第一台，1916年担任后台经理，1923年脱离"丹桂"北上演出，1925年重回，前后在"丹桂"演出达八年之久。据统计，八年时间周信芳在"丹桂第一台"总共演过259出戏，其中新戏有209出。

周信芳进"丹桂第一台"，最初与王鸿寿、冯子和等前辈同台，不久又与欧阳予倩这位京剧改良运动主将有了合作。

早在1907年，欧阳予倩留学日本时，就参加了话剧团体春柳社，演出了《黑奴吁天录》《热泪》等戏剧，成为我国早期话剧运动的著名活动家。1910年回国后，在上海组织新剧同志会，在长沙组织社会教育团等，积极从事话剧运动。

1916年春，欧阳予倩搭班"丹桂第一台"演京戏，和周信芳、冯子和、吴彩霞等同台。他虽是演话剧出身，但对京剧既迷恋，也非常在行。周信芳呢，自小学的是京戏，但对话剧的一些长处也很推崇。一见如故的两人，对传统京剧进行了有益的革新。

欧阳予倩搭班"丹桂第一台"后，重新编排了新戏《黛玉葬花》。由周信芳演宝玉，欧阳予倩演黛玉。周信芳比欧阳予倩小5岁。两人身材长短、调门高低都差不多，配合得很好。特别是两个年轻人都喜欢搞些新花样。京剧小生的唱腔，往往用小嗓发音。周信芳一改传统，用大嗓唱。但他没有一味照搬大嗓唱法，而是根据嗓音自创新的腔调，音色柔和，与人物性格还是贴切的。欧阳予倩的扮相俊雅，当时报纸评为"高髻倩妆，翩翩翠袖"。

因为欧阳予倩搞过话剧，所以《黛玉葬花》吸收了话剧分幕的方法，避免了旧戏场子太碎的弊病，把许多情节归纳在一幕里，同时又保持戏曲有头有尾、环环相连的结构特点。另外，他们采用虚实结合的布景，硬景画片与软景画片相配合。如《黛玉葬花》第二场，设计了幽雅凄清的潇湘馆的景，有门有窗，回廊下挂着鹦鹉，纱窗外竹影吐翠，摇曳婆娑，偶一开窗，竹叶伸进屋里，逼真而有质感。这些艺术处理都是大胆的革新尝试，收到了很好的效果。

周信芳与欧阳予倩合作了半年时间，还合演了《宝蟾送酒》《鸳鸯剑》和根据聊斋故事改编的新戏《晚霞》。

1920年，周信芳还登上当时尚属新生事物的银幕。那时中国电影还处于默片时代，京剧艺术被摄成影片的，也只有谭鑫培等少数几位。商务印书馆活动影戏部选中了周信芳与梅兰芳两位青年艺人，为梅兰芳拍摄了《天女散花》和《春香闹学》，为周信芳拍摄了《琵琶记》。周信芳在《琵琶记》中饰演蔡伯喈。但这部影片只拍了"南浦送别""琴诉荷池"两个片断，没有最后完成。但这是周信芳第一次上银幕，他对戏曲电影的探索与开拓即由此跨出了第一步。

周信芳第二次涉足银幕，是在 1937 年卢沟桥事变爆发之前。上海联华影业公司为他拍摄《麒麟乐府》的第一部《斩经堂》。6 月在上海新光影院首映，田汉、桑弧分别在《联华画报》上撰文做出了正面的评论。

"丹桂第一台"的舞台经理是许少卿，后台经理是尤鸿卿，还有个王德全担任后台协理兼派戏。许少卿很精明能干，是沪上大名鼎鼎的"经纪人"。有一回，他从北京邀来梅兰芳、王凤卿，上座情况良好。梅兰芳极重义气，自此以后来上海演戏，几乎只搭许少卿的班子。后来，许少卿嫌"丹桂第一台"座位少，就另外租下新新舞台，而把"丹桂"盘让给尤鸿卿。这样一来，尤鸿卿就当了"丹桂"的舞台经理，后台经理则由王德全担任。可是，由于尤鸿卿不擅经营，王德全又吃里爬外，以致"丹桂"的营业每况愈下。直到邀来周信芳、汪笑侬、贾璧云等一批名角后，营业情况才开始好转。正当尤鸿卿为此感到高兴时，不料后台闹起矛盾来。原来后台经理王德全处处刁难周信芳，尤鸿卿非常气愤，一怒之下，把王德全辞掉了，让周信芳当了后台经理。

为了留住周信芳，尤鸿卿后来索性送给他两成干股。周信芳更加感激尤鸿卿的知遇之情，千方百计要把"丹桂第一台"的后台整顿好。

不料，这又引出了一场不小的风波。班里有个叫刘凤翔的，早先唱花脸，后来改行了，专门带领徒弟搭班。这一次，他正带着徒弟在"丹桂第一台"搭班，看到尤鸿卿这么抬举周信芳，非常眼红，决心取而代之。他见尤鸿卿的妻子耳根子软，就以她为突破口。两人私下谈妥，由刘担任后台经理。当尤鸿卿知道这件事时，已经晚了，刘凤翔已经和尤妻订下了合同。尤鸿卿为此大怒，与妻子大吵大闹。周信芳闻讯后，觉得事情已经闹僵，而且刘凤翔已经派人四处邀角儿，另外组班。周信芳只能反过来劝说尤鸿卿。尤鸿卿眼看事已至此，无可挽回，忍痛让周信芳离去。

周信芳走后，"丹桂"由尤妻掌管前台，刘凤翔担任后台经理。

可是，刘凤翔欺尤妻是外行，乘机独揽大权。刘凤翔虽然邀了不少好角儿，但组织工作欠妥，卖座情况并不佳。角儿们见此光景，坚持了一段时间也就各奔前程去了。刘凤翔眼见混不下去，索性回北方去了。尤鸿卿再度出山，收拾残局。他派儿子去往济南，把正在那里搭班演戏的周信芳重新请回了上海。

元旦这天，周信芳重新在"丹桂第一台"登台。不料刚过几个月，尤鸿卿就病倒了。这时，尤的儿子听了别人的怂恿，擅自把戏园盘了出去。等到尤鸿卿病好得知此事，已经晚了。

周信芳无奈只能再次离开，他对尤鸿卿叹了口气，说："看来天下没有不散的筵席。"

绝世恋

1928年，上海滩发生了一起轰动一时的自由恋爱事件，男主角正是"麒麟童"周信芳，而女方是富家小姐裘丽琳。

裘丽琳的父亲，早年经营银楼，在中年就去世了，幸得有个善于理财的母亲，把偌大家产打理得甚为妥帖。

裘丽琳是家中的小女儿、三小姐，很是得宠。18岁之时，她从一所法国天主教会办的女校毕业后，跟随兄长裘剑飞进入"十里洋场"的上流社交场合。她的外祖父是苏格兰人，四分之一英国血统给了她白皙得几近透明的皮肤、大眼睛和挺鼻梁，加上富有的家庭背景，很快就让她成为上海社交圈中的首席名媛。

这一切，都在她遇到周信芳后改变了。哥哥裘剑飞是个京剧票友，有一次裘丽琳跟着哥哥去看京戏，正是周信芳的《汉刘邦统一灭秦楚》。周信芳扮演的刘邦一出场，这英俊飘逸的形象立刻让裘丽琳怦然心动，从此她成了周信芳的超级粉丝。

姻缘，似乎是天注定的。从那一刻起，她就爱上了他。那么，又该怎样表达自己的情感呢？毕竟她是一位颇有素养的大家闺秀，做不出那么贸然向他递情书之类的事情。那一段时间，这个名媛是在辗转反侧、冥思苦想中度过的。机会终于来了。在一个上海基督教会慈善机构主办的义卖会上，裘丽琳作为社交界名媛被分派去售卖一些女教友制作的手工艺品，周信芳是被邀请来的嘉宾。从此，他们相识了，第一次见面就谈得十分投机。

几回约会之后，两人就陷入了热恋中。之前周信芳其实是有过一段婚姻的，他在二十世纪二十年代与著名武旦刘祥云之女刘凤娇成亲，生下一子二女。但那是一段父母之命、媒妁之言的老式婚姻，直到遇到了裘丽琳，他才平生第一次恋爱了。

周信芳当时还不满30岁，虽说"麒麟童"的艺名在大江南北已家喻户晓，但唱戏在当时被视为"贱业"，两人的恋情只能暗暗滋长。不能一道看戏、散步、逛公园、上饭店，更不能在公众场合中一起露面，因为到处都可能有人认出麒麟童，倘若再被人认出那女伴是裘家三小姐的话，那么对上海任何一家小报来说，都会是一条能吸引读者的绯闻。他们常常分别雇了马车到远离闹市的郊区，在村间小道或田埂阡陌缓缓慢步，喁喁细语。

一个是如花美眷，一个是英俊青年，两人的心在这一刻走得很近很近。周信芳看着眼前的裘丽琳，眼中透出浓浓爱意，那份爱，划破了秋的寂静，打碎了秋的沉默。对视，便是无言一笑，眉梢眼角尽染了爱意。

从恋爱到婚姻，似乎是必经之路，可是对于这对恋人来说，却隔着一条难以逾越的鸿沟。

这条鸿沟，正是裘丽琳的家庭。

世界上没有不透风的墙。麒麟童"搭"上了裘家三小姐的传闻慢慢传开，有些小报登出了消息，当然照例要捕风捉影地渲染一番。

名门之女下嫁"戏子"，这在当是被认为是不体面的事，对于裘母来说犹如当头一棒。

哥哥裘剑飞在当时的黑道、白道中并非等闲之辈，他的"老头子"就是黑道大佬张镜湖。他摆下饭局，遍邀小报记者。恩威并施之下，煞住了小报炒作的风头。

接着，裘剑飞又派人警告周信芳：与裘丽琳断绝来往，否则将他赶出上海这个码头，还要向他"借只脚用用"。而且，还派专人日夜严密监视妹妹，不许她出门一步。

为断绝周、裘两人的念头，裘家急忙托媒人为三小姐找婆家。裘母认为女儿的这场恋爱是由于她的年少无知，只要给她找到婆家，这场恋爱也会像烟花般散去。不久，一位出身世代官宦、留英回国接掌庞大家产的天津富商子弟进入裘家的视线。裘母当即应下了这门亲事，并且派人专程将裘丽琳的庚帖送去天津，然后带回男家的定礼——一对金镶翡翠手镯和一只 8 克拉的钻戒。

红尘滚滚，岁月匆迫。是前世的许诺，是今生的回眸！是楼台灯火处幽窗的守候，是晓风残月下最深的眷恋！爱人啊，此生我嫁定了你，今世你定要娶了我。永相守，不相负。

裘丽琳是一个有主见的女子，做出了一个惊世骇俗的大胆的决定：跟周信芳私奔。她乘家人不备溜出家门，直奔北火车站，与周信芳奔苏州。周信芳在苏州阊门外找到一家小客栈，安顿好裘丽琳，接着立刻赶下班火车回上海，当晚照常演出《汉刘邦统一灭秦楚》。

因为女儿的出走，暴怒的母亲威胁说要与丽琳脱离母女关系，可最终还是爱女之心占上风，看木已成舟，她勉强同意了女儿的要求。但条件是结婚"三不准"：不准请客，不准通知亲友，不准登报。这些条件对热恋中的情侣根本不算什么，全部答应。

为了给心爱的女人一个承诺，周信芳办妥了与妻子的离婚事宜。多年以后，周信芳和裘丽琳举办了一场隆重的婚礼。那天，裘丽琳按照西方习俗，穿上了代表纯洁并配以白色康乃馨的婚纱；周信芳则穿了一件燕尾服。而这个时候，他们已经是 3 个孩子的母亲和父亲了。

周信芳与裘丽琳，在双眸交接的刹那间一见钟情，从"私奔"同居到正式结婚，两人情爱弥笃，至老而愈见其切，一生再也没有分离。牵手裘丽琳，应该说是周信芳的幸运，他不仅得到了一个知己，一个妻子，一个贤内助，还得到了一个精明的经纪人以及一个全方位的助手。可以这么说，没有这样一个妻子，周信芳或将失其光彩。

万人争看薛将军

1931 年 9 月 18 日晚，驻扎在我国东北境内的日本军队，突然炮击沈阳，同时在吉林、黑龙江发动进攻。19日，日军占领东北重镇沈阳，不久占领了辽宁、吉林、黑龙江等省。

"九一八"事变虽然发生在东北，但这关系到民族生死存亡的大事，对全国人民都是一次激烈的震荡。当天，周信芳正在上海演出《封神榜》，演的是姜太公。演完戏，他在化妆间卸妆时，突然看到报纸上有关"九一八"事变的消息。先是震惊，继而是愤慨。他连夜与戏班同人商议。他说："我们不能像姜太公那样稳坐钓鱼台了，我们不能再演《封神榜》了，我们要演能唤起民心的戏。"

在大家的支持下，他毅然决定停演《封神榜》。

那，演什么戏呢？

周信芳想到了历史上亡国的教训，于是与他人夜以继日地编写了连台本戏《满清三百年》，其中主要内容有《明末遗恨》《洪承畴》《董小宛》等戏。

《明末遗恨》写的是：明末闯王兵围北京，崇祯与司礼太监王承恩夜行巡视，见军士面有饥色，意志消沉，就夜访各大臣，要他们募捐军饷。不料，众大臣的府第依然灯红酒绿，笙管鼓乐。当崇祯提到捐饷之事时，大臣们故作窘态，百般推诿。崇祯至此才恍然大悟：国弱民穷，皆因贪官污吏享乐肥私所造成。他感叹大势已去，国难难救，于是在煤山自缢而死。

第六场闯王兵犯山西，危及京城，崇祯皇帝撞钟擂鼓，召集群臣，商量对策。国丈田宏遇提出："万岁何不向百姓输捐粮饷。哪个不肯，就国法从事。"这时崇祯有一段长篇的念白："听国丈之言，叫孤去输捐百姓。嗐！百姓们虽有救国之心，但是他们能有多大力量。国家捐了他们不止一次了。捐得他们精力全疲，而且自顾不暇，现在哪里还有钱来捐助呢？虽然爱国心未尝少息，但是只怕心有余而力不足了。我这做元首的，再去压迫他们，敲他们的骨髓，实在的于心不忍。可是那些面团团、腹便便的有钱百姓，他们又没有爱国思想。一个个花天酒地，卿卿我我，逢到缠头之费，一掷千金，国家兴亡，置若罔闻，慈善事务，不舍分文，富翁如此，能不痛心也。"这里写的是明末历史的状况，其实分明影射当时抗战初期的社会现状。

在"踏雪探府"一场中，有一段崇祯皇帝与太监王承恩的对话：

崇祯：这是做什么的？

王承恩：这是守夜的兵卒。

崇祯：他们不冷么？

王承恩：不到换班的时候，不敢擅离寸步。

崇祯：他们的长官也在此处？

王承恩：他们的长官，早就抱着姨太太入温柔乡了！

崇祯：他们多少俸银？

王承恩：二两银子一个月。

崇祯：只有二两银子？

王承恩：他们八个月没有关饷啦！

崇祯：孤的国库空虚，都发了饷了哇！

王承恩：您的饷是按月不缺，都被他们的长官从中给克扣去了！

崇祯：咳！这就莫怪天下大乱了！

　　周信芳饰演崇祯皇帝，念表苍凉有力，抑扬顿挫。这段对白把当时国民党当局的腐败揭露得淋漓尽致，观众无不拍手称快："骂得好！"

　　在"杀宫"一场，崇祯以悲凉深沉的语调对其子女说："世上什么最苦，亡国最苦！世上什么最惨，亡国最惨！""要知道亡了国的人，就没有自由了！"一字一句，催人泪下，全场观众无不为之扼腕动容。

　　接着崇祯闻报义军杀进紫禁城，知道大势已去。皇后跪在他面前求计，崇祯无言以答，右手拿起一块白绸子，举到面前，四目相对，默默无言。崇祯以绝望的眼神暗示皇后，只有"黄泉道上再相逢"了。皇后会意，拾起白绸急奔而下。崇祯又手刃长平公主，走出后宰门。此时锣鼓声起，撼人心旌，崇祯在悲凉的（二黄）唱段"战鼓咚咚连声震"中起跑圆场，惊恐之中靴子也掉了。他时而登山，时而跌扑，最后在"实无面目见先灵"的唱词中，做挺立僵尸状，表示吊死于煤山。

　　1932 年 1 月 28 日，日军进攻上海，"一·二八"淞沪之战爆发，战火延至上海一带。周信芳正式组织"移风社"，自任社长。周信芳率剧社北上，赴青岛、济南、天津、奉天、长春、哈尔滨，接着又南下，经青岛至南京、无锡、苏州、汉口等地演出。这样居无定所的"跑码头"

生涯，前后共三年。所带剧目正是以《明末遗恨》为主，另有《卧薪尝胆》《洪承畴》《汉刘邦》《追韩信》《四进士》《徐策跑城》《坐楼杀惜》等。

1935 年 4 月，周信芳率领"移风社"结束了北方之行，回到上海，在黄金荣创办的黄金大戏院挂牌演出。上海麒迷喜出望外，出版了《麒艺同志联欢社特刊》，胡梯维撰联："此别忽三年，坐教孺子成名，百口偕称萧相国；重来歌一曲，且喜使君无恙，万人争看薛将军。"半年后，赴宁波、杭州、南京等处演出。第二年 6 月，再入黄金大戏院，卖座十数日不减。

1937 年，卢沟桥事变爆发后，周信芳率领"移风社"再次回到上海。

这时，上海的抗日救亡运动正处高潮，周信芳立即在黄金大戏院中上演自编的京剧《明末遗恨》，并且和他的好友欧阳予倩、田汉等一起商议该上演怎么样的剧目来激励民众抗日救亡情绪。最后议定编演痛斥南宋亡国之恨的京剧《徽钦二帝》。

在《徽钦二帝》这出戏中，周信芳饰演宋徽宗。这出戏的剧情大意是：宋徽宗沉湎声色，信奉道教，叫道士郭京演六甲神兵；他罢斥李纲，而重用童贯、张邦昌。金兵元帅粘罕攻破汴梁，掳徽、钦二帝，囚于五国城，使之青衣侑酒。侍郎李若水随行，痛斥金人后殉节。这出戏，以前欧阳予倩与夏月珊在新舞台也曾演出过，但重点描写宫闱荒淫，权臣误国；这次周信芳演出的《徽钦二帝》，却突出了亡国之痛。

有一场戏，徽宗昏昏沉沉地独自饮酒，大将张叔夜上来禀报城池已失。这时扮演宋徽宗的周信芳把水袖急翻几下，一手按住酒杯，双目瞪住张叔夜，头部不住地摇晃，剧场效果十分强烈。当观众看到徽宗、钦宗被金兵俘虏，一路押送时，联想到日寇铁蹄践踏祖国山河的现实，无不激动得流泪。徽宗有两句对百姓的唱："只要万众心不死，复兴中华总有期"，观众也深得共鸣。

舞台上投降敌人的奸臣张邦昌等反面形象，也引起了观众极大的愤慨。他有一段念白："我这个皇帝，是你们要我出来做的，无非是维持维持地方而已……"这正好是当时汪伪政权无耻嘴脸的真实写照。因此每当演到这里，都能引起观众的哄堂嘲笑之声。

外敌入侵，偌大的中国，已经放不下一张安静的书桌，同样也已经没有一方安静的舞台。在上海的汪记特务机关"七十六号"，对"移风社"加紧迫害。周信芳、高百岁、王熙春等主要演员，都接到了恐吓信，信中还附着一颗子弹。汉奸们还派人威胁周信芳："这个戏立即停演，否则就要你好看。"但周信芳毫不畏惧。他对同人们说："我们不要被他们的威胁吓倒，我们演我们的。"

汉奸的威胁未能得逞，又迫使法租界出面干预。租界当局迫于压力，最后以"宣传抗日，妨害治安"为名，勒令停演《徽钦二帝》。

这样，《徽钦二帝》一共演出了三个星期，就被扼杀了。

为了激励民族气节，周信芳还编写了《史可法》《文天祥》两个本子。但正当他排练《文天祥》并将上演的时候，日本偷袭珍珠港，发动了太平洋战争。日军进占公共租界，租界"孤岛"时期就此结束。"移风社"只能正式解散，从 1938 年到 1942 年共坚持了四年之久。

这时，无法无天的汉奸特务机关"七十六号"，立即以绑架方式将周信芳抓去，胁迫他到"七十六号"中去唱堂会。以后又威胁要暗杀周信芳，还是由裘丽琳挺身而出，从妆奁中取出几件名贵首饰，给了"七十六号"头目吴四宝的妻子，才消除了这场灾祸。

从此，周信芳暂别舞台，在家读书练字，静候这场反侵略战争的最后胜利。

马连良：永不凋落的霞光

说起京剧史，就必须提到科班"喜连成"。这个科班的历史地位，并不逊色于当初的"四大徽班"。

说起"喜连成"，又必须提到一个人——牛子厚。牛子厚，名秉坤。他的曾祖父从山西逃荒到吉林，从开大车店起家，做起了生意。生意越做越大，到了第四代传人牛子厚，牛家已经成为当时北方的四大家族之一。

有一年，喜欢戏曲的牛子厚从北京请来了"四喜班"演出，并结识了艺人叶春善。这位叶春善，是"四喜班"的台柱。当时八国联军已经进了北京，好多艺人为生计弃艺从商，京剧陷入衰败。1901年牛子厚嘱托叶春善组织科班，但叶春善一直推辞。直到1904年叶春善才答应了牛子厚的恳请。因为牛子厚的三个儿子分别叫喜贵、连贵和成贵，于是将科班定名为"喜连成"，牛子厚为班主，叶春善任社长。

叶春善回到北京后，在北平琉璃厂买了间房，收容了6个无家可归的孤儿，教习京剧。这六个学生，以科班名字头一个"喜"字排行，就是后来所称的"六大弟子"。继他们之后，又陆续招收了七十多人。

学生多了，叶春善一个人精力有限，就聘请了数位教师入社，科班也搬到了虎坊桥。到了1905年，第一科学生在广和楼正式登台演唱，挑帘即红，每天满座，唱了一年，北平人士全知道有个"喜连成"。

1912年，民国初建，市面萧条，牛子厚因家务纷繁，无法兼顾，将"喜连成"转让给沈昆。沈家改社名为"富连成"。这时已经有"喜""连"两科学生，第三科排"富"字，以后就是"盛""世""元""韵""庆"几个字。到了1948年，因时局巨变无力延续，"富连成"停办。

"喜连成""富连成"存世44年，共培养八科学生计900余人，这是二十世纪驰骋京剧舞台、传承京剧艺术、推动京剧发展的一支中坚力量，其中不乏自创一派、对后世产生了深刻影响的艺术大师，而承前启后、开一代新风的戏剧名家更是不胜枚举。

随着开场锣鼓响起，今天的主角该粉墨登场了。他就是"连"字辈学员、后来创立了"马派"的老生马连良。

登场

北京，大栅栏里，广和楼戏园。

"喜连成"正在这儿演戏，激越的胡琴、鼓板之声以及艺人高亢的嗓音，隐隐地传到戏园后的院子里。院子里站着六个孩子以及七八个大人，大人们焦急而又不安地踱着方步，而不谙世事的孩子们在相互嬉戏、追逐。

正是隆冬腊月，天寒地冻，忽然间阴了下来，接着就飞起雪花。这么一阴一雪，可就显得更冷了。

几个钟头过去了，戏园里传来一阵嘈杂之声，很快归于平静。这时，戏园通往后院的门开了，从里面走出两位师傅模样的人。大人们忙招呼小孩在师傅面前排好队。两位师傅逐一仔细端详了这六个孩子，还让孩子开口"啦——"了几句。接着，两人小声嘀咕了几句，然后，冲着孩子们指点着，说："这两个留下，那四个回家吧！"

原来，这是"喜连成"在招收新的学员，刚才就是考试。

所谓"名师出高徒"，到1906年时，"喜"字辈的学生，已经学会不少戏，从这时候科班就正式对外公演了。于是科班又对外招收了三十多名学生，这就是二科"连"字班的学员。

那一天，被留下的两个孩子，一个就是马连良，一个是马连昆。出来主考的老师，其中一位就是总教练萧长华。

新入科的孩子，先在科班里，老老实实学基本功，什么踢腿、撕腿、压腿、劈岔、拿顶、下腰，拉个"山膀"，起个"云手"。再就是练毯子功，翻跟斗，先走俩"虎跳"、砸个"踺子"、翻个"蛮子"等等小跟头。再就是学学刀枪"把子"功，先打个"幺二三""小五套"之类。马连良自然也不例外。

马连良体形瘦小，科班安排他学武生。马连良聪明认真，又有上乘的天赋条件，所以学起戏来很快，时间不长已经能参加演出了。一次演出，开场戏是《天官赐福》。老师一时找不到老生行能扮天官这个角色的人，知道马连良平时好学，就让他顶上了。

结果，他还真的唱得满宫满调。几位老师看过他这出《天官赐福》，觉得他改学老生更合适，从这儿起他就开始学习老生戏了。

1910 年，在文明茶园有一场义务戏。其中最引人注目的是老生泰斗谭鑫培与陈德霖合作演出的压轴戏《朱砂痣》。

这个戏故事还很曲折。说的是双州太守韩廷凤，因无子嗣，另娶江氏。新娘过门，啼泣甚哀。韩廷凤问起情由，始知江氏因夫贫病交加，不得已卖身救夫。韩廷凤怜之，赠银送其返家，夫妻又得团聚。江氏夫妇得知太守求子心切，为了报答，卖了一个孩童送给太守。韩廷凤问起孩童父母情况，并验得孩子左脚上有一颗朱砂痣，才认出就是十三年前，因金兵作乱走失的儿子韩遇运。父子又得重逢。

那天，谭鑫培为什么单要上这一出？原来这出戏，过去是和谭鑫培齐名的另一老生孙菊仙的拿手戏。谭鑫培争强好胜，坚持要唱这出《朱砂痣》，也让观众欣赏一下谭派风格的这出老戏。梅花白雪，各逞风骚。

艺人的阵容相当硬整，只是这里还缺一个娃娃生——天赐。谭鑫培点名找"喜连成"要个娃娃生扮演天赐。这边叶春善一听谭鑫培跟自己要人，几位一考虑，推荐了马连良。

天赐这个活儿，有唱、有念，还要表演出他得知面前站着的这个老员外就是自己朝思暮想的亲生父亲，感情上要有震动，表演上要有激情。

那天演出效果棒极了！单说马连良，上得台去，一不慌，二不忙，词儿一句没错没落下，位置步步都是地方。尤其是认父时的表演，应该有感情的地方都有，不欠火也不过火，台下的好就上来了。大家伙儿交头接耳，说想不到这么个小孩，真会做戏，简直是个神童。

台上的谭鑫培、陈德霖也都特别兴奋，认为这小孩是块唱戏的好料子。

花开花落，冬去春来。到 1917 年 3 月底，马连良学业已满。算起来共在科班连学带演八年整，那年他 17 岁。

在这一天出科的，连马连良在内一共有"连"字辈学员八人。出科之后，可以继续留在科班上戏园演出，这就算是搭班演出的艺人了。这八个出科学徒中，只有马连良一个人提出要到外面去闯练闯练。

马连良的三叔马昆山，专工老生，久在江南，常在十里洋场的上海滩唱戏。这位三叔前几年回北京时，看过侄子的演出，对他的前途抱很大希望。说来也巧，侄子满科之时，正赶上福州委托他组织一批人去演唱。

于是，马昆山请出他的兄长马西园，再带着自己的两个侄子——春轩、连良，到了上海，约上其他艺人，一同前往福州。

福州是福建省的省会，也是很繁荣的商埠，京戏有一定市场。在福州头天"打炮戏"是连良、春轩弟兄合演的《借赵云》。这出戏以念白、表演为主，哥俩一唱就红了。在福建大约待了一年，上座一直不衰。后来马昆山和马西园爷几个商量，"梁园虽好，不是久恋之家"，也不能总在一个地方转悠。后来马昆山和哥哥一同把马连良带回上海，专工小生的春轩仍留在福建搭班唱戏。后来，马春轩由于瘟疫病故福建。

1918 年 9 月，马连良又回到了离别一年多的故乡——北京。

一回到北京，马连良就去了富连成科班，见了叶春善，提出想回科班。叶春善心里十分高兴，满脸笑容地说："出科后的学生，提出再回科班的，你算头一个，我满足你这个要求。"

1918 年 10 月 1 日，在广和楼，大轴戏由马连良与小生茹富兰合演《八大锤·断臂说书》，作为他重返科班的首场亮相。

到 1921 年底，马连良二次投师"富连城"，一晃又三年过去了。这时他已然弱冠，是将近 21 岁的大小伙子了。

叶春善找马连良谈话，说："我看差不多了，你可以出科了。再留下去，就把你的好时候给耽误了。"

寒晨清冽，微风拂面。阵阵桂花香飘过，深深地嗅了口，甜甜的味道，带着几许醉人肠的醺然。马连良的登场，如此曼妙，又如此喧哗。心如花，静若柳，心绪不慌又不乱。

唱红

1922 年，二次出科的马连良，又被叔父马昆山约到上海去了。

这次上海演出，马昆山给马连良定的头衔是"著名谭派须生"，安排演出的是谭派戏，"每日准演谭门本派佳剧"。

开演之前，亦舞台的老板找马连良定"打炮戏"。马连良说："演《南阳关》。"这是一出文武并重的谭派戏。

果然海报一经贴出，买票者就蜂拥而来。到正式公演的时候，马连良扮演的伍云召甫一亮相：精神、俊逸，浑身带着一股帅劲。观众们情不自禁地就给这个漂亮老生喊了一个碰头好。唱念做打，有板有眼，字正腔圆，有味有韵。还有个特漂亮的身段，是在辞别夫人，准备大战前来捉他的宇文成都。唱完了"眼见得冤仇不能报，爹娘呀，老天爷助我成功劳"后，把手里的令旗扔起来，旗子竟飘向下场门，伍云召一个急转身，奔下场门，把令旗稳稳接到手。尽寸丝毫不差，然后迈着刚健的台步下场。就这一手，疾如脱兔，稳如泰山，又脆又帅。

继《南阳关》之后，又连贴了许多谭派名剧。贴一出，满一出；唱一出，红一出。唱满了一期，再续一期，一连续了好几期，唱了几个月上座不衰。

在上海演出期间，马连良还与白牡丹（荀慧生）合作演出了《打渔杀家》。

演这出戏前还有个小插曲。当时上海的剧评界在谈论谭鑫培当年演《打渔杀家》的萧恩时究竟穿什么鞋，一派说是"鱼鳞洒鞋"，一派说是"薄底靴子"，争论不休，大打笔墨官司。

马连良赶快给北京的王瑶卿写了封信,询问谭鑫培到底穿什么鞋。王瑶卿回信说："谭先生穿鱼鳞洒鞋时多，可也穿过薄底靴子，两派的说法都不能说没有依据。"

演出这天,两派的观众都早早来到戏院。马连良饰演的萧恩上场了，大伙先注视脚上，结果是鱼鳞洒鞋。于是，一派人马喜笑颜开，大为鼓掌；另一派如同吃了当头一棒。等到萧恩第二场出场时，再往脚底下一看，马连良换了薄底靴子。原先垂头不语的一派，精神又为之一振。

马连良用这种鞋、靴两穿的办法，为双方调解了矛盾，平息了这场争论，双方谁也没伤面子。

1922年年底，马连良回到北京，搭上了名旦尚小云挑班的"玉华社"。尚小云虽然这时只有22岁，可是已经红得发紫。"玉华社"是当时有名的大班，头牌是第一流的，二牌、三牌齐整称职，阵容强大，演出有水平、有分量。马连良从上海回来，想进个大班一试身手，这一回终于如愿以偿。

加入"玉华社"后，马连良的"打炮戏"是和尚小云联袂演出的全部《宝莲灯》。尚小云嗓子冲，有铁嗓钢喉之美誉，马连良虽然嗓子还没完全恢复，但他扮演的刘延昌，把他对两个娇儿爱莫能助又难舍难分的复杂感情，展示得淋漓尽致。佐以名净侯喜瑞扮演的秦灿，凶狠残暴，活灵活现。这出戏里，生、旦、净交相辉映，声色夺人。

紧接着，马连良和名旦王瑶卿合作演出了谭派名剧《珠帘寨》。这出戏讲的是唐朝程敬思去搬请沙陀国王李克用发兵助唐的故事。晚唐，黄巢起兵造反，唐僖宗逃亡，派程敬思到沙陀李克用处搬兵。李克用因记恨前事而不肯发兵。程敬思知道李克用惧内，遂去求李夫人刘银屏、曹玉娥，串联李的二位夫人挂帅，传令发兵。并反将李克用点为前战先行官，且又故意提早点卯，使李克用误卯，当场几欲正法，以羞抑之。兵行至珠帘寨，遇到周德威挡路，先行官李嗣源战不过，刘银屏激李克用出战。李克用与其比试，不分胜负，又比试箭法，李箭射双雕，周心服归降，成为李克用的第十二太保。

《珠帘寨》，是谭鑫培的代表戏。谭鑫培一生之中曾经六次到上海演出，在前五次演出中，各谭派名剧应有尽有，唯独没有这出《珠帘寨》。到了1919年夏末，谭鑫培第六次也是最后一次来上海演出，才演出这出文武带打又有喜剧色彩的《珠帘寨》。据说这一天观众之多，连站着的隙地都找不着。"座客之盛为三十年来所未有"。

然而，谭鑫培去世后，能把《珠帘寨》唱全的只有余叔岩。"喜连成"头、二两科学生没有教习这出戏。有一次，谭鑫培演出《珠帘寨》，马连良在舞台上跑过龙套。出科后，他为学这出戏下了很大的功夫，多次观摩余叔岩的这出戏，连看带偷把李克用的唱腔、做表和开打对刀都记下来了，只缺个本子。父亲马西园遍托熟人，找到了这出戏的本子。马连良真是如获至宝，对照剧本仔细复习，做了充分的准备。

此时，到了亮"相"的时候。结果，又唱了个"满堂红"。从一开锣到扎住戏，台下掌声、喝彩声此起彼伏。

1923年春天，上海戏园又邀请尚小云和马连良同到上海演出。这一去十分顺利，在上海唱了半年多才载誉返京。

尚、马回京后，两个人搭入了"双庆社"，尚小云挂头牌，马连良二牌。

1923年夏季已过，刚刚入秋。尚、马在大栅栏广德楼演戏。当时，尚、马都二十三四岁，扮相俊秀，反应敏捷，演这类生旦对儿戏，互相激励，互相呼应，最容易碰撞出火花，让观众大过戏瘾。

转瞬冬去春来，时间到了1924年。当万紫千红开遍的时候，马连良又赴上海演出。在这期间，有一件梨园佳话，应该大书特书，这就是马连良与麒麟童（周信芳）在老天蟾舞台来了一场"马、麒合作"。

两位"老生"相见，没有表现出丝毫"同行是冤家"的情状，而是"惺惺相惜、精诚合作"。两个人合作的剧目有全部《三国志》（《群英会》《借东风》《华容道》），马连良演全部孔明，周信芳前演鲁肃后扮关羽。马连良得了个"活孔明"的美誉，周信芳也得了个"活鲁肃"的称号。又演了《十道本》，马演李渊，以唱为主；周演褚遂良，以念当先。又演了《战北原》，马演孔明，前唱后念；周演郑文，做表吃重。再演了《摘缨会》《鸿门宴》。

秋风送爽的时候，马连良又回到了北京，加入了荣蝶仙的"和胜社"，由名旦朱琴心和马连良并列头牌。

朱琴心，名琇，祖籍浙江湖州，生于上海，有较高的文化基础，并懂英文。17岁来北京供职于北京协和医院，当英文速记员。他是京剧票友，后正式下海，为当时青衣花旦中的上乘角色。

1924年11月，由老戏园子改建的"华乐戏园"竣工，约请马、朱二位做开幕演出。这天马连良演《盗宗卷》。观众情绪十分热烈。戏园老板当机立断，邀请两位今后每逢星期日前往演出日场戏。当时的名角多不演出日场戏。马、朱二位破例，在华乐园演日场戏，每场都座无虚席。

这样，很快又到了1926年的秋天。马连良又辞别朱琴心，受邀去上海演出，并且由高亭公司给他灌制了多张唱片。

自上海回京后，马连良先是短暂参加了尚小云的班子，不久再度和朱琴心联手，加入他的"协和社"。

人生就如同柳槐榆杨，跟着阳光经历荣枯。一些过眼云烟的荣华，大都是稍纵即逝；一些高高在上的头衔，却是艰辛所得。不要以为春困秋乏夏打盹，便是人生的真谛，殊不知，多少人正在想方设法努力亮出自己。

挑班

1927 年夏天，天津明星大戏院邀约朱琴心、马连良二位去演出。连日观众蜂拥，上座极佳。不想将近结束时却出了件事故——

这一天，朱琴心演出他的独一份的拿手戏《阴阳河》。那一天观众十分踊跃，过道里也都是观众。这出戏为嘛这么吸引人？原来这戏里有点特殊的噱头……这出戏，旦角以鬼魂出现，往阴阳河去挑水时，使用很多梆子传统的魂子步、云步和优美的舞蹈动作。这出戏是朱琴心根据秦腔改编的，也是他的拿手戏。特殊的表现在于：挑着的木桶，是玻璃制成的桶形灯，里头点着蜡烛。场上灯暗时，两只桶灯舞将起来，忽闪忽闪，不仅新鲜好看，更制造了幽冥鬼蜮的氛围。每演到此，台下都是掌声贯耳。不想什么事都是有一利必有一弊。这一次演出，正当朱琴心来回换肩、上下舞动桶灯时，不料蜡烛火焰燃着了挂在他头上用白纸条子制作的"鬼发"。霎时一团火起，把他的脸部严重烧伤。

朱琴心不能再演了，立即返回北京疗伤。后面还有两场《阴阳河》，戏票早已售出，怎么办？退票，损失太大，何况后面还有三四场戏的合同呢……剧场经理要求改换剧目，由马连良独挑唱大轴，把这一期的演出按合同演完。

思来想去，马连良一咬牙，还是演吧！决定亮出自己的看家戏全部《一捧雪》来顶替《阴阳河》。天津的观众果然懂戏，两场《阴阳河》卖出去的票，没有一张退的。演出那天，观众自始至终情绪高涨。

"你可以自己挑班了，回北京就进行吧！"朋友们这样说。

1927 年 6 月，马连良自己挑班了，理所当然由他"挂头牌"。班名"春福社"。

此时，马连良 27 岁，正是风华正茂、血气方刚之年。

马连良从 1917 年 3 月从"富连城"出身，到福建跑码头，返京后二进"富连成"，再出科搭尚小云、朱琴心等名班演戏，历时整整十年。

"春福社"第一天亮相，马连良以《定军山》"打炮"。

《定军山》又名《一战成功》，口彩好。此次，马连良还特邀老伶工钱金福扮演夏侯渊、王长林扮演夏侯尚。当年，谭鑫培演《定军山》，就是这两位配的戏。谭鑫培去世后，余叔岩唱这出《定军山》，也特邀这两位助演。如今，马连良以"正宗谭派"为号召，以高包银请来了这两位帮忙，给"春福社"大大壮了门面，提高了身价。

自挑头牌之后，他几乎每年都去一次上海——

1927 年，与荀慧生再次合演于上海亦舞台，两位倒换着演大轴。

1928 年，亦舞台换了新老板，改称申江亦舞台，马连良又与盖叫天合作演出，新排了《宝莲灯》，可以算是京剧《宝莲灯》的最早演出本。

1929 年，马连良在上海"丹桂第一台"演出，同年冬又被约到大舞台演出。接近而立之年，他的嗓音出奇地好。演出场场满座，盛况可观。原定只演一个月，后经戏院一再要求，又续了半个月。这次在上海，他还灌制了《取南郡》《讨荆州》《翠屏山》等很多唱片。这次灌制的唱片中，《龙虎斗》一片，用的是难度极大、高亢激越的"唢呐腔"，这在以往的唱片里是没有的。

这一年年底，梅兰芳赴美国演出，由上海启程。行前与马连良合演了《探母回令》《二堂舍子》《打渔杀家》《三娘教子》。

1930 年秋天，马连良又组建了自己的班社"扶风社"，自己当老板、自己当主演。这个班存在的时间很长，从 1930 年一直唱到 1948 年，差不多有二十个年头。

选什么剧目"打炮"？思来想去，马连良决定上演《四进士》。

京剧舞台上的《四进士》，最早即由老生孙菊仙所创演。过去，马连良除去学谭外，很多的唱腔吸收了孙派的唱法，讲究气口、气息。后来，马连良想："干吗不堂而皇之地拜师呢？"身在天津的孙菊仙慨然答应。孙菊仙不仅详细说了老生演唱、念白的许多技巧，还给他传授了《四进士》《渑池会》等戏的唱、念精髓。天津一行，马连良收获颇丰。一年之后，91岁的孙菊仙逝世于天津。

当时"扶风社"的阵容，生、旦、净、丑，都是好艺人。《四进士》这场戏从头到尾，都演得精彩，人人卖力，个个当先，观众十分满意。"扶风社"来了个"开门红"。

荣耀

马连良从艺之初，登报纸和写海报，都冠以"正宗谭派老生"头衔。但他挂头牌、独当一面之后，所演出的剧目，以新挖掘整理的老戏居多，这些戏都不是谭派剧目；而且腔调、身段、动作，还有服装扮相、音乐伴奏等等，也都有了鲜明的个人特色。一个新的流派已然从谭派的母体中，经过二十年的孕育发展，渐渐地、谨慎地剥离出来，而一朝分娩呱呱落地了。这便是马派。

在这之前，继承了谭派又发展了谭派的余叔岩，以他声腔的精美绝伦、身段的美轮美奂，创造了余派，而唱腔高耸入云、新戏迭出的高庆奎，也创造了高派，再加上后来居上的马派，成为京剧老生界的三大流派。因此，人们便尊称余叔岩、高庆奎和马连良为老生"三大贤"。

不久，又有了"四大须生"的说法，指的是余叔岩、高庆奎、马连良和言菊朋四人，也称为"前四大须生"。后来，二十世纪三十年代末四十年代初，余叔岩、高庆奎均已息影舞台，言菊朋在1942年与世长辞，因此，马连良又与新崛起的谭富英、杨宝森、奚啸伯被人们称为"后四大须生"。

1930年冬天，马连良又去了上海演出。回到北平后，在前门外的第一舞台，为江西赈灾筹款举办了一场义演，大轴是谭派的代表剧目《定军山》《阳平关》。主办人原想请余叔岩、杨小楼二位合演。余叔岩由于身体不好，已经不做义务演出，偶尔有个特殊的堂会或者义务戏才肯上台。余叔岩只演后边的《阳平关》。

于是主办人想到了马连良，约请他演《定军山》。两代谭派名家同台献艺，不少观众说："过去就知道余叔岩靠把戏好，没想到马连良的靠把戏也这么漂亮！"

转过年来的 1931 年，马连良与麒麟童（周信芳）有了第二次携手。

七年以前，也就是 1924 年，马、麒曾合作过一次，这次是梅花二度开。轻车熟路，自然演得出神入化，堪称精品。

马、麒合作在天津产生轰动效应，驰誉全国。麒麟童那年 38 岁，马连良 31 岁。从此便开始了"南麒北马"的说法。

1932 年冬天，马连良又去了上海演出。

1933 年，马连良的"扶风社"，艺人阵容有所调整和增加。小生叶盛兰来了，其在富连成科班学艺时便崭露头角，是有名的"科里红"。叶盛兰刚刚出科，马连良主动去找叶的父亲也就是他的师傅叶春善，请求师傅允准叶盛兰到"扶风社"搭班，任三牌小生。叶春善一口答应。从 1933 年叶盛兰加入"扶风社"后，和马连良精诚合作了十几年。

一年又一年。1935 年夏天，父亲马西园去世。马连良辍演半年，到冬季才应南京之约，离京赴宁。在南京演出的时候，上海的孙兰亭约请他为新开办的新光影剧院做开幕演出，于是他又一次到了上海。

新光影剧院原先是专放映电影的场子。场内座位将近一千，地点在贵州路口。孙兰亭等人合伙把这家园子租过来，改成可以演戏的影剧院。

1936 年 1 月，新剧院开张，名角儿重返上海，观众蜂拥，连日客满。一天，马连良演日场戏《法门寺》。散戏后，后台来了一对外国伉俪。经介绍才知道，穿大衣的绅士原来是驰名全球的喜剧大题卓别林。这位幽默大师喜欢上了戏里的小太监贾桂，而且竟然想和马合作，他演贾桂。后来他想了想，知道不可能，便要求让他先化一个贾桂的扮相。可是，离晚场开戏没多长时间了。最后，来自东西方的两位艺术大师只能一起合了个影。

又过年了。1937 年冬，上海又一个新式大剧院黄金大戏院落成开幕，特请马连良携"扶风社"参加庆祝演出。这时"扶风社"人才济济，但二牌旦角空缺，必须赶紧物色到一个理想的二牌正工青衣。

有人给马连良介绍了张君秋。1936 年《立言报》公开投票选举"四大童伶"，张君秋为其中之一。马连良提出先看看这个童伶的演出，于是专门安排了张君秋演了一出《审头刺汤》。戏演到一半，马连良就为张君秋明丽的扮相、甜亮的嗓子所倾倒，当即拍板：去上海的二牌旦角非张君秋莫属。

此时的张君秋虽然只有 17 岁，但扮相极俊，嗓音极甜。与马连良合演《苏武牧羊》，他身穿旗装，亭亭玉立，婀娜多姿，明眸皓齿，又说得一口流利清脆的京白，与马连良的极美极俏的秋香色短斗篷、苍老而甜润的念白，真是珠联璧合、交映生辉。

1938 年，北平来了位山西梆子女老生丁果仙（艺名果子红），率领她的剧团来京演出。

丁果仙十七八岁时在山西即享盛名，有"山西梆子须生大王"之誉。嗓音洪亮，咬字纯正，一唱三叹，坚实洪亮。京剧界久闻其名，时不时出席观摩。

马连良请丁果仙去看马派名剧《四进士》。丁果仙看后，十分感慨，说："我们山西梆子也有这出戏，戏名叫《紫金镯》，可是情节太冗长，场子又太碎，要四天才能演完，不如京剧这么紧凑精练，慢慢地就失传了。"马连良听后很慷慨地把剧本送到了丁果仙手里。丁果仙接到本子十分高兴，很快地排练出来。

来而不往非礼也。丁果仙问马连良喜欢哪一出山西梆子戏。马说："《反徐州》这出戏，京剧没有。"接着，一本工工整整手抄的《反徐州》剧本摆在了马连良书房的写字台上。

当然，马连良也有"砸锅"的时候。1940 年年底，"扶风社"到天津演唱，马连良就出了错。

马连良出的错是在《八大锤》上，跟头两天演的《要离刺庆忌》有连带关系。《八大锤》里王佐诈降金兀术，用的苦肉计是砍掉一只胳膊。《要离刺庆忌》里，要离诈降庆忌，用的苦肉计也是砍掉一只胳膊。但是，两个剧目不同的是，要离砍的是右臂，王佐断的是左臂。

在剧中，王佐见兀术，用右手拿着断了的胳膊，左边的袖子空空的，穿的还是断臂时的那件黑褶子。这是正确的。到了下一场，王佐换了一件宝蓝色褶子上场。可是已断的左手却拿着道具画轴，右臂却被腰系的黄丝绦捆着。一小会儿观众醒过神来了，开始是交头接耳，继而是一阵骚动，最后终于爆发。台下倒好四起，马连良也猛然悟到是自己弄错了，怎么办？只好将错就错，咬着牙往下演吧。台底下就像开了锅，乱成一片……

这场事故到底是怎么造成的？原来，王佐见兀术一场下来后，王佐要换褶子，后台服装组错把当天的戏码儿与前天演的《要离刺庆忌》记混了，把本来应该让马连良右胳膊伸进褶子的袖子里，却换成了左胳膊。马连良中午应酬朋友喝了点酒，精神有点疲倦，没有察觉，一迈步就出场了。

前台一乱，后台也惊了。这可怎么办？该叶盛兰饰演的陆文龙上了，看他有什么主意没有。

叶盛兰一上来，声音高到最大的调门，抬手投足大卖力气，台底下的噪声稍微小了一点。马富禄扮演的乳娘也在场上，自然也是强烈地呼应。三个人配合默契，竟然创造了一种无我的最高的艺术氛围，在很短的时间里，台下的骚乱被制止了。剧场内，先是变得鸦雀无声，继而是轰鸣般的掌声。

看过那场的戏剧评论家吴小如说：那场"说书"是他们三个人情绪最饱满、合作最紧密，因而效果也最好的一次空前精彩的演出。

"吃家"

说梅兰芳，必须说他的八卦情史，说马连良，则必须说他的请客菜单。

马连良可是民国有名的"吃家"，最爱吃前门外教门馆两益轩饭庄的烹虾段。每逢渤海对虾上市，他必请好友同往。叫这道菜时，必吩咐要"分盘分炒"。即炒三五对虾，用八寸盘盛上。吃完一盘，再炒一盘。有时连吃三四盘。

抗战胜利后，马连良一度还将西来顺的头灶，延为特约厨师，饭庄熄火，厨师便来到马家做消夜。那时梨园的各路俊杰，无不以一尝马家的鸡肉水饺、素炸羊尾等菜肴为天大的口福。如有演出，与他同台的艺人和乐师在散戏之后，也必受邀到马宅吃宵夜。

马连良的吃就和他唱的戏一样，前者精致到挑剔，后者挑剔到精致。

马连良吃爆羊肉，专门叫伙计到"春华斋"买大鸭梨，洗净，切粗丝，备用。爆肉好了，临出锅时放入。这道"爆肉梨丝"，后来成为名菜。

马连良还喜欢泡澡。只要晚上有戏，他下午一定去澡堂。有时在泡澡泡舒服了以后，他还不忘溜达到金鱼胡同的餐厅喝一盘鲍鱼汤。

一曲沉稳的吟唱，舒缓而钟情，晚风里舒卷着桂花的味道，清冽幽香。一枚皎洁的圆月，沉寂而柔美，岁月充满了葱茏的纹路，安详宁静。

大戏结束了，主角该下场了。一韵袅袅余音，被他的万分虔诚，挥洒成了永不凋落的霞光。

俞振飞：清歌一曲叹人生

"原来姹紫嫣红开遍，似这般都付与断井颓垣。良辰美景奈何天，赏心乐事谁家院？朝飞暮卷，云霞翠轩。雨丝风片，烟波画船……"一段《牡丹亭》里的锦句词章，穿越明清烟雨，随时空迤逦而来。

那个叫杜丽娘的女子，读了诗经里的《关雎》，来到园中伤春寻春。阅尽无限春景，赏遍山水亭台，春心却无以排遣。

百无聊赖之时，杜丽娘在园中做了一个梦，梦见手持柳枝的俊雅书生，对她诉说爱慕之情。杜丽娘便随他在牡丹亭下幽会，芍药栏前，湖石边，他们巫山云雨，欢喜难言。

这一梦，让杜丽娘更是情思无限，容颜日渐清减。几番重游庭园，却觅不见昨日的雨迹云踪，那持柳的书生，已隔了山水迢遥，再难相见。相思成灾，一病不起，不久香消玉殒，冷月埋骨。

三年后，书生柳梦梅赴京应试，借宿梅花庵观中，于太湖石下拾得杜丽娘画像，才发觉杜丽娘原是他梦中多次所见的佳人，而佳人却早已为情死去。柳梦梅为酬杜丽娘一片真心，决意掘墓开棺，令她起死回生。杜丽娘的还魂，不知令多少人，为之落泪不止。

"叶堂正宗"

1923年10月24日，上海的"丹桂第一台"门前，人山人海。昆曲《牡丹亭》真的就像空谷幽兰一般，美到极致、慢到极致。其曲调之高雅、唱腔之圆润让人入迷。

舞台上，饰演书生柳梦梅的，正是二度来沪的北平京剧名伶程艳秋。在当时的京剧旦角中，程艳秋是后起之秀，大有与梅兰芳一较高下之势。

在上演了一系列传统老戏和新编戏后，程艳秋决定上演昆曲《游园惊梦》。

那个饰演窈窕佳人杜丽娘的，却又是哪个？正是"叶堂正宗"唱口的"江南曲圣"之子俞振飞。

俞振飞的祖父俞承恩是前清的武举，道光年间历任六合县千总、守备。太平天国军队攻打六合时俞承恩拒不投降，最后六合被攻陷，俞承恩也战死沙场。俞承恩受到朝廷嘉奖，获封"云骑尉"，荫袭三代。若不是清朝最后被民国取代，想来荫袭"云骑尉"的俞振飞也不会踏足梨园吧。

俞振飞的父亲俞宗海，字粟庐，是俞承恩的长子，21岁进了清军，当过千总和守备。后来，到了光绪二十年，即公元1894年，俞粟庐辞去了军中职务，当了苏州旺族张履谦的西宾，直到去世。

1902年7月15日，苏州义巷的俞府迎来弄璋之喜。对于老来得子的俞粟庐来说，儿子的到来自是最大的喜事。俞振飞的母亲是俞粟庐的继室。俞振飞降生时，父亲已经55岁，而母亲顾氏不过三十左右。虽然年纪相差不少，但两人感情很好。不幸的是，到了儿子3岁之时，顾氏就撒手而去，只剩下俞粟庐父兼母职，照顾年幼的儿子。

昆曲历史悠久，有"清工""戏工"之分。"清工"专门研究声腔、吐字、用气等，一般不做场上表演，而"戏工"则多是专业伶人，专司上台表演。研习"清曲"的曲家，多是士大夫阶层，具有专业的音韵学知识和深厚的文化素养，对"清曲"的研究也算是业余爱好。俞粟庐就是这样的一位"清工"。回溯历史，苏州在乾隆年间出了一位杰出的曲家——叶堂。叶堂，号怀庭，苏州人。其昆曲造诣颇深，创叶派"唱口"，"出字重，转腔婉，结响沉而不浮，运气敛而不足"，一时成为习曲者准绳。俞粟庐26岁直接受教于叶堂的传人韩华卿，一学就是9年，学得三百余出昆曲。当时的曲学大家吴梅就很推崇他，认为"盖自瞿起元、钮匪石后传叶堂正宗，惟君一人而已"。

在俞振飞6岁之时，俞粟庐开始正式教儿子学习昆曲。

昆曲界的"清工""戏工"既有分工，又有合作。一些专业的戏班，有时会聘请曲社的曲家为客串。但是，颇具传统观念的俞粟庐不推崇粉墨登场，据说他平生只串过一次戏。一些专业艺人在上海闸北的湖州会馆演出，当时演出的剧目是《投渊》。讲的是涿州郭氏丈夫为人所害，被诬陷入狱，她卖了儿子，欲投渊为夫殉节。她来到真武庙前向神圣诉苦，后被神圣点破，阳寿未尽，到长安寻袁天罡，日后全家团圆。当时，请俞粟庐出演真武大帝这一角色。俞粟庐推辞不过，只得上台客串，这也是他唯一一次串戏。

俞振飞与父亲不同，他学的是"清曲"，却对串戏极感兴趣。俞振飞14岁时，张紫东（其祖父即俞粟庐的东家张履谦）为父亲做寿，准备演出几场昆剧。其中有一出《望乡》，讲的是汉将李陵攻打匈奴，兵败被俘投降匈奴，受单于之托，去劝降苏武，遭到苏武的拒绝，最后羞愧而去。在这出戏中小生扮李陵，老生扮苏武。当时刚好缺少出演李陵的人选，于是有人建议让俞振飞来串。有机会串戏，一偿所愿，俞振飞很是开心。但是有两点又让他顾虑重重：一是担心过不了父亲这一关，二是担心自己没学过身段，怕唱不好。张紫东知道他的顾虑，就说："此事包在我身上。事先不让老太爷知道，让他看了演出再说。"此后俞振飞借口到张家唱曲，天天到那里去学习身段，而负责教导他的就是昆曲名班"全福班"的沈锡卿。

沈锡卿工老生，嗓音洪亮圆润，念白传神，感情充沛，身段优美，会的戏极多。他教戏时，将身段分解成若干小动作，让俞振飞穿着背心练习，这样一来，能看清身上的表演，身段中的各种细微变化都很明晰。俞振飞仅用了半个多月的时间，一出《望乡》都学下来了。到了演出那天，俞粟庐一下子就让儿子给"震了"。唱功好，咬字准，扮相俊美，身段到位，年纪虽然不大，却能在台上挥洒自如。

于是，在众人的劝说下，俞粟庐同意儿子开戏，并请了"全福班"中最负盛名的沈月泉来教俞振飞。

沈月泉是著名小生，有着"全才"之称。其嗓音宽亮圆润，吐字讲究声韵，喷口有力。俞振飞跟着名师学了三四年，前后共学了二十几出，这都为他日后"下海"从事专业演出打下了良好的基础。

半是"拍先"半职员

1920年秋天的一个早上，苏州俞宅门口，一辆敞篷的马车停靠着。

从大门内，出来了一位仪表堂堂、风流英俊的青年人，正是 19 岁的俞振飞。今天他要离开家门，独自一人到上海去谋生了。他的心情十分兴奋，而他年逾古稀的老父的心情却十分复杂，一种失落寂寞之感涌上心头。

俞振飞初到上海，投靠的是上海滩"棉纱大王"穆藕初。穆藕初从美国留学回国，创办了德大、厚生、豫丰三大纱厂。在工务之余，穆藕初痴迷昆曲。他曾为北京大学捐款 5 万两，并专程拜访过北大教授、著名曲学大师吴梅。吴梅，字瞿安，苏州人，曾在北京大学、中央大学任词曲学教授。两人一见如故，畅谈昆曲。吴梅向穆介绍了"江南曲圣"俞粟庐。回到苏州后，经张紫东引荐而结识俞粟庐。穆藕初有意拜俞粟庐为师，但当时俞年事已高，且与穆藕初分居两地，于是俞粟庐推荐由俞振飞代为教曲，一方面教曲，一方面可以谋个职位。穆藕初欣然应允，让俞振飞在纱布交易所里做了一名文书。

俞振飞的工作并不辛苦，每天固定时间为穆藕初教曲，余下的时间可以自由支配。

当时的上海京剧很火，俞振飞的很多同事都是京剧迷，常常拉着他一起看戏。看得多了，俞振飞喜欢上了京剧，加入了当时上海最大的京剧票房"雅歌集"，向蒋砚香学京剧小生。

蒋砚香出身于苏州，先学昆曲，后又学了京剧，会的戏就多。俞振飞学了《群英会》《玉堂春》《借赵云》《罗成叫关》等京剧剧目。

1924 年年初，梅兰芳到上海演出，贴出《奇双会》广告。梅兰芳扮演桂枝，姜妙香饰赵宠，李寿山饰李奇，演出后轰动上海。当时"雅歌集"票房里有位叫翁瑞午的票友看到广告，告诉了俞振飞，于是两个人又约了演老生的沈豹，找到给俞振飞教戏的蒋砚香，表示想要把这出戏学下来。《奇双会》是一出传统老戏，又名《贩马记》，剧情大致是讲陕西褒城马贩李奇续娶杨三春的故事。乘李奇外出，杨三春虐待其前妻之子保童、女儿桂枝，保童、桂枝双双出逃。随后保童被渔翁救去，桂枝则被客商刘志善认作义女，并许婚赵宠。赵宠中试，任褒城县令。李奇贩马归，不见子女，杨佯称病死。李奇不信，追问丫鬟春花，春花畏罪自尽。杨三春与其奸夫田旺诬陷李奇逼奸春花致死，县令受贿，将李屈打成招。赵宠接任，下乡劝农。桂枝夜闻哭声甚哀，开监提问，知是父亲被人冤枉。等赵宠归来，桂枝哭诉前情，求赵写状。赵宠让桂枝乔装至新任巡按处申诉，不想巡按正是其弟保童。最后李奇得以昭雪，一家团聚。

早在徽班进京时就有此剧。蒋砚香以前曾经学过此戏，但是梅兰芳演出的《奇双会》已经过改良，与蒋砚香当年所学大有不同。于是几人连着几天跑到天蟾舞台去看梅兰芳的演出，将身度、唱词、艺人之间的调式等都记了下来。此后，由蒋砚香边教边排，只用了半个月就学成了。事隔不久，恰逢赈灾义演，俞振飞等人就演出了《奇双会》。为此他还特地去定做了行头，还改良了赵宠的纱帽，在上面镶嵌一块碧玉。此戏上演后，大家对俞振飞的唱做交口称誉。

虽然俞振飞唱京剧唱出了名气，但他在上海第一次登台唱的还是本行——昆曲。

二十世纪初期，一度兴盛的昆曲每况愈下，遭遇了生存危机。著名的"四大坐城班"中的洪福班、大章班、大雅班先后解散，仅存全福班还在内外交困的情况下时聚时散。1920年，穆藕初组织"粟社"，取"宗俞粟庐"之意，罗致上海、苏州等地曲家，研习俞派唱法，以广流传。1921年8月，苏州和上海的一众曲家，鉴于昆曲老伶工年老力衰，后继无人，集资在苏州开办昆剧传习所。传习所创办之初，由贝晋眉、徐镜清、张紫东负责。不久，穆藕初加入，捐出巨资。俞粟庐、吴梅、江鼎丞等人也积极响应，拟定办所方案。传习所不同于京剧的"科班"，也不同于"学校"，兼有两者特点：既保留了老戏班传授徒弟的传统，又较为开放、民主。不仅不收学费，还供应食宿。传习所先后延请了全福班的沈月泉、沈炳泉、高步云、许彩金等老伶工为教师，教唱昆曲。

不久，苏州昆剧传习所来到上海，义演三天。由于穆藕初在上海工商界的影响，这次演出大获成功，票价创沪上空前纪录。在演出过程中，穆藕初也亲自上场，演了一场《折柳阳关》。这出戏重唱、少动作，内行称之为"摆戏"，正适合缺乏舞台经验的穆藕初。俞振飞则演了《游园惊梦》《跪池》《断桥》三出戏，其中《断桥》由俞振飞、徐镜清、翁瑞午合演，俞振飞以小生饰许仙。此时许仙已经发现了自己的妻子是蛇精，为躲避白素贞与小青的追赶，匆匆逃离家门。俞振飞饰演的许仙扮相秀美，在清秀之外别有一种俊美之态。只见他慌里慌张跑着圆场，做着身段，把个许仙的慌乱演绎得真真切切。

俞振飞的登台演出，给观众全新的感觉，从而获得了广泛赞誉。当时有剧评家评他所演的《跪池》："出字无不清也，举步无不工也，门筍则无不灵也。"又有人评其《断桥》中所扮的许仙："小生之惊惶情状极难表演，振飞固神乎其技。"

很快，一场金融危机席卷上海滩。穆藕初的境况有了变故，名下的几家纱厂相继倒闭，经济上已无力再资助昆曲。幸好，昆剧传习所的第一届学生，也就是"传"字辈演员已经学成卒业，可以一登舞台了。

1927年10月底，上海大东烟草公司总经理严惠予和原上海江海关监督陶希泉接办了昆剧传习所。他们接手后，依托"传"字辈学员组班成立"新乐府"昆班，又把"笑舞台"租下来，装饰一新，作为专用剧场。此时的俞振飞虽然年轻，在梨园行却已经很有名气，与"传"字辈演员颇为熟悉，于是被聘为后台经理。

1927年12月13日，"新乐府"正式开台演出。开幕时，盛况空前，社会各界名流纷至沓来，花篮夹道，匾联满壁。众多观众中有两人最为瞩目，他们就是徐志摩和夫人陆小曼。徐志摩和陆小曼结合，当时是一大社会新闻，那晚他俩连看了好几出戏，直到《拷红》的红娘出场才离去。当晚的演出轰动上海滩。第二天上海《申报》就登出大篇报道："新乐府昆剧戏院，昨晚开幕，未及七时，上座已满，为笑舞台从来未有之盛况，亦自开演昆剧以来所未有之成绩也。"

"新乐府"是沪上自全福班停锣后重新出现的专业昆曲班社。该班阵容强大，剧目丰富，反响很好。顾传玠、朱传茗、张传芳"一生""二旦"走红成名，一时知音咸集。

半世良友是砚秋

1923年9月，俞振飞与程艳秋合演《游园惊梦》，堪称珠联璧合。罗瘿公就专门撰文给予了高度评价："俞君之昆生，念字出声均极业炼，而神宇气度亦复雅隽不俗，具见造诣之深，非寻常昆曲家所能企及也。

艳秋唱功白口均有根底，至身段之妙之细，是为台下万众所惊叹。"

京剧发展到这个时期，小生行当相对衰落。得到一名好的小生演员，戏班简直如获至宝。自此以后，程艳秋每次到上海演出，他第一个想到的小生演员依然是俞振飞。爱才心切的程艳秋，并不满足于这样的几次合作，一直劝俞振飞下海，跟他一起去北京。俞振飞每次都以父亲不允为借口推辞了。直到1930年，这一年的4月，俞粟庐辞世，同年秋天，程艳秋再次来到上海。他听闻俞粟庐逝世，立即去见俞振飞，向挚友表示慰问。此时再次谈到"下海"话题，程艳秋说："现在你不能再说你父亲不让你唱戏了吧？"

于是，俞振飞决意正式"下海"，但也提出了自己的条件，即指名拜程继先为师。

俞振飞之所以提出这样一个条件，是因为当时在梨园行有一个规矩，那就是业余的票友"下海"，得先拜一位职业演员为师，否则不能吃"戏饭"，搭不了班。他的这一要求却让程艳秋为难了。并不是不愿意为他做这个介绍人，而是因为俞振飞挑了一个最难搞定的老师。这位程继先是京剧泰斗程长庚的孙子，是京剧界的小生翘楚。不过，他这个人有个规矩，那就是从来不肯收徒弟。连他的同学叶春善想让儿子叶盛兰拜他为师，都被他给拒绝了。这么一块难啃的骨头，还真是把程艳秋难住了。

回到北平后，程艳秋找到了一个中间人，请他去代为说合。这个中间人，就是袁世凯的二公子、程继先的把兄弟。不过，袁克文当年曾经写诗骂过俞振飞。1923年，当程、俞首次合作之时，袁克文就写过一首题为《咏爷台客串事》的七绝，讥讽两人的合作。这首诗是这样的："堕海空怜一粟轻，雏鸦振羽竞飞鸣。逢迎秋艳人无赖，任遗器歌入梦惊。"不久，他又在《晶报》上发表了一篇文章，题为《记爷台客串》，讽刺"俞振飞以清客之尊，而与鬻艺者相比伍，致使南中曲社令名，随彼一人而涂地矣"。不过，作为一代名士的袁克文懂戏识人，且有气度。在1926年一次义演中，袁克文近距离看到了俞振飞的演出，发现他是一个难得的小生演员。于是他跑到后台，对几年前的事道歉。从此，两人冰释前嫌，成了朋友。

结果，事遂人愿。程继先早听过俞振飞的名字，虽然没看过他的

俞振飞：清歌一曲叹人生

演出，也知道他有极好的昆曲功底，是个可造之才。再加上有把兄弟袁克文和程艳秋从中介绍，因此他破例收了俞振飞。

俞振飞收到这个好消息，立刻启程赶往北京，举行了正式的拜师仪式。此后由程继先将俞振飞的名字写在牌子上，送到梨园公会存档。俞振飞正式"下海"，成为专业演员。

程继先办事认真，教习俞振飞，是从最基本的踢腿、下腰开始的。俞振飞当时已经是个成年人，练起功夫特别辛苦。俞振飞的日程也被排得满满的，清早起来就要练功，然后就去程家学戏，下午还要拜客，此外还要抽时间教曲。

程艳秋是戏班的台柱，他心里急着与俞振飞合作演出，但几次询问，程继先都以"戏没学好，不能让他塌我台"为由拒绝了。这一等就是大半年，直1931年歇夏之后，程继先终于同意俞振飞登台演出。

俞振飞正式登台，与程艳秋合演《玉狮坠》。俞振飞将昆剧《乔醋》里的身段与念白化用到《玉狮坠》中，大大丰富了男主角刘生的表演。加上他扮相俊秀，气质儒雅，表演细腻，一炮而红。

第二天演出，俞振飞唱"压轴"，戏码是《辕门射戟》。这在当时是极少见的情况。俞振飞刚刚学戏半年，在很多内行眼中，依旧当他是票友看待，由他唱"压轴"实在难以服众。但这正是程艳秋的苦心，但却引起了同行的嫉妒。戏演到射戟结束、虎帐修书的时候，本来应该先是慢节奏，然后转快节奏，结果打鼓的上来就打快节奏。在毫无思想准备的情况下，俞振飞等了两个"过门"才唱，险些被晾在台上。虽然观众没有喝倒彩，但在行家看来，俞振飞算是演砸了。

没过多久，人称"天津杜月笙"的潘七到了北平，找到了俞振飞。潘七告诉他："你出大事了。"俞振飞一头雾水，不明就里又担心不已。在他的追问之下，潘七才缓缓道来。原来是有人说俞振飞惹上了一个女子小老九，而这个女子的男人是张学良队伍里的一名军官，听说了风流韵事，要到北平找俞振飞算账。俞振飞一听就知道里面有误会，因为他之前并不认识小老九，而是认识在上海的另一位风尘女子谢老九。这谢老九对俞振飞十分钟情，但当时俞振飞要到北平学戏，她又不能随其北上，拜托自己在北平的姐妹小老九代为照顾。小老九也确实不负朋友所托，出钱为俞振飞定做了不少戏服。

俞振飞的本意是见到那位军官就向他解释清楚，可是潘七却认为秀才遇见兵，根本讲不清楚。他还举了上海伶人刘汉成的例子，因为与一位军官的姨太太有染，结果被那位军官一枪毙命。俞振飞听他这么一说，顿时紧张起来。潘七顺势劝他，赶紧回上海避避风头。俞振飞说要向程艳秋告假后才回上海。潘七却说来不及了，力劝俞振飞当夜就走。在潘七爷的一再催促下，俞振飞匆匆收拾东西，未向程艳秋作别，先搭火车到天津，再由天津坐船回到了上海。

直到若干年后，潘七为躲避追捕，由天津逃到上海俞宅避难，才说出自己正是整个事件的始作俑者。小老九丈夫要找俞振飞寻仇，不过是他造的谣，目的就是报复俞振飞当初到天津时不去拜他，令其颜面尽失。

1934 年夏，程艳秋已改名程砚秋，结束了出国考察，重新组建了戏班。行当基本请全，所缺唯有一位小生，又想到了俞振飞。

此时的俞振飞正在暨南大学教授京昆课程，接到邀请后再度北上，加盟程砚秋的"秋声社"。重返舞台后的"打炮戏"是《监酒令》。俞振飞除上演了《奇双会》《监酒令》《岳家庄》等京剧小生本门戏外，还几乎演遍了有小生角色的程派名剧，如《春闺梦》《玉狮坠》《碧玉簪》《花舫缘》《风流棒》《鸳鸯冢》等。

俗话说"天下没有不散的筵席"，程砚秋与俞振飞虽然是黄金搭档，也逃不过散伙的命运。1937 年秋，程砚秋的"秋声社"正在山西太原演出。不久，卢沟桥事变爆发。阎锡山不满山西权贵夜夜笙歌，居然一道手谕，让"秋声社"停演。"秋声社"几经辗转后回到北平。当时的北平已经沦陷，兵荒马乱，戏园子的上座率大大下跌，"秋声社"陷入了困境。为了应对眼前的危机，"秋声社"采用了削减工资、紧缩开支的办法。俞振飞一个月的收入不过几十元。此前"秋声社"准备去法国演出，俞振飞把积蓄都花在了定制行头和道具上，结果出国演出泡汤，俞振飞的生活也出现了问题，于是给程砚秋写了一封信，希望恢复每月的固定工资，另想先借一千元钱，以解燃眉之急。程砚秋没有复信，又过了几天，管事李锡之来到俞家，表示一千块的借款数目太大，只能先借二百，不过要以那一箱出国定制的行头作为抵押。

俞振飞没有料到事情会发展成这样，于是找来朋友商量。大伙七嘴八舌，有的指责程砚秋见死不救，有的责怪李锡之从中捣鬼，有的人则建议俞振飞脱离"秋声社"。俞振飞被说得也有了报复的想法。后来，程砚秋贴出《红拂传》的海报，这出戏自然是程砚秋饰红拂。戏票都卖完了，俞振飞却送给程砚秋一纸假条，说因病不能出演。一再劝说，俞振飞打定主意，坚决不演，结果程砚秋只得临时更换戏码。要知道，"拿乔"在梨园行是大忌，不仅观众对他非议，连行内对他的人品也有了质疑。小报记者更是不甘寂寞，极力刺探程、俞不和的始末。事已至此，俞振飞召开了记者招待会，并刊登了一份脱离"秋声社"的"申明"。

一季春来，一季春往。抗战胜利后的1946年，程砚秋的"秋声社"重返上海舞台。一个月期满后，正值临近农历年底，剧场挽留程砚秋再唱一期。然而，配戏的小生叶盛兰因聘期到期，另谋高就去了。程砚秋又想到了俞振飞。俞振飞夫人黄蔓耘提出了条件，包银不低于叶盛兰。当黄蔓耘问起叶盛兰的包银时，剧场代表故意把一千二百万法币虚报为两千万法币。他的本意是吓倒黄蔓耘，不想黄蔓耘笑着说："那好，叶盛兰两千万，我们要四千万。"要知道这样的报价相当于二十根金条。场方代表气鼓鼓地离开俞家，去找程砚秋商量，谁知程的态度十分坚决："你们请不到俞五爷，我明天就回北平。"场方只好答应了俞振飞的要求。

自此，两人尽释前嫌，再次握手。

今生谁能留住他？

二十年代初，当俞振飞首次在上海演出之时，际遇了一段美丽的爱情，但最终却收藏了一场失败的婚姻。

俞振飞的初恋名叫谢佩贞，哥哥谢绳祖正是俞粟庐的弟子。谢佩贞能书善画，受了哥哥的影响，也钟情于昆曲。俞振飞常到谢家教曲，天长日久，两人渐生情愫。谢佩贞向母亲表达了愿嫁俞振飞的心愿，却不想遭到了母亲的反对。奈何谢佩贞对俞振飞痴情不改，老夫人为了斩断女儿情思，便请正在谢家教画的画家冯超然帮忙。

冯超然想到自己有个表妹范品珍，父母双亡无亲无故，如果能嫁给俞振飞也算是有个依靠。但是他知道俞振飞心里装着谢佩贞，直接谈婚事肯定不成，于是亲到苏州向俞粟庐提亲。当时俞粟庐已经 76 岁，急于后代延续香火，根本不了解儿子的感情生活。在那个年代，父母之命、媒妁之言又是顺理成章的事情。于是俞粟庐代表儿子应允了亲事，俞振飞与谢佩贞的姻缘，还未开放，就已凋谢。

1923 年，俞振飞奉父命娶了范品珍，谢佩贞也琵琶别抱。但她嫁人以后一直不与丈夫同房，夫家以为她有生理问题，过门一个月就离了婚。从此，她长居娘家，终身没有再嫁。

而俞振飞呢，婚姻也非出于己愿，大多数时间居于上海，把新婚妻子晾在了苏州。一年后，范品珍生下一个男孩，却因"胎毒"之病仅三日就不治身亡。好在隔了一年，范品珍又生下一个儿子。但夫妻间的感情，却并未因此回暖，而是日渐冰冷。

陌桑上，唱悲歌，本是夫妻同林，却聚少离多无相思。别是忧愁，恰似春花落了彩蝶，一缕心伤，半生不得觅幸福。

1926 年春，俞振飞在一位徐姓太太家中唱曲时，遇到了一位名叫陆佩贞的姑娘。这位陆佩贞本是大家闺秀，因为与丈夫闹离婚，与娘家产生矛盾，因此寄居在远房亲戚徐太太家里。陆佩贞也喜欢昆曲，还写得一手好字，与俞振飞大有相见恨晚之投契。一天傍晚，陆佩贞突然出现在俞振飞的宿舍，神情慌张，举止异样。见到俞振飞，突然双膝跪倒在地。原来是徐太太要将她卖给军阀张宗昌为妾，她恳求俞振飞收留她，宁愿在俞家当丫头也不想嫁人为妾。早已迷上了她的俞振飞，当然也有此意。但苏州已有妻儿，离婚是不可能的，父亲也不会同意；但若把她作为二房纳入，父亲可能会应允。俞振飞连夜带陆佩贞回到苏州，俞粟庐见陆佩贞聪明伶俐，又有文化素养，对婚事未加阻拦。

陆佩贞进门的头几个月，家里还算安宁。可是一屋之下有了两位女主人，矛盾自然产生。出于对正室地位的保护，范品珍开始百般挑剔，吵架、责骂……最后陆佩贞在苏州俞宅实在住不下去，只好随俞振飞回到上海。

当俞振飞带着陆佩贞再次来到上海之时，穆藕初却因为工厂倒闭断绝了对他的资助。俞振飞几乎失业，生活十分拮据。渐渐地，两人之间有了嫌隙。1928年7月，两人在法国公园义勇团游艺大会上合演了《小宴》，之后陆佩贞离家出走，另嫁他人。

或许是前世的擦肩，才换来今世的相逢，或许是擦肩时并未回眸一笑，才没换来一世的姻缘。

1935年12月，二度加盟"秋声社"的俞振飞随程砚秋到上海演出。有一天，刚刚散戏，俞振飞与程砚秋从后台出来，刚走到门口就被一个女人揪住，又哭又闹。定睛一看，原来女人就是原配范品珍。

范品珍原本住在苏州俞氏老宅，后来俞粟庐去世，俞振飞将范品珍和继母接到了上海，租了房子，每月给生活费。但是因为婆媳不和，俞振飞的继母又回到苏州居住。范品珍爱打麻将，生活上也没什么收入，这次是输光了钱，听说俞振飞到了上海，所以跑来找他。第二天与律师商谈，最后由俞振飞支付四千块给范品珍作为赡养费，并领回儿子，结束了这段从一开始就种下不幸种子的婚姻。

结束了上海的演出，俞振飞随剧团回到北平。他原来在北平订下的房子已经被人变卖了，需要安身之所。俞振飞与素有京剧"通天教主"之称的王瑶卿交往，在他家里结识了黄蔓耘。黄蔓耘是上海人，丈夫在北平铁路局工作。黄蔓耘和丈夫在北平有一幢花园洋房，后面还有五间中式平房。黄蔓耘听说后，主动借出中式平房给俞振飞父子居住。黄蔓耘是新女性，念过大学，思想开通，又多才多艺，通书法、绘画。俞振飞住到陈家后，她向俞振飞学习昆曲，还亲自为俞振飞设计戏装。

黄蔓耘与丈夫感情不和已久，两人婚姻名存实亡。她与俞振飞日久生情，后来干脆公开同居。她丈夫对此也不闻不问，后来另娶了夫人到台湾定居。黄蔓耘则一直跟随俞振飞，两人共同生活了二十多年。

1940年，在上海演出的俞振飞，又遇到了一位故人。这位故人就是俞振飞曾经的侧室陆佩贞。当年陆佩贞离开俞振飞再嫁，不想再嫁的丈夫过几年又将她抛弃，走投无路之下沦落风尘，落入四马路的"长三堂子"卖唱。她知道俞振飞来上海演出，马上在更新舞台附近租了一个房间，与俞振飞同居。在北平的黄蔓耘听到这个消息，也急忙赶到了上海。

一个是曾经的侧室，对自己一往情深；一个是生活中的伴侣、艺术上的知己，俞振飞陷入到两难的抉择中。最后，在律师的公证下，他决定与陆佩贞结束关系，并提出可以出一笔钱作为补偿。但陆佩贞并没有要赔偿金，她默默地在公证书上签了字。多年后，陆佩贞移居香港。

1956 年，黄蔓耘病逝。到了 1961 年夏，俞振飞又与京剧、昆曲旦角女演员言慧珠结合。言慧珠的父亲是民国初"四大须生"之一的言菊朋，她曾拜在梅兰芳门下，深得梅兰芳真传。那一年，俞振飞已经年近六旬，而言慧珠才 42 岁，两人之间相差了近二十岁。而且两人在性格上也有明显的差异，一个热情如火，一个柔顺似水。婚宴当天，真可谓热闹非凡，学生们、名流们围聚，唱曲为贺。可就在当天晚上，这对"老夫少妻"就为了一点点小事发生了不愉快。这段婚姻，对言慧珠与俞振飞而言，都并是不圆满的。不过，最终拆散这对夫妻的，却是那场史无前例的浩劫。1966 年 9 月 10 日，失去求生意志的言慧珠，用一根在唱《天女散花》时她使用过的白绫结束了自己的生命。

轻盈的脚步，越行越远；曾经的感情，寸寸如伤。心与心，已经疲惫。离别之时，未曾只言片语。爱与姻缘的夹缝中，总有一段距离，那是伤，是殇？怕是只有俞振飞自己清楚了。

1980 年年初，已经 79 岁的俞振飞，又与程派名角李蔷华结合。在这位比自己小 27 岁夫人的陪伴下，俞振飞走完了后面的人生旅程。

阡陌上，意徘徊，古道边，长等待，千年回眸，百年孤独，心无羁绊处，只是我一个人的浮世清欢，一个人的细水长流。这就是俞振飞的戏曲人生。

马师曾： 最是粤剧销人魂

1941 年年底，太平洋战争爆发，日军随即占领九龙与香港。自此，至今不绝于港人口中的"三年零八个月"的日治时期就此展开。

因为政局动荡，经济衰退，在港的许多粤剧"大老倌"纷纷避往他处。1942 年年初，粤剧花旦何芙莲搭班去广州湾演出。当时的广州湾也就是今天的湛江市，属法租界，时局尚属稳定。

何芙莲是红线女的舅母，也是她的师傅。有一次，红线女陪着何芙莲到那里去排戏，忽然听到有人从楼上走下来的脚步声。她抬头望去，只见一个中年人向坐在二楼的人招呼："各位辛苦啦。"经人介绍，她才知道，这就是班中人口中的"大哥"马师曾。半个多世纪后，红线女依然清楚记得，她第一次见马师曾时，马师曾是一副"四十开外，方面大口，神采飞扬，十足广州'西关大少爷'的模样"。

浪迹

马师曾，1900 年 4 月 2 日出生于顺德桂州镇。他是家中长子，幼年起跟随经营茶庄的祖父、父亲，生活在广州。那时的广州，粤剧盛行。除了过年过节时的演出，唱酬神戏也是粤剧当时重要的演出形式。那时，广州市区与周边地区有着名目繁多的神诞，如玉皇诞、天后诞、观音诞、关公诞、华光诞、土地诞，乃至华陀诞、金花诞……每值神诞，各地都会邀请剧组演戏酬神。

活泼的马师曾，从小就迷上了粤剧。但中国人传统的家庭观念是希望子女能够营造书香门第，对戏曲艺人这样的职业不仅抵触，而且轻视，马师曾的家长也不能免俗。但马师曾的外婆喜欢看戏，时常带他同行。据马师曾回忆："当时，周瑜利演的《山东响马》很受观众欢迎，不过我却爱看饰演广东先生的蛇仔旺。我还记得他宿店一场的动作，以及趟马的做作都很好。他实在有捷才，当时我非常羡慕他。"马师曾还喜欢朱次伯演的《三气周瑜》，认为朱次伯"扮周瑜比通常的不同，威风凛凛又带点文雅。看过戏之后，回来家里自己也咿咿呀呀学哼几句，觉得做戏很好。"

由于祖父经营茶庄失败，家道中落，中学肄业后的马师曾离开广州来到香港，到一个远房亲戚开的铜铁店当学徒。学徒生活非常辛苦，包揽脏活累活，还要受到老伙计无谓的欺凌。马师曾只做了几个月学徒，离开香港回到了广州。

半路出走的马师曾不敢回家。他想起小时读书时，学校附近有一家收学徒授戏的戏馆。教戏的师傅是夫妇二人，男的年轻的时候是唱正旦的，非常有名，后来失声了，只好改饰总生（相当于京剧中的老生）。因生活没有着落，马师曾投靠了这家戏馆，签了"头尾名"（合同）。师傅为他取了"关始昌"的艺名，从此马师曾开始了不平静的梨园生涯。

自汉代以来，广州已经是中国对外贸易的重要港口。由于地缘的关系，东南亚成为中国移民的迁徙地和避难所，久而久之，"下南洋"也成为粤剧艺人的流动方式。1918年年初，新加坡"庆维新班"的"大旗手"大牛叶从新加坡回到广州招收演员，师傅又以30块新加坡元的价格，将马师曾的"头尾名"转卖给大牛叶。

抵达新加坡后，大牛叶失信，没有让他当丑生而当马旦，马师曾愤而离开戏班。离开戏班，就等于没有了经济来源，加上人在异乡，马师曾的生活陷入危机。马师曾先在一所小学校任教，但因为有"头尾名"的约束，频繁受到戏班搅扰，仍然难以恢复自由。庆维新班的"小生全"很同情马师曾的遭遇，他仗义出资，赎回了马师曾的"头尾名"，并介绍他到尧天彩班做了第三小生。此后马师曾以"风华子"为艺名，继续着粤剧演员的生活。但由于遭受同班艺人排挤，马师曾不久再次失业。那一年，马师曾19岁。

落魄江湖的马师曾流浪足迹遍布新加坡、马来西亚等地。他曾在文冬埠卖过膏药，拉过黄包车，在戏班里打过杂，到矿山做过矿工，甚至还在坝罗一间小咖啡店做过记账工。流浪了一年，20岁的马师曾终于在平天彩剧团找到一份工作，出任第三小生。

重回剧团的马师曾在一次演出时，遇到当时正在走红的花旦靓少凤。靓少凤，原名罗叔铭，顺德大良人，长相清秀，身材适中，入行后学演花旦，取艺名"筱湘凤"。后来因为失声，嗓音已不适合演花旦，改行演小生，易名"靓少凤"。

其时，受到五四新文化运动的影响，戏曲改良之风日劲。靓少凤作为粤剧界的新派人物，主张演出时装戏。他邀请马师曾共同演出他的首本戏《癫、嘲、废、戆》。在该剧中，马师曾成功地塑造了一名赌徒的形象，一时轰动新埠。因其表演出色，马师曾被擢升为第二小生。之后，马师曾在新埠与靓少凤同台合演《白蛇传》。他演的许仙唱做别致，表演细致，再次赢得赞扬。

第二年，马师曾遇到了另一位粤剧名伶靓元亨，并拜靓元亨为师。接着，跟随靓元亨来到新加坡，加入普贤长春剧团，由此时起用本名马师曾。

靓元亨，原名李雁秋，是当时著名粤剧小武演员。粤剧称左右单脚为"定金力"，是必学的功夫，有了这一基本功才能在台上"站如松""行得正"，展现功架之美。靓元亨在学戏时，每天洗脸、漱口、看书、练声，甚至同别人交谈都会起单脚进行。直到他成名后，演出化妆时也起着单脚，持续到把妆化好为止。因此，靓元亨的单脚功夫稳如磐石，为全行之冠。他学打锣鼓，又别出心裁地用两支筷子作鼓箸，在自己的双腿上当鼓敲打，用一条绳挂着一块硬纸作大锣，边打边念锣鼓口诀，因此靓元亨的演出节奏感特别鲜明。后来，靓元亨被时有"花旦王"之称的男旦蛇王苏收为义子，又拜了有着"平霸腔"绝技的周瑜利为师，活学活用，最后成为唱做俱佳的小武演员。

有名师指点，再加上自己的勤学苦练，马师曾在南洋声名日隆。1923年，他到达香港，加入了"人寿年"班。

当时香港粤剧班众多，如祝华年、周丰华、大荣华、寰球乐、周康年、大中华、梨园乐等。说及"人寿年"班，班中的名角灿若繁星，名戏不少，阵容之盛号称"省港第一"。

马师曾加入"人寿年"班，出任丑生。在"人寿年"打炮第一天，马师曾演出《宣统大婚》。宣统皇帝一角，原本一直由名角薛觉先饰演。

薛觉先戏路宽广，能文能武，生、旦、丑、净、末诸行当，行行皆演，被誉为"万能老倌"。他的表演风格温文尔雅，动作洒脱洗练，细腻多姿，善于深入人物的思想感情，能反串旦角，尤以扮演风流儒雅、潇洒俊逸的小生最负盛誉。马师曾以诙谐机智见长，但观众已经看惯了薛觉先的表演，因此对马师曾所扮演的宣统皇帝并不买账，甚至还喝了倒彩。于是，马师曾被安排去演"天光戏"。

天光戏，通常演出时间是在深夜。一般上演"天光戏"时，名角儿已经唱完休息，观众也陆续散去，自然不如日场、夜场的"正本戏"和"三出头"。不料想，被"贬"的马师曾没有因此沉沦，反而将他在新加坡演火的《医死净罗王》《激坏半个老豆》《玉楼春怨》《一个女学生》等戏再次唱红，有些根本不看"天光戏"的观众也会等着看马师曾。

当时的广州有许多家专营戏班的公司，如宝昌、宏顺、泰安等。这些公司有些像今天包装电影明星或歌手的娱乐公司，有计划地加强对下属伶人的训练和培植。每家公司都雇佣行家任"座舱""掌班"等职，不仅每天监看自家艺人的表演，还要看别的公司旗下艺人的表演。一旦发现可造之才，便会迅速拢入自己旗下。"人寿年"隶属于专营粤剧的宝昌公司，当时该公司的开戏师爷兼司理骆锦卿新写了一出戏，叫做《苦凤莺怜》。在这出戏中，清明节前夕，贫民余侠魂前往冯大户家借银拜山，偶然发现冯二奶与奸夫巫实学密谋诬陷侄女冯彩凤。冯彩凤乃马元钧之妻，蒙冤被逐。余侠魂出于义愤，到马家报讯，反遭一顿毒打。马元钧逐妻后，应知县李世勋之约，到栖凤楼赴宴，赏识该楼著名歌姬崔莺娘，欲纳为继室。莺娘久历风尘，虽感元钧属意而未允。翌日，莺娘到观音庙上香，偶遇冯彩凤，得悉内情，决意相助。恰逢余侠魂到此，将真相告知冯彩凤，带冯彩凤至县衙告状，并挺身作证。莺娘亦借锦乡侯名义到公堂，迫使知县李世勋受理此案。最终经两个社会底层人物仗义执言，终于法办了奸夫，使冯彩凤沉冤得雪，与丈夫破镜重圆。

在这出戏中，马师曾被分配了"奸夫"巫实学的角色。但余侠魂是丑生应功，正是马师曾的长项。于是马师曾找到饰演余侠魂的陈醒威，希望陈醒威与他对调角色。陈醒威主攻小生，是"人寿年"的台柱。

他是骆锦卿的弟子，起初不敢有违师命，不愿也不敢与马师曾调换角色。后经过马师曾的再三恳求，陈醒威终于同意两人交换角色，但只许马师曾演一晚。

费了九牛二虎之力，马师曾终于争取到了自己想演的角色，他来不及兴奋，就开始研究如何让这个配角在台上出彩儿。《苦凤莺怜》是一出新戏，虽然剧中人都是民国时装扮相，但余侠魂这个角色是个乞丐，塑造人物时不应该完全抛弃传统戏曲的行当特色。因此，在表演时马师曾依旧保留了"烂衫戏"的表演，还其个性化的魅力，这就是马师曾的高明之处。早年间，马师曾流浪江湖，接触过三教九流，深谙社会底层求生的艰难。为了能丰富人物，原剧本中余魂侠的唱词很少，马师曾自己动手为他写了一段词，模仿街上小贩叫卖的声音，自创了"乞儿喉"。

《苦凤莺怜》上演后，马师曾扮演的余魂侠征服了所有观众，演出过程中叫好声不断。马师曾特意为余魂侠写的一段唱词，平实入理，易懂上口，不仅与余侠魂的身份相符，更能彰显出人物个性。由他自创的"乞儿喉"唱出来，略带沙哑却中气十足，抑扬之余又辅以诙谐，既符合角色身份，又唱出了行当特点。这次马师曾所创的"乞儿喉"，成为其独特的表演特色，并为日后"马腔"的成熟奠定了基础。

可就在开始走红的时候，马师曾却不得不离开了"人寿年"。原来，当时骆锦卿在"人寿年"主事，手握"生杀大权"，瞧不起马师曾。天长日久，两人矛盾渐渐激化，最终发展到势不两立，其结果就是马师曾愤而离开"人寿年"。

1925 年夏，广州海珠戏院院主兼《国华报》社长刘荫荪，筹资组建了"大罗天"班，由陈非侬与马师曾掌班。马师曾同时担纲文武丑生，陈非侬任花旦。

"大罗天"公演的第一出戏是根据西片《八达城之盗》改编的《贼王子》。由于该剧服装、布景、灯光、表演，都不走传统粤剧的路数，观众为之耳目一新，因而大受欢迎，"大罗天"一炮而红，轰动省港。此后，"大罗天"出产过许多具有影响力的剧目，如《天网》《欲魔》《贼王子》《红玫瑰》《呆佬拜寿》《战地莺花》《原来我误卿》《轰天雷》《有情太子无情棒》《肠断萧郎一纸书》《龙楼凤阁变勾栏》等，都是极为卖座的戏码。"大罗天"由于新编剧目多，剧本内容与表演方式都大胆创新，演员阵容又十分强大，很快成为与"人寿年"齐头并进的大戏班。

1929年下半年，刘荫荪以高价将戏班转让给香港高升戏院老板经营，更名为"国风剧团"，仍由马师曾掌班。数月后，"国风剧团"在广州海珠戏院上演《冷月孤坟》，散了戏的马师曾刚刚走出剧场，就被楼上丢下来的炸弹炸伤了右脚。明明是歹徒蓄意逞凶，"国风剧团"却被广州警察局禁演6个月。受伤后，马师曾远赴香港就医，随即移居香港，"国风剧团"也宣布解散。

从美国到香港

梅兰芳赴美演出大获成功的消息传到香港，让马师曾为之一振。富有冒险精神的马师曾，不禁萌生了赴美一搏、唱响异国的念头。1931年，经香港谦益隆金山庄老板陈雨田担保，马师曾带队前往旧金山。

临行前，马师曾编印了数千册《千里壮游集》，准备带到美国送给观众。一切准备停当，马师曾终于踏上了开往旧金山的轮船。然而令他没有想到的是，船还没有到达旧金山，他就被美国移民局拘了起来。原来，马师曾携带的《千里壮游集》被移民局认定为政治宣传品。后经人保释，马师曾才被释放。

当马师曾等一干人众来到旧金山，却不想签订演出合同的中央戏院老板仗势欺人，无视演出一年的合同条款，蛮横要求马师曾的团队演出365场，否则不许归国。"人为刀俎，我为鱼肉"，无奈之下，马师曾在美羁留了整整两年时间。

在美国期间，马师曾游历纽约、芝加哥等地，又萌生了开办电影公司的念头。经多方筹措，马师曾与犹太商人合办了明星电影公司，又称万拿电影公司，最终却以失败告终。马师曾虽被骗，经济损失巨大，却有机会参观了好莱坞，学习了大量关于电影制作的知识。这些不同寻常的经历，注定马师曾将会领时代之先，成为第一个将粤剧拍成电影的艺人。

正当马师曾困顿美国的时候，在远隔重洋的香港，人平戏院院主源杏翘决意请陈非侬与马师曾再度合作重组"大罗天"。此时的太平戏院刚刚重建，添置了有声放映机，放映中、西名片，兼有电影院的功能，戏院座位也增至约两千个。源杏翘找到了陈非侬，说只要陈非侬同意，就替马师曾在美清偿债务，使他能回港参加"大罗天"。陈非侬自然答应了邀请。

1933年春，马师曾终于由美国返港。不久，"太平歌剧社"应运而生。"太平歌剧社"后易名为"太平剧团"，演出场地就是香港太平戏院。这个剧团存在了近十年，是粤剧行中出了名的长寿班。

在美国的一番游历，马师曾不仅感受到了异域的风土人情，更受到了西洋的音乐、戏剧、电影艺术的浸染，对于粤剧的发展有了自己的思考。"太平剧团"，成了他亲自实践这些思想的广阔舞台。

作为省港大班，剧本尤其重要。不仅因为其乃一剧之本，是演员演绎故事的最基本准绳，还因为省港大班不同于下乡班，流动性不大，演出又很频繁，班里能演的剧目数量，都决定着剧团的存亡、角儿的兴衰。"太平剧团"在太平戏院屹立十年不倒，可以想见其剧本产量之丰富。1940年的《广东戏剧史略》（麦啸霞编）共收录870个粤剧剧目，其中有102个作品署名马师曾，可见当时他在编演新戏上不遗余力，而且成果丰硕，堪为梨园翘楚。

马氏剧本题材多样，内容丰富。既有改编传统剧目的《软皮蛇招郡马》（即《李仙刺目》）、《审死官》（即《双塔寺》《四进士》），也有取材于民间故事的《斗气姑爷》《呆佬拜寿》，甚至还有改编自外国电影的《璇宫艳史》《贼王子》《野花香》……数量一多，就难免有失庞杂，为了能卖座，马师曾也未能免俗地刻意标新立异。除了大演西装戏之外，他还对一些戏进行了大胆的艺术处理。如京剧《四进士》中的宋士杰阅历丰富、心思缜密、深谋远虑，演出时惯用老生应工。马师曾笔下的《审死官》中，宋士杰却是个嬉笑怒骂、寓庄于谐的人物，改为由丑行应工。再如《三国演义》中的孔明，其他剧种也多以老生应工，可是在马师曾编《宝鼎明珠》时，却将孔明改了性别，演出时马师曾自饰周瑜，由花旦饰演孔明，在舞台上大演以女气男的戏码……

此外，马师曾还开创了男女合演的先河。早期的梨园严禁男女同台，所以旦角演员多是男性。1911 年，广州曾出现过男女混合的"共和乐班"，但仅演出十个月左右就被广州市警察局禁演。辛亥革命爆发后，加入粤剧行业的女性艺人逐渐增多，但碍于男女不得同台，只能另组"全女班"。1934 年，经源杏翘策划，由高升戏院、普庆戏院、太平戏院、和利舞台等联名，呈请准许男女同班同台，终获香港当局批准。太平戏院随即成为香港第一间男女演员同台演出之地。自第三届班底起，太平剧团女性艺人数量大增，被戏迷戏称为"靓女剧团"。当时的粤剧四大名花旦，除唐雪卿一人外，谭兰卿、卫少芳、上海妹都曾受聘于马师曾。相比男旦，女性旦角更婉媚，更符合大众审美，渐渐也因此受到观众的欣赏与肯定。

"太平剧团"成立以后的近十年间，新戏不断，声誉日隆，只有薛觉先领衔的"觉先声剧团"可与之抗衡，最终确定了薛马争雄、两分香港粤剧天下的境况，这也标志着香港粤剧全盛时期的到来。

到太平剧团的第二年，马师曾还圆了自己的"电影梦"。他与美国华侨朱基汝合资数万元，在香港仔创办了全球电影公司。他利用每年夏休时间拍摄电影，《野花香》《难测妇人心》《二世祖》等都是马师曾当年主演的电影。

姻缘真的有天意

1941 年，太平洋战争爆发，日军入侵香港。香港沦陷第六天，马师曾带领全家偷渡到澳门，三个月以后又到了广州湾，组团演戏。当时靓少凤与何芙莲的戏班也到了广州湾，他乡遇故知，又逢乱世，所以倍感亲切。

在这里，马师曾遇到了后来成为妻子的红线女。

红线女，原名邝健廉，1924 年出生于广州西关。外祖父谭杰南是驰名于东南亚的武生。舅父靓少佳是历任"人寿年""胜寿年"等省港大班的正印小武，舅母何芙莲也是著名花旦。红线女就是生长在这样一个与粤剧渊源很深的家庭，从小看戏、爱戏，八九岁时就跟着留声机学唱名家粤曲唱段。但她最初萌发想入戏班学唱粤曲的想法时，却遭到了父亲的反对。后因家道中落，1938 年，红线女由母亲带领，从澳门赴香港拜舅母何芙莲为师，这才算正式踏上从艺之路。

她最初的艺名叫"小燕红"，后在港随粤剧小生靓少凤学艺时，靓少凤认为"小燕红"不够响亮，主张取传奇古戏"红线盗盒"之意，将其艺名改为"红线女"。从此，这个艺名就成了她一生的耀眼名片，真名、曾用名反倒鲜人知闻。

陌陌红尘，你在等谁？时光悠远，我在等你。五百年前的一次回眸，注定了今生今世的相遇。就让你我期待一场南国烟雨，温润的雨浇湿柳叶下的油纸伞；或许期待茉莉盛开，在石阶的角落里享受淡淡香。

当时，广州湾的地域、人口有限，所以演出情况并不理想。马师曾结束广州湾的演出后前往广西。也就是在这个时候，马师曾将靓少凤团里的红线女聘到自己旗下，升为第二花旦。

马师曾的新班共有 60 余人，算上家属超过一百人，靠着双腿徒步走到广西，辗转演出于玉林、容县、柳州等地。由于入不敷出，生活艰难，当剧团 1942 年来到梧州之时，随行的只有十余人。1943 年，马师曾将剧团改名为"胜利剧团"，由红线女担任正印花旦。那一年，她 19 岁。

20 世纪 40 年代的中国正处在战火硝烟之中，因国土广袤，战区相对分散，因此流行着"西江无战事"的说法。乱世之中，剧团生存艰难。恰在此时，西江一带的部队派人来到梧州，与马师曾商量合作，协议"胜利剧团"到西江一带演出。于是马师曾和他的"胜利剧团"回到广州，都城、禄步、肇庆、德庆……他们的演出足迹遍布西江沿途，直到 1944 年夏，剧团重又回到桂林。

1944 年冬，桂林沦陷。沦陷之前，马师曾带领剧团匆匆转移，行头、道具损失过半。剧团不能保证演出，收入大大降低，生活几无保障。马师曾贫病交加，许多剧团成员纷纷离去，留下与他并肩的只剩寥寥数人。

1945 年，抗战胜利。马师曾带领剧团经罗定、肇庆等地，一路演一路行，终于在 1946 年春节回到广州。随即在珠海戏院演出了新戏《还我汉河山》。本剧讲的是汉代王莽篡权的故事，用以影射日寇侵华，最终邪不能胜正，到头来都是自取灭亡。

1946 年 2 月，马师曾与已经成为妻子的红线女回到香港，定居跑马地。在继续组团演戏的同时，他将精力投入到了电影的拍摄中。早前的 1935 至 1940 年间，马师曾先后拍摄了《二世祖》《难测妇人心》《斗气姑爷》《龙城飞将》《佳偶兵戎》《苦凤莺怜》等七部电影。这次，他再次投入电影拍摄，与红线女合作《我为卿狂》。1948 年拍摄了《刁蛮公主》和《审死官》。

1955 年，马师曾及全家人定居广州。

谢谢你，曾经与我相爱

1944 年，马师曾与红线女结婚。那一年，马师曾已经 44 岁，而红线女只有 20 岁。夫唱妇和，联袂献艺。但老夫少妻的生活，不尽人意之处难与外人道也。

1955 年，在经过十年的婚姻生活后，两人离婚。对于离婚的原因，晚年的红线女曾回忆说，有晚拍戏到半夜两三点，搭船过海时见到马师曾与一个女人在等船，当时才知道有"小三"，两人在一起已 3 年。

可是，如果不曾相遇、如果不曾相爱，这贫乏的人生，还会不会亮丽如斯？哪怕痛极、怨极，也愿意珍重这些回忆。

谢谢你，曾经与我相遇、相爱……

1964 年 4 月，马师曾因病去世。

到了七十年代中期，红线女突然和因写辽沈战役成名的战地记者、作家华山结婚。这让很多老友都感到意外，两人相恋的过程也不得而知。

马师曾和红线女之子马鼎盛在其自述的《朦胧的年代》一书中，曾这样描写其母红线女的感情生活：她"当初被老爹带携走红，离婚后更大红大紫，连外婆也扬眉吐气好几十年"。"我妈认为她第一段婚姻（马师曾）并非自愿，因此，自主的第二春（华山）一定要全方位成功。恰巧，同第一段婚姻一样，也不过十年光景。而且，最后一年，那位大作家患绝症卧床，我妈天天跑重病房照顾得无微不至，不惜工本……"。言语之中，唏嘘不已。

对于第二段婚姻，红线女曾对儿子承认"缺乏爱意"。

虽然无情未必真豪杰，但多情势必累美人。红线女的感情生活多姿多彩，也多灾多难。除了两段婚姻外，红线女还有两段恋情也在坊间流传。

一段是"红黄之恋"。红线女和马师曾离异后，在香港片场与电影小生黄河结识。两人的恋情顿时成为当年艺坛的一大新闻。后红线女又回到了马师曾身边，双双回国定居广州并参加粤剧演出，而黄河则在台湾拍片，一度为红线女自杀，闹得港台舆论沸沸扬扬。黄河康复后自组电影公司把这段事拍成电影《痴情》，自此息影从商。

红线女的另一段恋情是"红赵之恋"。二十世纪五十年代，赵丹和妻子黄宗英之间发生了分歧。在这种情况下，赵丹与红线女因接触而产生了感情，并在一起生活了数月。赵丹的女儿、著名舞蹈家赵青，在她的著作《我和爹爹赵丹》中说，父亲未与红线女结合，一直是父亲的遗憾，说她个人觉得黄与其父不合适，而红线女却很合适。但这段恋情也是有花无果。

这尘世间所有的爱情，都从来处来，却不一定能往去处去。即使曾经把爱情当作信仰，到了最后，也不过枉留了一地感慨，叹息着昔日的情深款款。

戏成就了她，她也成就了戏。成戏又成人，成人又成戏。唱传奇的名伶，自己成为了传奇。

刘喜奎：刹那风华为谁开

"男有梅兰芳，女有刘喜奎"，是民国初年流传于梨园界的一句佳话。

戏剧大师曹禺在 1980 年曾著文这样说：如今戏剧界很少有人提到刘喜奎了。然而在一二十年代，她可是红透半边天的名坤伶，是唯一能跟谭鑫培、杨小楼唱对台戏的女艺人。

曼妙登场

1914 年，皇城根脚下，中和园戏台，一位青衣引来了无数垂涎欲滴的眼光。

开场锣鼓响起，满台莺莺燕燕，个个貌美如仙，主角还未登场，已然一片喝彩。待一声婉转娇啼、圆润唱腔响起，环佩锵锵的青衣曼妙迈步台前。只见她，粉颊如春桃，翠髻似云堆，唇如樱桃点丹红，齿如石榴暗含香。台上轻转，纤腰楚楚，似回风舞雪，配饰叮当作响，珠翠辉辉。蛾眉颦笑，将言未语，似嗔似喜，妩媚尽生。莲步轻移，云袖招蝶，看似妖娆，却也有春梅秋菊的风骨。最是那一笑，回眸间，晴空云散，唯有轻叹如斯之美，惹人轻狂。与她配戏的坤伶们，相形之下都成了庸脂俗粉。

正值二八佳龄，引得万千关注，青衣芳名唤作刘喜奎。

很小很小的时候，她就知道自己的祖籍在河北沧州，祖父刘兴台当过翰林。可惜，清王朝已经走入下坡路，祖父亦因受到牵连而获罪，家道中落，只得带着三个儿子辗转北上，隐居天津杨柳青乡间教书。父亲刘贻文，在大清北洋水师服役，在舰船上当兵工修理匠。

1894 年，是中国光绪二十年，日本明治二十七年。这一年的 7 月 25 日，丰岛海战爆发。这一年，刘喜奎呱呱坠地。而此时，她的父亲与中国一起，正经历着中国历史上那场著名的中日甲午之战。

一切的辉煌，一切的荣耀，都被匆匆而逝的岁月无情掩盖。甲午之战，中国惨败，签订了丧权辱国的《马关条约》。战后，父亲刘贻文不得不扶妻携女，流浪于旅顺。而恰恰就是在旅顺居住期间，她慢慢爱上了戏曲。日复一日地穿梭在台前台后，学着戏子的模样舞动衣袖。然而，刘家父女在旅顺的日子过得并不顺心。因为生活实在难以为继，不久后刘贻文又带着家人返回天津。天降灾祸，父亲突然病逝于途中的营口，而她只能随同孀居的母亲继续前往天津，从此靠着母亲给人家做些针黹活为生。

8 岁那年，她被送入天津李海科班学戏，主工"梆子"青衣，兼习花旦。第二年，她就随着戏班去了哈尔滨。在那里，她遇到了当时著名的梆子艺人毛毛旦，并拜她为师。毛毛旦，眉目清秀，扮相妩媚，更有一副清脆甜美的好嗓子，能真假嗓结合，行腔婉转俏丽；做功更是一绝，善于通过面部表情及身段、台步刻画人物性格情绪。当时就有"看了毛毛旦，三天不吃饭""宁愿跑得吐了血，也不能误了毛毛旦的《六月雪》"的说法。

河北梆子是河北省的主要戏曲剧种，过去曾有京梆子、直隶梆子、卫梆子之称，1952 年始定名为河北梆子。河北梆子流行于京、津、冀、鲁及东三省一带，是由清代中叶传入河北的秦腔和山西梆子逐渐演变而成的。刘喜奎拜师学习梆子戏后，早起晚眠，勤奋练功。为了动作身段的传神美观，她不惜于深夜以灯取影而苦加揣摩；又为了练走碎步，她常将铜钱夹在两膝间疾行不使掉落，而成为舞台一绝；她又把秦腔化为河北口语，形成了以河北字音为基础的曲调慷慨激昂、苍凉古朴的"京梆子"。

13 岁时，刘喜奎从哈尔滨到了伯力，一年后又到了海参崴。四年后，又到了上海，在"大富贵""丹桂舞台"演出。但上海鱼龙混杂，从不拜客的刘喜奎只唱了两个月，就离开了上海。接着辗转青岛，又到了济南，数月后来到天津。此后，她又与京剧大腕杨小楼同行南下，再次来到上海。这次，她唱红了上海滩，剧场卖座很好。三个月后，她又离开上海，去往营口，不久又回到天津。

经过多年磨砺，刘喜奎已经不是当年那个弱小无助的小姑娘。她能文能武，梆子与京剧兼擅，戏路很宽，成了各路戏院力邀的角儿。据当时的报刊记载，刘喜奎"每一登台，彩声雷动，天津戏园，卑词厚币聘之，唯恐落后，亦足见其声价矣"。此时的北方观众，因听腻了京剧的杀伐场面，反而对地方戏的靡靡之音趋之若鹜。于是京剧界迅速吸收了许多地方戏曲的唱腔及情节，也开始引进坤伶，北京城里遂有了"崇雅女科班"，而她从天津来到北京，成了女科班里的学生。原本就相当有造诣的她，经过"崇雅女科班"稍加调教和包装，首先在"中和园"挂牌演出，一炮打响。

刘喜奎姿容秀丽，扮相极美。在《戏剧新闻》举行第二次菊选时，刘喜奎得中"秦腔博士第一名"，剧评家为之创"刘教"，奉为"教主"。又得"文艳亲王""坤伶十美"之首，"坤伶三杰""花衫五霸"之一。她成功了。是的，她唱红了，在那个生、旦、净、末、丑概由男子扮演，女艺人难登大雅之堂的时代里，她竟然迅速成为戏曲界的一枝奇葩，成了"梨园第一红"，红透整片天。

1916 年，《顺天时报》主办超群伶人评选，公开投票选举"伶界大王"。刘喜奎得票第一，荣获"坤伶大王"称号，梅兰芳则是"男伶大王"。据《半月戏剧》载："当时，老谭（谭鑫培）以喜娘锋芒过盛，竟久久不愿出台。且语至好谓'坤角不敌刘喜奎，男角不敌梅兰芳'。"

蜂蝶纷纷过墙来

在北京的舞台上，绰约多姿、媚丽娇俏的刘喜奎，从"中和园"挂牌演唱，再入著名的"三庆园"，唱红了整个北京城。上至达官贵人，中有士绅名流，下至贩夫走卒，无不被她的音容笑貌所痴迷，真是轰动九城，颠倒众生。

当年，在北京城有位一向以清朝遗老自居的故都名士易顺鼎，可称得上是刘喜奎的头号"粉丝"。这位易老先生是光绪年间的举人，自小被誉为"神童"，曾受张之洞之聘，主两湖书院经史讲席。他有

刘喜奎：刹那风华为谁开

一句名言，广被文人墨客所引，"人生必备三副热泪，一哭天下大事不可为，二哭文章不遇知己，三哭从来沦落不遇佳人。此三副泪绝非小儿女惺忪作态可比，惟大英雄方能得其中至味。"他因此以"哭庵"为字。

就是这么一位在文字上颇有造诣，在古典文学上颇有研究的老先生，出于对刘喜奎的满腔痴恋，却做出了一首纵情于声色的香艳诗《对天誓愿》：

> 一愿化蚕口吐丝，月月喜奎胯下骑。
> 二愿化棉织成布，裁作喜奎护裆裤。
> 三愿化草制成纸，喜奎更衣常染指。
> 四愿化水釜中煎，喜奎浴时为温泉。
> 五愿喜奎身化笔，信手摩挲携入直。
> 六愿喜奎心化我，我欲如何无不可。
> 七愿喜奎之母有特权，收作女婿丈母怜。

写下如此艳情猥亵的诗词以后，这位清朝遗老似乎还觉得此诗不能表达自己对刘喜奎的万般迷恋。刘成禺的《洪宪纪事诗本事簿注》还记载了易顺鼎对刘喜奎的趣事。诗云："骡马街南刘二家，白头诗客戏生涯。入门脱帽狂呼母，天女嫣然一散花。"注曰："刘喜奎色艺，当时实领王冠，名士如易哭庵、罗瘿公、沈宗畸辈，日奔走喜奎之门，得一顾盼以为荣。"哭庵曰：'喜奎如愿我尊呼为母，亦所心许。'喜奎登台，哭庵必纳首怀中，大呼曰："我的娘，我的妈，我老早来伺候你了！"每日，哭庵必与诸名士过喜奎家一两次，入门脱帽，必狂呼"我的亲娘，我又来了"。喜奎略通文墨，后拜哭庵为师傅，日习艺文。喜奎曰："易先生见面，呼我为娘，我今见面，即呼彼为父，岂不两相作抵？"

这个年过五旬的文人心甘情愿喊刘喜奎为亲妈了，狂态可掬，使人捧腹，真的是"问世间情为何物，让老先生丢了斯文"。

当时还有一位《亚细亚日报》的名记刘少珊，笔名少少，虽然年近花甲，但是人老心不老，他总是毫不掩饰自己喜爱刘喜奎的心，在报上替刘喜奎大吹特吹，最肉麻的两句诗是："愿化蝴蝶绕裙边，一嗅余香死亦甘。"

他特意定制了红袍子、白马褂、黄花缎子小帽，穿戴在身。每天去看刘喜奎的戏，不仅是白天、晚上各一场，而且是固定一个座位，依旧是如刚才那位易老先生一般，风里来雨里去，绝不无故缺席。

某日，他在报上发表一篇骈文，册封刘喜奎为"喜艳亲王"，刻在银盾上叫乐队送到刘家，自己坐上马车，吹吹打打，押在后面。当刘喜奎获悉此事，立即躲避，由家人出面迎接，并对刘少少说："承先生盛情，真是蓬门生辉，三生有幸，心领敬谢，万不敢当。"遂即将原件退回，这下子使刘少少气得脸上红一阵，白一阵，甚为尴尬。又张聊止的《歌舞春秋》还说："丙辰（1916）秋，少少独居法源寺，余一日趋往访谈，四壁萧然无长物，而床头一案，置喜奎放大倩影一帧，谈及喜奎色艺，津津有味，曰：喜奎演《醉酒》，吾意当年玉环无此美姿，盖玉环之肥，决不及喜奎之秋纤得中，且玉环无歌喉，而喜奎则珠圆玉润，宁非此胜于彼耶！"

这位老先生知道自己无法独占花魁，整日茶饭无味，也无心记者工作，带着满腔的失落回了湖南老家。老先生日夜凝视从北京带回来的刘喜奎的大幅剧照，终是怏怏不乐，相思成疾，不久竟是一命呜呼。

一边，老夫聊发少年狂，以首首艳诗诉发情怀；另一边，也有风流少年对刘喜奎的爱简直到了发狂的程度。

有某青年侨生，家境极为富有，常往"三庆园"专包一厢，狂捧刘喜奎。那晚刘喜奎演出《西厢记》，亦笋亦弁之态，使得该青年侨生神魂颠倒。散戏后，在后台门口，当刘喜奎将上马车之际，该侨生竟抢上一步，捧住刘喜奎娇嫩香甜的脸蛋，狂吻不放，口中念念有词："心肝宝贝，我想死你了！"吓得刘喜奎花容失色，人们立即将他扭送警察局里，问他姓名他死不回答，于是罚他五十大洋了事。出了警察局，他大呼："痛快！痛快！值得！值得。"张伯驹在《红毹纪梦诗注》中详细记载了此事，还作诗一首："独占花魁三庆园，望梅难解口垂涎；此生一吻真如愿，顺手掏来五十元。"

张伯驹的《红毹纪梦诗注》还有这样的一段记录："清末民初，坤伶颇极一时之盛。刘喜奎色艺并佳，清末演于天津下天仙，民初演于北京三庆园，以《独占花魁》一剧最著，人即以花魁称之，为其颠倒者甚众。"张次溪《珠江余沫》中也记载："喜奎之色既甲天下，其艺尤冠一时，故为喜奎倾倒者，大有人焉。其时旧都名流，多谱新词以相赠。甚者组党结社以相待，某党某社之成，皆藉以博喜奎一粲耳。自是不免有竞争之举，然非喜奎之所愿也。"

为表心迹，刘喜奎曾作《自白书》载于当时报纸，曰：

> ……喜奎诚不肖也，誉之者又安足以为喜奎重；喜奎诚非不肖也，毁者又安足以为喜奎损！无当之誉，无当之毁，其失均也，智者弗为，君子弗许……喜奎谨矢言，非得上马杀贼、下马草露布，光明磊落、天真烂漫之好男儿而夫之，宁终身不嫁，苟得其人，虽为婢妾，亦所愿也。至若权豪纨绔之子弟，以及金玉其外、败絮其中之小白脸，咬文嚼字、纯盗虚名之假名士，喜奎固早尘土视之矣。

刘喜奎一介戏子，却让人如此痴迷，是绝色的容颜，是如花的美眷，是淡泊如水的气质。前生，焚香炉，染香烟，沉醉其中，却不知如何下了凡尘。今世，在尘间，怎奈何出身贫寒，却生得一副水滴玲珑。多少人寻她千百度，多少人梦她千百回，却不见她有半分的回顾，倒不是心肠冷淡，却是心中藏爱意难言。

那么，她的爱意，又属了谁？

初恋是幻影

在京师，温润如玉的梅兰芳也正当芳华，在京城声名鹊起，可偏偏这个刘喜奎掀起的狂潮让风头正健的梅兰芳的上座受到了影响。当时的文人有这样的记载，说的是梅兰芳在吉祥园演出《醉酒起解》，"上座亦不过数百人"，反观女角为主的坤班"上座大佳，第一日椅子压坏五排，第二三日以至于合座客之拥挤迄未减少"。而刘喜奎更是"色艺倾动公卿，虽以谭氏硕望绝艺亦仅能与之相抗，其声势之盛可见矣"。

于是，"梅党"和"刘教"之间少不了一番厚此薄彼，互相诋毁。

不过"粉丝"们的党同伐异，倒是没有影响到这二位名角对彼此技艺的好奇之心。终于，他与她相遇了。

那是在袁世凯政府外交总长陆徵祥举办的堂会之上。堂会盛况空前，几乎邀集了北京城所有的名角儿。谭鑫培、杨小楼、梅兰芳，一个也没落下，作为名坤伶，她无法不应诺前往。

那一天，谭鑫培唱了《洪羊洞》，杨小楼唱了《水帘洞》，梅兰芳唱了《贵妃醉酒》，而她唱了《花田错》，可谓各有千秋，引得满堂喝彩。台下，他和她有了第一次近距离地交流。她告诉他，自己从未见过像他这般和蔼可亲的名角儿，而他亦夸赞她的气质高贵，精湛的唱功更是难得一见。

他，温文尔雅，气质高贵；他，沉稳内敛，谈吐不俗；他，面如冠玉，玉树临风；他，待人谦和，彬彬有礼……他身上流露出的一切都让她心醉。莫非，这便是她等了许久的梦中情郎？

自那后，每一次遇见，她都会有一种奇特的心颤，每一次眼神交会都会有种说不清楚的依恋，而她也感觉他眼神中的炽热、渴望。那一眼一眼的温柔，那一抹一抹的笑容，那一句一句的话语，所有的所有，都让她想为之奉献出自己的青春与热情。或许，这便是一见钟情吧！

后来，她回忆说："我到二十多岁的时候，名气也大了，问题也就复杂了，首先就遇到梅兰芳，而且他对我热爱，我对他也有好感。"

她好想与她从此花前月下，共赏风花雪月，烹茶品茗，逍遥一生。然，他已是有妇之夫，已是两个孩子的父亲；然，自己身边豺狼如群，会不会因此伤害到心爱的人？她不知道，甚至不敢去想。她犹豫，她踌躇，她不安……

为什么？既然不能赐他们一份完美的恋情，又为何要让他们相识在这茫茫人海？老天爷真的很残酷。

唉！她长叹，她哀怨。她不是那般情腻的女子，必须义无反顾，斩断一出恋情，止却一份爱意。只观情，不去割舍，宁愿维系那甜美，到头来不过是伤人伤己。可怜这爱情，刚刚萌芽就遭到了严冬。

放手这段情的人正是最渴望爱情的刘喜奎，而不是梅兰芳。

当时，她对他说："在我的一生中，从来没有爱过一个男人，可是我爱上了你。我想我同你在一起生活，一定是很幸福的。在艺术上，我预料你将成为一个出类拔萃的艺人；如果社会允许，我也将成为这样的艺人。所以，我预感到我身后会有许多恶魔将伸出手来抓我。如果你娶了我，他们必定会迁怒于你，甚至于毁掉你的前程。我以为，拿个人的幸福和艺术相比，幸福总是占第二位的。这就是我为什么决心牺牲自己幸福的原因。我是从石头缝里迸出来的一朵花，我经历过艰险，我还准备迎接更大的风暴，所以我只能把你永远珍藏在我的心里。"

他问："我不娶你，他们就不加害于你了吗？"

她淡淡一笑，说了句令人徒感悲伤的话："宁为玉碎，不为瓦全。"

一句话入了他的心底。他看着眼前娇小的佳人，心中难掩一丝敬佩，一丝惆怅，如此明事理，如此聪颖，却终与自己有缘无分。沉默了片刻后，他说："我决定尊重您的意志。"

从此，她与他虽然同在一方梨园，但她与他看似近在咫尺，却是远在天涯。那一瞬，成了经年的诀别。

时光荏苒，罗裳依旧。她可以放手爱情，却无法忘记他。远去了他的世界，耳畔还留有他清越的琴音，敛眉低首的瞬间，眼前依然浮现他温馨的微笑，变得越来越遥不可及。

傲风立孤尔

倚窗，独望，窗外淅淅沥沥下着细雨。这是入夏以来的第一场雨。

庭院里，梧桐傲然挺立，尽情地伸展着枝叶；娇柔的柳条被轻风爱抚着，在雨雾中摇曳欢舞；屋檐上晶莹剔透的雨珠有节奏地滴落着，如断了线的珍珠般滴滴答答地鸣奏出一曲仲夏之歌。

然而，此时的北京，政局阴霾密布，袁世凯试图复辟帝制。刚刚总统府送来了大红的请柬，要她去中南海唱堂会。

堂会演出的报酬要较平日高出许多，所以很多戏子大都愿意接堂会，一般就是从第一天的正午开戏，一直唱到深夜。又因办得起堂会的往往是达官显贵，所以不管是风雨天，还是身体抱恙，艺人们大都不敢违拗。当年叱咤戏曲界的谭鑫培，抱病在身，却也推不得段祺瑞的面子，在参演了金鱼胡同那家花园堂会戏之后，就吐血而亡。说起来，唱不唱堂会由不得戏子选择，是想去也得去，不想去也得去的场儿。

对于女戏子，唱堂会更是让她们头疼，往往一场堂会唱下来，什么贞洁清白也就毁于一旦。袁世凯请刘喜奎唱堂会，大抵是有想与她春宵一度的意思。心如明镜的她，知道这一去，就可能金丝鸟进了牢笼。可是，她一个唱戏的女子又能奈之若何？

到了中南海，刘喜奎被安排在一个叫"流水音"的院落。刘喜奎在心神不定地化妆，一个侍卫进来，说："大总统请您过去。"

在总统府的大厅，袁世凯正和一帮僚属打牌，周围男男女女一大群。莲步轻移，刘喜奎直接走到袁世凯面前，态度不卑不亢，问："大总统，有什么事？"袁世凯本来想让刘喜奎陪他打牌，但怕遭到拒绝下不来台，一时又想不出什么借口，只好说："没……没什么事。"刘喜奎怒道："大总统没有事，我就先告辞了。"说完，一转身，纤腰楚楚地走了。

倒是这袁世凯，本来想着调戏一下刘喜奎，却不承想被这小女子给问懵了，自讨了没趣。再后来，这位碰了一鼻子灰的袁大总统说："刘喜奎这个女戏子，当真是不好惹。"

这一世，身为戏子，台上的尽兴，台下的周旋，但女子就不能轻贱了自己。台上的她总比台下多情，面对那些痴迷于她的风华男子，刘喜奎也只当他们是台下看戏一场，散戏过客一人，即便是面对民国四公子之一的袁克文。

袁克文，正是袁世凯的二公子。传闻袁克文的生母是袁世凯任朝鲜总督时期所娶的朝鲜名媛金夫人，14岁嫁与袁世凯，后来到中国。金夫人身世凄苦，都传言道她是被袁世凯凶悍如虎的原配夫人打断了腿而抑郁而终。红颜薄命，却将她雪肤乌发的美貌遗传给了唯一的儿子袁克文。

这位不寻常的纨绔子弟，身长玉立，温文清秀。他白皙的皮肤，一双仿佛望穿了前生今世的黑眸，闪烁着耀眼的光彩，笑起来如弯月一般，肃然时却似寒星。直挺的鼻梁，绯色的双唇，轻笑间，如若鸿羽飘落，静默时，如若冷峻冰霜。

他因喜宋人王晋卿的名画《蜀道寒云图》而表字"寒云"，也可见其质清逸洒脱。袁克文长于诗文，写得一手上好的书法，且嗜书如命，为宋元巾箱刻本《周易》《尚书》《论语》《孟子》等八种专辟"八经室"藏之。他精于藏书和古玩，为古玩佳赏不惜一掷千金，与他袁府公子的身份相比，这位风华正茂的玉公子更是堪比纯粹的文人雅士。

这位袁二公子也是京昆名票，对于京剧和昆曲尤为擅长，徐凌霄曾在《纪念曲家袁寒云》一文中评价其为"善昆腔之曲家"。1918年前后，袁克文建立了"温白社"，座中往来之人全为梨园名士。在他眼中，刘喜奎固然是让人心动的绝色女子，然而更让他着迷的却是刘喜奎无人能比的唱功。作为门道人，袁克文听戏，不仅仅是凑个热闹，听个痛快。他听戏，听的是唱腔，看的是招式。刘喜奎红颜台上的英姿，折服了这位多情多才的风流公子。

即使再多的欣赏，再多的赞美，再多的追捧，袁克文这般知其艺、懂其心思的男子仍是没入了她的心坎。更何况那个刚愎自用的大公子袁克定、风流孟浪的三公子袁克良。袁克定扬言"不把刘美人弄到手，誓不罢休"，欲图纳其为"太子妃"；袁克良天天跑到戏楼等她，扬言说"我不结婚，我等着刘喜奎，我要等刘喜奎结了婚我才结婚"。遭到拒绝之后，袁克良仍不死心，又别出心裁，雇了一个乐队，整天围着刘喜奎吹吹打打。

幸运的是，南方革命军起兵反对袁世凯复辟，势如破竹。袁世凯忧愤成疾，于1916年6月因尿毒症不治而亡。

还有，民国副总统黎元洪也是南皮人，利用同乡关系，与刘喜奎攀乡亲、套近乎，托人向刘喜奎给他三儿子保媒，也被刘喜奎拒绝了。

还有，军阀冯国璋原本也想为儿子保媒，听说刘喜奎曾让袁世凯当众受辱，望而生畏，收起那个念头。

院子里石盆里的荷花，绿莹莹的荷叶被夏雨冲刷得一尘不染。那绿，绿得鲜艳，绿得翠嫩，绿得清新，绿得妩媚。冬来春去，花开花落，日子一天天地在刘喜奎的指间划过。可是，这样惬意而又轻松的时光，实在太短暂。

一年后的1917年6月，脑后挂着一条大辫子的张勋率领"辫子军"杀进了北京城，扶植溥仪复辟。

忙完"国事"忙"家事"，张勋意欲强娶风华绝代的"花魁"刘喜奎为妾。这一次，始终洁身自好的刘喜奎，还能轻松逃过劫厄吗？

早在 1912 年，张勋在北京江西会馆做寿，遍召京城名伶，刘喜奎也在其中。张勋对刘喜奎一见倾心，想纳她为妾。因刘喜奎坚拒，加之张勋被任命为江苏都督，统兵南下，这件事被放下了。南下后，张勋娶了一位名叫小毛子的秦淮名妓为妾，接着又纳了名旦王克琴做第三房姨太太。虽然连纳两位小妾，张勋对刘喜奎仍然色心不死。这次，回到北京后，张勋再一次向刘喜奎逼婚。

有关刘喜奎与张勋之间的故事，有很多情节被人们津津乐道。据说张勋当年逼婚，刘喜奎提出要张勋剪辫子，然后再论婚嫁。张勋被称为"辫帅"，脑后的那根大辫子是他的标志。他一向爱辫如命，当年号称"北洋之虎"的段祺瑞曾派人劝他剪辫，张勋闻言大怒："头可断，发辫决不可剪。"但让大家没想到的是，面对刘喜奎的要求，张勋却痛快地答应了。他同意剪掉发辫，还不惜撵走姨太太，只求刘喜奎以身相许。

在一曲轻曼舒缓的乐声中，她强忍泪水等待着张勋派来接她的花轿。然，就在这个时候，情况发生了逆转。整日里花天酒地的张勋怎么也没想到，他的军队居然被段祺瑞的"讨逆军"击败。不得已，他只好通电下野，灰溜溜地逃入荷兰使馆，继而逃到天津德租界地区，娶刘喜奎进府的愿望自然也就成了一枕黄粱。

就这样，宣统复辟的闹剧在仅仅维持了 12 天后，正式宣告破产，溥仪再次退位。而刘喜奎也再一次躲过一劫。

侥幸逃了张勋逼婚，刘喜奎却还是没有逃过那些达官权贵的追求。这一次，看上她的人是北洋军阀直系首领曹锟。身为梆子戏戏迷的曹锟已是六十花甲，他不仅将貌美如花的天津名角刘凤玮娶到手里，更对有着花魁之称的刘喜奎垂涎三尺。为了将她娶到手，曹锟不仅对其纠缠不休，更采取银洋攻势，将白花花的银洋，一筐又一筐地送到她位于北京骡马市的住宅。最后就连刘母也对曹锟要娶女儿为妾的要求点了头。

为什么？为什么她的身世总是这样坎坷？为什么到最后连她的母亲也要将她拱手送人？她的心在泣血。可是这一回，她又拿什么去相抗？面对成筐的银洋，张喜奎不见喜怒，静静地说道："要娶我当姨太太是万万办不到的事。软的也好，硬的也好，我都不从。到我走投无路的时候，我就以死相拒，看他怎么办。"

明娶不成，曹锟又生一计，以做寿为名，遍邀名伶前往曹府唱堂会，刘喜奎自然也名列其中。谁料戏一唱完，曹锟就露出狰狞面目，硬是把她留下，逞其兽欲。幸好曹锟的四姨太刘凤玮，向她伸出了援手。刘凤玮和刘喜奎是天津同乡，因家世贫寒，自幼学戏，专攻老生，曾经轰动京津。当她听说曹锟意欲强霸刘喜奎后，立即跑到曹锟面前，哭得一枝梨花春带雨，逼得爱妾心切的曹锟不得不放了刘喜奎，眼睁睁看着就要到手的佳人翩然而去。

窗外，雪花漫天飞舞，刺骨的寒风吹得她睁不开眼。心亦如死水般沉寂，想要拥有春蚕破茧成蝶的力量，却如无力的浮萍怎么也飘不到想去的远方。夜色依旧，一帘幽梦被挂在午夜的窗棂上，摇摇荡荡，诉不尽长夜的忧伤。那些失落与沧桑，在迷途里，仿佛枯了的蝶翼，只一回眸，便憔悴了她所有心思。

不尽如意踏桃枝

经历了匆匆聚散，尝过了种种滋味，人自然能够承担岁月的沧桑。却未想到，流年不变，山石无伤，不过自己却已是伤痕累累。

她或许本是佛前的一粒佛珠，带着灵气，带着修行，尘埃落定时却不知为何恋了尘间。丢下一身的修行，匆匆误入了红尘。孰知，世间红尘多无奈，几多情爱多坎坷，经历了情缘砺尽，记忆如风霜黯沉。她不甘心做一粒佛珠，佛前诵经，到了世间，她又不肯做一介戏子，被染了色彩。她的苦闷无人了解，旁人看到她，是芳华的容貌，是台上叱咤的名伶，只有她知道，自己不过一介女流，最终还是要托付一段姻缘。

"唉！"她轻叹一声，"还是把自己嫁了吧。"婚姻，对于她来说，即是归宿，又是保护。

曹锟堂会事件之后，刘喜奎就匆匆嫁给了一位名叫崔承炽的中级军官。这一年，刘喜奎27岁，崔承炽大她十岁有余。刘喜奎结婚的消息，顿时成了街头巷尾谈论的焦点，成了报纸娱乐版的头条。人们大惑不解：

如花之貌、如玉之骨的刘喜奎，就这么嫁给了一个要钱没钱、要权没权，而且相貌家世无一出众的崔承炽？

对于这次婚嫁，还必须提到另外一个人——陆锦。

陆锦，字秀山，直隶天津人，行伍出身。张勋复辟时，他支持张勋。张勋失势后，他重回北洋政府，任参谋本部次长。以后屡有升迁，晋升至陆军上将。1924 年，曹锟上台后，他任陆军总长，并担任总统府军事处处长。

刘喜奎与陆锦是旧识。陆锦的妻子名叫筱荣福，也是一个河北梆子艺人，刘喜奎同筱荣福在天津同台唱过戏，也因此结识了陆锦。不过，当时的陆锦只是天津警察局的一个便衣。任职北洋政府后，他"审时度势"，一路官运亨通、顺风顺水。却不想陆锦贪污军饷竟被他的一个下级公开揭发，一时闹得满城风雨，颜面扫地。

检举陆锦的这个人，正是崔承炽，黄埔军校的前身陆军大学毕业。陆锦不仅对刘喜奎有非分之想，当曹锟伺机霸占刘喜奎的时候，他又煽风点火，是头号帮凶。如今，见到有一位有识之士肯站出来揭发陆锦，刘喜奎心中大快，把素未谋面的崔承炽视为同道，渐生爱慕之心，打算将自己的终身交托给他。

关于刘喜奎嫁给崔承炽，还有这样一个传说。当时他已经 40 多岁，因为爱慕刘喜奎很久，不想错过这段姻缘，于是瞒了岁数，说自己只有 35 岁。他有肺病，而且在原籍有家室，他却告诉媒人自己没有结过婚。刘喜奎一向慎重，虽然敬慕崔承炽的为人，但终身大事也不能草率，于是决定请二舅代为相看。一听要相亲，崔承炽耍了个心眼，派自己年轻的勤务兵刘四代其前往。刘四身材魁梧，仪表堂堂。刘喜奎的舅舅一见此人，连连点头，不住地称好。刘喜奎听了二舅的描述，不禁撩拨起女儿家心事，她下定决心要嫁给崔承炽，心里憧憬着幸福的家庭生活。

结婚当天，拜罢了天地入洞房，刘喜奎迫不及待地掀起盖头，想要一睹舅舅口中英俊青年的风采。岂料，站在她面前的竟一下子变成了一个面孔黝黑、骨瘦如柴的半大老头子！与她自己想象的竟有天壤之别。刘喜奎惊愕地意识到自己被骗了，一阵天旋地转，一头栽在地上。

要说，刘喜奎为何会匆匆嫁给崔承炽，答案已如枯叶落地碾成泥，无人知晓。但是不论如何，刘喜奎现在已嫁作人妇，不再是舞台上任谁都能轻薄一番的戏子，总算是结束了无聊权贵对她的频频纠缠。

陆锦是个小肚鸡肠的龌龊男人，崔承炽不仅坏了他讨好上司的行动，而且还娶了他倾慕的女人，在陆锦看来，是可忍孰不可忍。很快，陆锦想出了一个歹毒的计划。他知道崔承炽身患肺病，身体经不起折腾。婚后仅四天，崔承炽就被陆锦遣出了北京城，前往江西明察暗访，看江西有无"兵变"。第二年五月，崔承炽从江西回京时已是第三期肺病了。抵京第二天，崔承炽到总统府去报告军情，马上又被遣往扬州视察。扬州之行结束，崔承炽还没有回京，又被遣往沙市视察兵情。后来，刘喜奎移居天津。当崔承炽从沙市回天津时，病得已不能自己行走了。刘喜奎派人用竹椅将他从火车上抬到家。陆锦之流得知崔承炽回到了天津，又发来一道命令，命他立刻到河南视察。当崔承炽从河南归来时，已面色惨白，就像快要燃尽的蜡烛。一个月后，崔承炽离开了人世。

今生无念，执手红尘，尽管露水姻缘，尽管无多牵手，但总是前世相欠，今生相会。本以为是朝朝暮暮，却不想是短暂停留。犹记得，那日，长空阴晦，那日，伤感碎碎，闭上疲惫的眼帘，不知道是哪一种缘分浅了，是哪一份情缘淡了。

崔承炽的死得意了陆锦，他当即遣人去了天津，只为乘虚而入。刘喜奎淡淡地说："陆大人一心想要我做他的二房，教他做梦也休想，甭说是二房，就是明媒正娶当他的正房太太，我也不屑为之。他要是逼急了我，拼着一死也要同他干上，害得人还不够吗！"

陆锦颜面再厚，也经不起这小女子这番轻蔑。此时的他，已经位居高官，也不想自己的前途就断送在刘喜奎的手中，被刘喜奎断然拒绝的陆锦，倒也是知趣儿，不再纠缠她。

从此，如花似玉的眷妇，许你深情不相负，独守一屋的冷。从此，尝遍凉意的女子，洗尽铅华锁心门，不再回念舞台的繁华。

自从崔承炽死后，刘喜奎守寡抚孤，足不出户，闭门谢客。红极一时的一代名伶，在戏剧舞台上销声匿迹。1935 年，为褒扬她的贞节，20 余个北洋军阀联合为她送了一方牌匾，横书"志洁行芳"四个大字。七七事变爆发后，刘喜奎改成崔刘氏，易名埋姓，隐居僻地，以摆脱世俗的纷扰。日本人探知刘喜奎隐居，重金礼聘，诱使赴日演出。刘喜奎严词以拒，说："他们既然对于我们的民族都不尊重，我何必去替他们搽胭脂抹粉……我拿他当作一个很凶恶的邻人。他随时随地拿凶恶的眼光瞅着我们，暗算我们。在这种时候，我只能以屈辱的心情踏上他的国土，那可叫做'商女不知亡国恨'了。"

此后，刘喜奎始终只身一人，余生寂寞凄凉，直至 1964 年病故于北京。传说，她所住的胡同里时常听闻深夜诵经读书木鱼敲击之声。

可曾有谁想到，这样一个孤苦的女人，当年面对黄金、权势岿然不动，身边走马灯般地走过数个大富大贵权倾天下的男人。

繁华了半生，凄凉了半世，这个女子不得不说是一个传奇。

孟小冬：昨夜星辰昨夜风

锣鼓声起，一曲《四郎探母》开场了。

只见舞台上，杨四郎身姿高挑，头戴黑素罗帽，身着青玄箭衣，腰间配挂墨绿宝剑，绦子大带，足蹬薄底快靴。眉目间透着秀丽，骨子里透着傲梅风韵，一个亮相便惊了台下的看客。"金井锁梧桐……"引子连得两个喝彩。接着，"杨延辉坐宫院……"大段西皮唱腔开始了。这嗓音特别高亢，声震屋宇，极富老谭气味。

又见舞台上，随着幕后一声"丫头，带路啊"，铁镜公主上场了。只见她青衣长袖，手执丝绸，兰花指处留余香；眉如翠羽，似蹙非蹙生忧愁，一双杏目，似喜非喜含情意；飘然起舞，转环如流风回雪，轻盈似春之扶柳。一句"我本当驸马消遣游玩"之后，右手举起丝帕向内一望，莞尔一笑，秋波一转，温柔尽现，当真令人见之忘俗。

台上的杨四郎英姿飒爽，却是那位二九年华、楚楚动人的美丽姑娘孟小冬；台上的俏公主，温柔可人，却是俊眉秀眼间顾盼神飞、举止间温和自若的美男子梅兰芳。两人在戏台上"阴阳颠倒"、钗弁互易，却又那般珠联璧合、耀花人眼，让台下看客看得如痴如醉。

绣幕芙蓉一笑开

1908 年，一个仪表堂堂、气度潇洒的年轻人，将自己的名字改为梅兰芳，从此这个兰质蕙心的名字再也没有退出戏曲舞台；在这一年年初，在上海滩一个靠近法租界的民国路一条弄堂中的普通楼房里，一个小女孩呱呱坠地，父母为其取名孟小冬。当时的人们还不清楚，这两人日后会有怎样错综复杂的感情。

小冬的家，可谓是唱戏的世家。当时，唱戏的还被称为"下九流"的行当，然而，在"下九流"的行当里，老孟家算是很吃香的。在孟小冬家，逢年过节聊得最多的，就是祖父孟七了，孟七可以算是整个梨园界的老前辈。

清末年间，随着戏班子如雨后竹笋般冒出，京剧的唱腔儿开始风靡整个北京城。从紫禁城里的皇族贵胄到街边儿做小买卖的生意人，从达官贵人的府邸到京郊乡下的田边，有搭台唱戏的地方就少不了看戏捧场的人。一时间，被人们称为"下九流"的戏子们也成了大家津津乐道的角儿。

孟七，老徽班出身，擅长武净兼武生，是清光绪、同治年间的红净名角儿。说起孟七倒也是有些故事。清朝末期，太平天国起事，激起了当时20多岁的山东热血青年孟七的热情。武班出身的孟七加入到太平天国，不过他的职责不是扛着刀枪干革命，而是在当时的"同春班"当了教师。

太平天国内乱迭起，终以惨败告别了历史舞台。孟七的革命梦到此结束，从此藏起了往日的激情，带着瘪瘪的包袱牵着自己的妻儿一路北上，在北京城里搭班演戏。

或许孟七天生就是吃定了红净这口饭，进北京城没多久便进了有名的"久合班"，在名角儿如云的北京算是站稳了脚跟。不过，北京在内忧外患的侵扰之下，已经逝去了昔日的繁华。微风起，当年从南方背着包袱出来，孟七此时又携家带口再次南下上海。

孟七的抉择是正确的，此时的上海和北京一样，大大小小的戏院都不乏捧场的观众。孟七有七个儿子，其中五个秉承了衣钵，成为上海滩小有名声的"孟家班"。

孟家鼎鼎有名的小女子，就出生在这别有一番韵味的孟家大院里。当小冬还在襁褓里，耳边响起的便是抑扬顿挫的京腔儿，眼前晃动的则是叔伯们习武的身影。时间如飞梭，渐渐长大的孟小冬在牙牙学语的时候，就跟着叔伯们一起随着胡琴吊嗓子，"咿咿呀呀"虽然稚嫩，但也一样顿挫有致。

9岁之时，小冬迈出孟家大院，跟着舅父（一说姑父）仇月祥和谭鑫培的琴师孙佐臣学习须生。小冬自小对京剧曲艺耳濡目染，这是她得天独厚的优势，但学京剧的本无天才一说，靠的是天资聪颖、勤奋好学。京剧本就是"台上一分钟，台下十年功"的苦差事，学戏又怎是吊两句嗓子、抻抻腰板的容易事儿？每一个动作，每一句词调，都有着严格的规矩。同龄的孩子玩耍嬉戏之时，小冬则是扎着马步汗流浃背，巷子里小女孩儿们凑成手帕交说着悄悄话儿时，小冬却捧着发了黄的戏本朗声背诵……

很快，刚刚跨过14岁年龄的小冬，终于像一只挣破茧缚的翩翩蝴蝶，褪去稚嫩与无知，在阳光下颤抖着轻盈的翅膀，充溢着满是色彩的美丽。

她登上了上海乾坤大剧场，一身老生打扮显出几分男儿的沉稳英姿，一句老生唱词儿虽带着些童音却醇厚适中。婀娜多姿，虽然略显稚嫩，但却已然有了傲然挺立的风姿，颀长的碧叶难掩阵阵沁香。

孟小冬很像她的祖父，一心想做自己想做的事。人生的充实在于内心的丰盛，而不是外在的拥有，得到时从容，放弃时不悔，把握今生，好好珍惜眼前的时光。

晨雾里，一滴露珠从嫩叶上滴下，摔在泥土地上四散开来。时间，就这样一天天地在迸出的露珠中逝去。1925年，孟小冬17岁。她越发落落大方，俏丽如若三春之桃，清素如若九秋之菊，有着螓首蛾眉之容，楚腰蛴领之姿。这一年，她义无反顾地登上了北上的列车，从温润的上海去往干燥的北京。

只是，孟小冬没有想到，在北京城里不仅有她想要学到的高深技艺，更有一段让她刻骨铭心的爱情正在等候着她的到来。

像一朵花，爱情突兀开了

不同于上海的绵绵细雨，六月的北京城是明媚的，满巷的槐花香刚刚散去，四合院里，香椿芽又清香涌动。

刚刚来到北京的孟小冬，就迎来了一场在北京第一舞台盛大的义务戏演出。大轴是梅兰芳、杨小楼的《霸王别姬》，倒二是余叔岩、尚小云的《打渔杀家》，倒三就是孟小冬和裘桂仙的《上天台》，连马连良、荀慧生等名角的戏都排在前面，可以说这场演出对孟小冬来说意义重大。

正值芳龄的孟小冬，翠黛云鬟，行走于梨园舞台上，扮的不是青衣花旦，却是那黑须老生。这样的她在温婉柔美上，更添了一份英气刚强。许多文人、记者为她倾倒，赞捧她为老生行的"皇帝"，称之为"冬皇"。孟小冬刚到北京城，就已经在京剧源地儿占了一席之地，营业戏卖座几乎与梅兰芳、杨小楼、余叔岩相持平。

声名鹊起的孟小冬，并未卑微地屈服在名誉之下，在演戏之余把所有的时间都用在看戏上。旁人看戏是看个热闹，她看戏却是看个门道，为了能够学习到余派老生，只要是余叔岩的戏，她场场必到，从不缺席。

然而，在余叔岩的戏中，总是能看到梅兰芳的身影。此时的他，已是红透大江南北的名角，而她，尽管在京沪唱响了名头，但与他相比，还是有着不小的差距。不过，在他面前，她从没感觉到局促不安。他令人如沐春风的笑脸与平易近人的言谈，总会给她一种清爽的感觉。或许，这就是一个男人的魔力。可自幼在戏班里长大的她见过的男人没有上万，也有几千，为什么以前从来没有如此这般地被一个男人深深吸引？难道，这就是所谓的爱情吗？

相遇，没有言语，只是惊鸿一瞥，便能锁定某些东西。比如时光，比如记忆。与意中人四目相对的刹那，清澈的双眸中，尽是柔情。从此，这样一个以花为貌、以玉为骨的小女子，将懵懂的心思洒在了温文儒雅的梅兰芳身上。

一天，政要王克敏的半百生日，大唱堂会戏。在酒席筵前，座中忽有人提议：让梅、孟合演一出《游龙戏凤》。

《游龙戏凤》是一出生旦对儿戏，唱做并重。梅常演此戏，多次与余叔岩合作演于堂会；而孟小冬在此前从未演过，但她真的是"艺高人胆大"，居然敢和梅大师"台上见"。

果然，这天，小冬演得中规中矩、滴水不漏，没有被梅大师掩去了光芒，反而在举止间无不透着飒爽英姿，这种魅力不带任何压迫。

"王""皇"同场，赢得了满堂彩。台下简直是开了锅，人人起哄，不断地拍手，不停地叫好。"梅党"的重要分子齐如山当场就向银行业大佬冯耿光说："六爷若肯做点好事，就把他们凑成一段美满婚姻，也是人间佳话。"好几个人马上附和。在他们心中，两个人就是天作之合！

孟小冬的美不是一般女子的美，她的美是一种带有男性味道的美，阴柔、隐忍中又夹杂着豪爽之气。她是外在鲜亮、骄傲，内心柔软、坚忍的优质女子，爱上当时最春风得意的梅兰芳是理所当然的事。在孟小冬的心里，梅兰芳就是她戏里的"白马王子"。想当时，梅兰芳有着男人的青春气傲，亦值得更好的女人相配。

花期如旧，骄阳如初，孟小冬在北京城收获了她的爱情。还记得，那些个烈日炎炎的日子里，他悄然于她身后撑起遮阳伞；还记得，那些个阴雨绵绵的日子里，他紧紧握住她的手于檐下避雨；还记得，一起登台演出堂会戏时，他总是含情脉脉地望向她那两汪如水的眸；还记得，她于花下勤练嗓子之际，却有他倚着一株青翠的竹，把那胡琴拉响……

突袭的爱情，如夜空的繁星，璀璨夺目；如大海般汹涌，起伏澎湃，洋溢着热烈的激情；如撩人夏日里盛开的花，鲜艳妖娆，散发着芬芳。

不过，孟小冬知道梅是有两房妻室的人，不禁感到为难。齐如山对小冬的父亲孟五爷道：第一，王氏夫人病体沉重，已在天津疗养，家里实际只有一房妻子；第二，婚后选择新居分开另过，暂时不住一起；第三，梅兰芳自幼兼祧两头，大伯梅雨田无子，如小冬过去，也是正室，并非偏房。

1926 年 8 月 28 日的《北洋画报》上有署名"傲翁"者撰文说，"小冬决定嫁，新郎不是阔佬，也不是督军省长之类，而是梅兰芳。"当天的《北洋画报》上还刊发了梅、孟各一张照片，照片下的文字介绍分别是"将娶孟小冬之梅兰芳（戏装）""将嫁梅兰芳之孟小冬（旗装）"。这可能是媒体最早一次对梅、孟恋情做肯定报道。

北京城的冬天不同于上海，北方的冬天虽然干冷，不过到了晌午时分，还是能感受得到太阳的丝丝暖意。1927 年，农历正月二十四，正是冷的时候，年仅 19 岁的孟小冬凤冠霞帔，嫁给了年长她 13 岁的梅兰芳。两人的婚礼很低调，没有奢华的八抬大轿，没有声声震天的锣鼓唢呐，更没有前来贺喜的亲戚友人。在那一群坚实的"梅党"的见证下，孟小冬与梅兰芳在离梅府几条街的冯公馆结成伉俪。

洞房花烛，红罗帐中，鸾凤和鸣，鸳鸯交颈。梅、孟二人少不得山盟海誓，说了许多白头偕老、终身无悔、永不变心之类的话。

爱正浓，情正切，来不及淡下心思细细品味，便把山盟海誓的爱情圈入了婚姻的城里。只是，这婚姻真的如诗词般美妙？真的如意愿般长久？

后来，正如孟小冬在回忆中提到的那样：当初的兴之所至，只是一种不太成熟的思想冲动而已。

婚后，两人并没有住在梅宅，而是住在了北京东单附近的内务部街。

嫁人之后的孟小冬，每日闲而无事的生活，离开了舞台就像鱼儿离开了水一样，让她略生厌倦。好在梅兰芳心知孟小冬的脾性，所以特意请了唱老生戏的名师鲍吉祥上门教她。这样一来，孟小冬既能够打发无聊的时间，又能够继续自己北上学艺的梦想。

孟小冬在小楼辟了一间书房，摆了红木桌椅，备齐了纸墨笔砚。每天，孟小冬都会按时临窗习字，待到晚上梅兰芳回来之后，两人便一同扎进小小的书房，或谈论梨园掌故，或推敲戏词字韵，或是墨笔下画出一幅幅的梅兰竹菊。

独门小院，两棵树，树下竹椅木桌，两杯茶。清茶溢出淡淡的香，孟小冬此时正捧着一本发了黄的戏词儿，细细地看着。院子里飘来了阵阵椿芽的醇香，孟小冬打了个哈欠，抬头看见那香椿树影中，爱人不知何时悄然站立，正含情脉脉地看着她。夕阳洒满天际，红霞透过西窗，她娇俏的脸上晕了红潮。

你若无情我便休

一场暴风雨，来得突然，来得急促，轻而易举地冲刷了世人眼中的绝配良缘，打碎了孟小冬和梅兰芳之间那千丝万缕的爱情。

世人并不知晓孟小冬正月嫁了人，只是过了二月却还不见她登台，方才有人捕风捉影地传出了些话儿。久久不见孟小冬登台唱戏，最终有人坐不住了。这个人叫作王惟琛，是京城里的纨绔子弟，平日里闲来无事就喜欢看戏，痴迷地单恋孟小冬。

单恋的人最易受伤，最易心疼。一天夜里，王惟琛携枪直奔梅府，为的是找梅兰芳理论一番。

这时候的梅兰芳正在缀玉轩内，与一帮"梅党"围着饭桌谈笑风生。一看王惟琛的架势，机灵的下人赶忙到了内堂通知了梅兰芳。"梅党"们觉得此人定是来者不善，几个人简单商议后，决定由"梅党"张汉举出面，去外面接待王惟琛。

就在张汉举刚出了内堂不多久，梅兰芳等人就听到一声枪响，随即，由冯耿光掩护着梅兰芳出了梅府，其他人马上报了案。王惟琛虽说是带枪到梅宅闹事儿，但却并没想过要开枪杀人，所以当他看见倒在自己枪下的张汉举时，也惊呆在原地。突然发生的"缀玉轩血案"结局没有任何悬念，大批军警涌入梅府，王惟琛被逮捕，不久被枪决。

这场血案闹得风雨满城，惊动了整个北京城，梅兰芳和孟小冬之间扑朔迷离的关系再次被架到舆论的风口浪尖之上。

最重要的是，"缀玉轩血案"，在梅夫人福芝芳的手中俨然成了一把反击的利器。对于福芝芳来说，嫁给梅兰芳这样优秀的男人，总会有种不真实的感觉。孟小冬的出现，让这种不真实越发强烈，就像是一枚炭烧的铁钉，生生扎入了福芝芳的眼睛。那种疼痛令人窒息，一刺到底，痛到心扉。但她终是个城府极深的女子，忍着疼痛，熬着寒天数日子。血案后，福芝芳一句简简单单的"大爷（梅兰芳）的命要紧"，赚足了舆论，赢得了"梅党"的支持。

梅兰芳知道血案与孟小冬并无直接关系，但是，他仍不能免俗，对孟小冬的感情也骤然冷淡下来。摆在梅面前的路不外乎三条：第一，与孟分手。第二，保持现状。第三，逐渐淡化。经过权衡考虑，梅兰芳遂接受"梅党"的提议，决定逐渐淡化因血案引起的诸多是非之言，于是留在梅府的时间久了，自然去见孟小冬的时间越来越少。

或许，害了孟小冬的不是做事不经大脑的王惟琛，而是她与梅兰芳之间没有根基的爱情。

感情淡了，孟小冬待在深巷中的宅院里消磨着日子，等待着梅兰芳的到来。梅兰芳此时正全力准备访美演出，事务繁多，拒绝了孟小冬的等待，也拉开了两人似胶如漆爱情的距离。

到了1929年年底，梅兰芳将赴美演出，又引出一件麻烦事：孟小冬和福芝芳到底谁跟梅兰芳访问美国，在全世界面前以梅夫人的身份亮相？当时已经怀孕的福二夫人为了能够随梅兰芳出访，毅然请医为之堕胎。事情到了这一步，简直带着血腥了。最后，梅兰芳只好两个都不带。

微风拂过，轻轻地掠过打湿的脸颊，那人并不曾明白她纤柔的心思。她只希望与那人琴瑟相伴，只想着留一纸清香，与他共画梅兰竹菊的淡雅。然，美好的际遇竟是错缘一场，若知是此结局，又何必当初你情我侬？若是已有当初，为何又如此冷落疏离？

1928年春节过后，小冬突然收到一份由家人转来的天津《北洋画报》，登有一则消息说梅兰芳到天津演出，在梅家当了七年"家庭主妇"的福芝芳时时伴随左右。

豆腐块儿的新闻，让孟小冬心灰意冷。原来，她当真成了被豢养在"金屋"的金丝雀，偏安一隅，与世隔绝，不与人交流。可她是个心态高傲的女子，怎肯心甘情愿地当了豢笼之雀？

孟小冬当即做了个很大的决定，那就是收拾整装，复出舞台。复出首演之地，孟小冬不容异议地说出两个字——天津。

当年孟小冬北上时，先是落脚天津，且一唱而红，所以在天津她有着一大票的老观众；更有甚者，此时的梅兰芳和福芝芳还逗留在天津，孟小冬选择天津，无疑是对梅的一种示威、反抗。

对于孟小冬的复出，求之不得的天津方面做了大声势的宣传。尤其是当年捧孟小冬为老生界"冬皇"的记者沙大风，特辟"孟话"专栏，诗文不断，文中直自称孟小冬为"吾皇万岁"。

孟小冬在津登台，声势极盛，演出的春和戏院连日爆满。在津演出期间，孟小冬出入各种交际场合，均作男装，不敷脂粉，受到各界赞美。

孟小冬就是这样的一个女子，清雅秀丽的外表，若梅如玉的气质，还拥有精湛的舞台技艺，谁肯错过这样的一个女子？旁人不会，梅兰芳也不会。回到北京城，梅兰芳亲自接回了孟小冬，还被孟五爷话中带"刺"地教训了一番。

品尝了情伤的孟小冬，最终还是原谅了梅兰芳，但失而复得的爱，似乎更加脆弱，不多久，这样的日子又被世俗生生打破。

剪了短发、头插白花的孟小冬，在骄阳之下步履匆匆，却见她面若冰霜，眼神黯淡。原来，孟小冬去往的目的地是梅府，只为拜祭一下梅兰芳的伯母。梅兰芳原来兼祧大伯一房（即两房合一子），伯父逝世后，梅把伯母当作生母奉养。

见到孟小冬前来凭吊，梅夫人福芝芳有令，谁人都可来梅府凭吊，单单不准孟小冬入宅院半步。福芝芳厉声说，"这个门，她就是不能进！否则，我拿两个孩子、肚里还有一个，和她拼了！"梅兰芳全然懦懦之气，并无半点男子气概，既不肯主动携孟小冬入门，又不肯训斥福芝芳的无理。

素衣清雅的孟小冬看着这一幕，心似浇了冷水，看着当年一起十指相缠比心的男子，如今却懦弱不堪，随着众人一样看她被福芝芳羞辱奚落。孟小冬嫁为梅家的人，却未踏入梅府半步。她本是诚心凭吊，却被横挡在大门外受尽凌辱，只得哭着出了梅宅大门。

他牵了她的手，却从来没有真正地当她为妻。一场珠联璧合的姻缘，竟是如此让人啼笑皆非。孟小冬从此一病不起，为了疗养，悄然来到了天津，过起了吃斋念佛的素静日子。

得知孟小冬下落的梅兰芳，不顾连日劳累，紧赶到了天津。孟小冬的母亲也乘车到了天津。在梅兰芳下榻的酒店，梅兰芳见到孟家老太太，百般哀求，叩拜求援。

孟小冬在母亲的开导与朋友的解劝下，终于破涕为笑。一场风波，始告平静。

一场风波由此平息下来。然而，她极为看重的名分，梅兰芳依然无法给予。要说，谁也不会心甘情愿地无名无分地被人豢养，况且，孟小冬本就是生性高傲的女子。

接下来的日子，两个人都心事重重，彼此并没有真心地谅解对方，不过是变成了貌合神离的相互忍耐。

漫漫岁月，有聚必有散，时间的残忍，让她明白分离是逃不脱的结局。终于，又是在冯耿光的一锤定音之下，两人结束了维系四年的婚姻。善变的冯耿光所持理由很简单，"孟小冬为人心高气傲，她需要人服侍，而福芝芳则随和大方，她可以服侍人，以人服侍与服侍人相比，为梅郎一生幸福计，舍孟而留福。"

四合院内，淅沥雨起，房檐下的水珠连成了条条细线。门外，如急雨般的敲门声响起。她知道他来了，却始终不敢开门。她害怕自己的一时心软就会让痛苦延续，隔着屋门，她说："我今后要么不唱戏，再唱戏不会比你差；今后要么不嫁人，再嫁人也绝不会比你差！"孟小冬的话，句句敲打着梅兰芳的心，那淡淡的略带着些冷漠的表情，让梅兰芳心底生出一种痛，原来不是不爱，只是忘了怎么去爱。

过了今夜，她为天涯，他为海角，两两相望，却不能相依，那是一种无奈的绝望；过了今夜，她为明月，他为清泉，形影相错，却永不交织，这是错了缘分的牵挂。

那一个雨夜，想来是可以大书特书的。只是红楼夜雨隔帘冷，错落开80多年的时光，今天的人们看不到事件的真相。

唯一知道的，是1933年9月在天津《大公报》第一版上，孟小冬连登三日启事："冬当时年岁幼稚，世故不熟，一切皆听介绍人主持。名定兼祧，尽人皆知。乃兰芳含糊其事，于祧母去世之日，不能实践前言，致名分顿失保障。毅然与兰芳脱离家庭关系。是我负人？抑人负我？世间自有公论，不待冬之赘言。"

小冬唱了太多彪炳忠义的故事，扮演过太多刚直不阿的汉子，那些戏文已经一点点渗透进她的生命，将她造化成一个一身傲骨的姑娘。

"是我负人？抑人负我？"原因并不重要，她并不一定要谴责谁，她只是已经看得真切，原来他也只不过是个俗世男子。

她有她的骄傲和倔强，好便是好，不好便是不好。你对我讲感情，我便不离不弃，你离弃我，我便决绝而去。

一念成错，红颜尽；一念成悲，心凄凉。待到数年后，两人再次相逢时，孟小冬已视梅郎为陌路，一生再未与语半句。不似故人偶遇在陌路，却似路人擦身过闲亭。

杜公馆里的不老新娘

所幸，戏剧，才是她唯一可以寄托的目标。所幸，前方还有余叔岩在等待接引她。

余叔岩是民国初年京剧界惊才绝艳的人物。她心中也一直期望有日可以身列余家弟子门墙。若可，这一生，也便了无遗憾。

几经周折，孟小冬终于夙愿得偿。1938 年 10 月 21 日，她正式拜余叔岩为师，成为大师的关门弟子。

由于多年的生活习惯，余叔岩往往到了晚上才开始给孟小冬说戏。北方冬日凛冽的冬夜，寒意逼人，呵气成霜，窗中的剪影，一个眉眼，一个手势，为务求完美总要从根底研究，终将字、腔、音三者熨帖融合，臻于化境。对于孟小冬这天生为戏而生的女子，余叔岩可谓爱护有加。已经是造诣极高的孟小冬，在余叔岩的评价中不过是"唱功可到七分，做工最多五分"。

五年里，孟小冬不论严冬酷暑，都如期而至地到余府学艺。这样刚烈的女子，忘却了"冬皇"的虚名，忘却了曾经的前尘往事，只认认真真地做一个真正的余派弟子。《一捧雪》一剧，单单是字音，孟小冬就整整学了三月有余。

余叔岩病势日深，孟小冬以弟子之礼，侍奉汤药一月有余。身为师长的他感其敬师之诚，把自己演《武家坡》中薛平贵的行头赠给她继承使用，以为纪念。

弹指挥间，曲艺尘散。余叔岩去世，恩师已不再。孟小冬在挽联中写道："清方承世业，上苑知名，自从艺术寝衰，耳食孰能传曲韵；弱质感飘零，程门执绻，独惜薪传未了，心丧无以报恩师。"寥寥几字，却足已言表她心中的哀痛。

邂逅过成就非凡的男人，这个女人也被留名青史。

孟小冬的传奇在邂逅梅兰芳之后，还有更大的波澜起，那就是和当时上海滩最知名的闻人杜月笙的相遇。

只是，此时的杜月笙不再是当年的那个人了。记得 1925 年，她在共舞台演艺，他只是台下捧场的小喽啰。而今，他已是旧时上海滩的一个符号，上海难上的风风云云，无不与他有丝丝关联。

很多年前，当她还是一位青涩新人之时，就如白莲一般开在杜月笙的心间。每次看孟小冬的戏，都让杜月笙心潮澎湃。虽说匆匆一幕戏，回眸，不过是台上台下，曲终人散，倾听，只叹一调离殇。却见孟小冬，一低眉，一回首，似是笑意更浓，却并不因他而回眸。

可，这已经足够，当不了情人，就当个忠实的戏迷吧。

自恩师过世之后，孟小冬常常北平上海两头跑。在她拜师余叔岩的时候，就听从师训，不能登台演出。当时友人也曾担心过她的生计，孟小冬却笑说，有贵人相助。那贵人，正是一直爱慕孟小冬的杜月笙。当余家女儿出嫁时，她送出满堂的红木家具。但是彼时她已久不演出，所花费的，无不是他无声的支持。

他是她一生的知己，20年了，他之于她的全是情深义重，始终润物无声地爱慕着她，怜惜她的甘苦，让多年漂泊江湖的孟小冬感念于心。

面对杜月笙的浓浓爱意，孟小冬不会不知，只是，早些年被情爱伤透了心，又怎么会轻易将自己托付出去。回忆曾经的岁月，滑落的是伤情的眼泪，飘落的是相思的忧伤，往事虽如烟，却绕在心尖，久久不能散去。

更何况，杜月笙的第四房夫人正是自己的异姓金兰姚玉兰。1922年8月，孟小冬赴汉口演出三个月，与女老生姚玉兰惺惺相惜，一见如故，竟拜了金兰。姚年长小冬4岁，她对这位小妹妹的才艺十分欣赏、钦佩。1931年夏秋之交，孟小冬为和梅离婚之事，南下上海，找到了她的结拜姊妹姚玉兰。而此时姚已嫁给上海大亨杜月笙，做了杜的第四房姨太太。姚玉兰说："打官司挺累人的。我看就让杜先生出面解决一下算了，还请什么律师？"小冬说："怎么好意思麻烦杜先生。"姚说："没关系！这点小事，对他来说，小菜一碟！"果然，一场一触即发的民事婚姻纠纷，在杜月笙的协调下就解决了。

虽然得不到孟小冬的任何回应，但是杜月笙并没有退却脚步，时时关注着孟小冬。1938年正值中日战争的战火刀锋，杜月笙带着姨太太们撤离到香港，但是孟小冬却回到了战火频仍的北平。人在香港的杜月笙，时时刻刻惦念着身在北平的孟小冬，多方打听她的消息。

1946年，杜月笙回到上海后，遣人给孟小冬发了信，让她来上海。此时，孟小冬爽快应邀去了上海。毕竟离伤心事已经过15年，此时的孟小冬没必要再将自己蜷缩在不属于自己的错误里。

到了杜公馆的孟小冬，感受到已经远离自己数年的温暖，她孤苦无依的心灵又有了依托。曾几何时，她蓦然察觉，原来温暖竟是如此沁人心脾，原来她一直怀念被关心的味道。看着结交的金兰姐妹，看着痴迷她20余年的男子，心中被暖意塞得满满的。

原来生命中真正的如意君，正是那个一直迁就自己的人。也许应该说一声谢谢，但她的骄傲告诉自己，他所要的不只是那两个枯燥的文字。他在等待，她也在等待。

1947 年 9 月，杜月笙六十大寿，遍邀国内有名的京剧唱将，在上海中国大戏院举行"南北名伶义演"。久未登台的她，特意排练《搜孤救孤》半年之久，想要好好酬答呵护她的人。

台上的人，句句珠玉，阳春白雪，将感情挥洒; 台下看客，陶醉入迷，如痴如狂，被精湛折服。

只可惜，最精彩的亮相，不过只是烟花刹那一瞬间，只是乱世中的又一场广陵绝响。

往后，在杜家的客厅里，常常传出她与戏界旧友的咿咿呀呀，她最后的柔情在这里倾泻散尽。

祝寿义演一别，孟小冬起身回了北平。杜月笙更是万分难舍，萦念伊人，正巧赶上平津战役爆发，北平俨然成了战争中心。担心孟小冬的安危，杜月笙特派专机将孟小冬接到上海。

镜中伊人，月容花影，风韵犹存。洗尽铅华，历尽沧桑，情愫如风悸动。此时，又该忘却谁？又该惦念谁？

后面的日子，是她要酬答他的知寒知暖。她对一切都淡而化之，只静静地于每日中陪伴那个懂她、慕她的新良人。她辉煌的生命，趋于平和，走向暗淡。所有的哀怨，不过是看着她的新良人慢慢走向衰老。

据说，在杜家她一直沉默寡言，对一切看不惯、听不得、受不了的事情都漠然置之，只为自己说过一句争辩的话。1950 年，身在香港的杜月笙决定移民法国。一向冷淡傲然的孟小冬说了一句话，这句话不是别的，而是向她守候了近三年的男人要个名分。她说："我跟着去，算丫头呢，还是算女友呀？"

这句话，她原是说不出口的，但经历了那么多的恩爱情仇，终归还是不甘心的。也许，此时此刻，她又想起了梅兰芳，她婉转地描了眉，敷了粉，在杜家的堂会上轻提了嗓，唱一句："妾身未分明。"

杜月笙一愣。这个年已花甲的男人，被人搀扶着下了病榻，颤悠悠完成了拜堂。新郎 63 岁，新娘 42 岁。孟小冬故事里的一个关键词——名分，才终于有了着落。

此时的英雄已非盛年，不过是一年逾花甲的病翁。两人都是看尽人间春秋冷暖之人，深知最为可贵的是何物何情。就这样在对着、看着、慕着的时光里，你怜我我怜你，真正地忘情于彼此。此后她又赴台北，并在那里结束了耀眼的一生。

至于那位曾经念念不忘的梅郎，在香港，也还曾一面相逢。那是1956年打开中日邦交，受周恩来总理委托，梅兰芳特在香港转机时挑了个时间去看她。

前缘难了，一切却已无可说，亦无须说。心中纵有波澜万丈，面上却只能淡淡地道一声"好久不见"。他不知道，她卧室里只摆放两张照片，一是恩师余叔岩，一是旧爱梅兰芳。想来孟小冬的心底是放不下梅兰芳的，然而那年那月那时光，却在她执着地索要名分的瞬间，悄然流逝。那情那爱那相思，只能深深地埋藏心底，说不出口，也无从诉说。而她亦不知道，据梅兰芳的管事说，孟小冬演了两场《搜孤救孤》，梅兰芳在家听了两次电台转播……

当暮年的孟小冬一个人独守着那份寂静，她早已不是当初那个从上海走出去的名伶了。梅孟、杜孟的故事，只若繁花落尽，空余纤尘了。

露兰春：情有多深，命有多劫

他是大上海的青帮老大，披荆斩棘，过五关斩六将，却没能逃得了爱情的迷药，被一位年轻貌美的女戏子撩到了。

她是舞台上的翩翩精灵，娉娉婷婷，挥洒轻盈水袖，演透或爱或怨的豆蔻佳人，为了另一个他飞蛾扑火，最终赢得了属于自己的爱情。

似水流年，彼岸花开，谁是谁的缘？谁又是谁的劫？阡陌红尘中，选择谁，爱上谁，牵挂谁，忘记谁……相互厮杀也好，生死相随也罢，只需为爱付出，就应该无怨无悔。

那一刻的豆蔻年华

北方，乡村；傍晚，寂静。

一对母女，手牵着手，慢慢地行走在乡间的小径之上。小女孩脸上泪迹未干，母亲的脸色同样是满满的憔悴。两人的身后，一座不大的坟头前，刚烧过的纸钱还闪着点点的火星儿。两人的影子，被惨淡的夕阳拉得很长很长，投射在干枯的柴草之上。一瞬间，即便是两个人，却也透着说不出来的寂寞。

天气，寒冷而寂落。步子，单调而沉闷。乱世之际，这一双失去了丈夫和父亲的母女，离开了一直生活的村庄，奔向了陌生的城市，可是前方有谁肯收留可怜的她们？

女孩和母亲从家乡出来，一路向南，最终来到了春暖如画的江南，到了有天堂之称的扬州，投靠亲戚。虽说亲戚也是贫苦人家，好歹有个长久的住所，母女俩再揽些活计，日子过得很平淡，却也不再为食宿而犯愁。

原以为母女俩就这样相依为命过完一生，但苍天还是捉弄了小女孩。不久，母亲也永远地离开了人世，小女孩最终失去了可以依靠的臂弯，孤孤单单一个人留在乱世之中。

没了母亲的小女孩再是乖巧，也是给人家多添了一人的口粮。贫苦的亲戚无奈之下将她卖给了上海的一户张姓人家做养女。

说起来，这户人家倒是也不错。小女孩儿进了这张家，有了一个像样的名字——张佩华，这一年，她9岁。至此，颠沛流离的生活结束了，忍饥挨饿的日子也终于过去了。

张佩华的养父名叫张师，在上海法租界巡捕房当翻译。早年，上海大亨黄金荣也当过法租界的巡捕，有了法国人当盾牌，他在上海滩势力日盛。后来，那些年轻的法租界巡捕，无不以攀上黄金荣的"高枝"为荣。张师成为巡捕房翻译以后，顺理成章地成了黄金荣的"小字辈"。

张师素来跟黄金荣的关系不错，平日里也会偶尔带着小佩华去黄公馆拜见这位黄公公。黄金荣的上海共舞台开业后，张师夫妇经常带着佩华去看戏。

那一声唱腔，如一缕清风，穿越了沉烟，切入了佩华的心底。兰花指轻柔，双眸满含情，悸动了她的心思，笑泪随台上舞袖飞扬，懵然惊醒，想来是迷上了这台上的如絮若梦。佩华听得认认真真，看得仔仔细细，恨不得自己是台上之人，演绎着那抑扬顿挫的情怀。

戏看得多了，天资聪颖的佩华自然也就会唱个一二。

机遇总是留给有准备的人，这句话用在佩华身上一点也不夸张。

那是一次黄公馆的家宴，佩华和养父张师也应邀参加了，大家吃得热闹，自然也要有些节目，佩华为了给宾客助兴就唱了一段。不承想，这一段吟唱，成就了她的名伶梦。黄公公听佩华唱过一段后，打量了小丫头一番，见她相貌俊秀，身姿婷婷，当下决定让张师为她请师授艺。

于是，佩华被送进了有名的"宝来坤"，习京剧老生。这时候佩华已经有了自己的艺名——露兰春。这名字的来头却也不小，是当时黄公公给她起的。黄金荣看她容貌清秀雅致，如兰花一朵，点点素色染春水，让人心生喜爱，大有以露水春兰配娇俏佳人的意思。

风情万种是兰春

露兰春当真是位佳人，虽娉袅小女十四余，却碧玉梢头三月春，如若春风桃花瓣，卷上珠帘总不如。不似湘水媚，却比西子淡，瓠犀青丝唇皓齿，双蛾颦蹙翠蛾眉。粉颊如莲，素肤如凝，绰绰身姿，轻盈飘逸不自持。

这样的小女子，告别了曾经潦倒的生活后，到了衣食无忧的张家，就能把那份闲情逸致挥洒得淋漓。晨晓破、霞光掩，她手捧戏文，面露欣喜，沉溺在淡淡墨香之中。暮色浓、月皎洁，她舞袖飞扬，兰花指柔，搁置在戏词情怀之间。

几年间，在宝来坤班，她守住了学戏的那份寂寞，也扛住了学戏的那份苦楚。久而久之，也就乏了，期盼着能够挂牌上台，一展身姿。终于，在她 14 岁这年挂牌登了台。

露兰春第一次登台去了天津，在升平茶园，演的是《文昭关》《战蒲关》等唱做繁重的老生戏。却见台上她扮相俊美，身着老生戏服，英姿飒飒，一笑一颦，一招一式，眉目之间显英气，双眸之中含霸气。一开嗓子，那一声唱腔，醇厚如清风，穿越了沉烟，真真让台下叫了绝。

露兰春的第一次登台算是大获全胜，之后被冠以"京津著名坤角"出演于各大剧场舞台，并频频地跑堂会，一时间声名鹊起。在北方唱出了名气，还是要回到上海的，繁华的上海和充溢古老气息的北京城全然不同，上海的风情万种在这霸气显赫的皇城根儿里是找不到的。

回到了上海的露兰春，当起了黄金荣的上海共舞台的台柱。十多年前，一位懵懂女孩的心思在这里悸动，从此迷上了这台上的如絮若梦。而如今，这女孩已然是台上的主角，兰花指轻柔，双眸满含情，演绎着那抑扬顿挫的情怀。

娇俏佳人，时年二十二，正是桃李年华之岁。比起之前，眉角添了几分柔媚，唇间添了几分妖娆。却见她双髻如垂杨，素妆如粉黛，身材如描似削，举止间尽是万千风情。

这样的露兰春，让黄金荣动了心。要说，这位上海大亨什么样的女人没见过，什么样的女人没碰过，但就是从来没有人像露兰春一样，让他生生动了心思。

再清丽不过是戏子一枚，再妖娆不过是做戏一场。已过天命之年，怎还如弱冠少年郎，却还是忍不住迷了心间，动了万缕情丝。

露兰春登台后，黄金荣破了天荒，放下了架子，亲自到戏馆为露兰春"把场子"。只要是露兰春的戏，往往是从头看到尾，一幕不落。

权势大亨，被小小戏子所迷，自然也就引得许多人对露兰春的好奇和关注。一时间，上海的各大小报上，纷纷刊出了露兰春的倩影玉照，不管是台下的娇俏妩媚，还是台上的英姿飒爽，几乎每天都能从报纸上寻到露兰春的靓照。

露兰春是个心思敏微的妙人，自然知道黄金荣有意力捧自己，绝对不是菩萨热心肠，自己无权无势，逃不过那纸醉金迷的情色。那黄公公一脸横肉上散布着几颗大麻点，加上粗阔的嘴唇，露出一口黑牙，这么一副丑陋的嘴脸，要与自己的青春联系在一起，就使小女子生了厌恶感。可在当时，她抵触又能如何呢？伶人本是弱势，受欺凌是常有的事。即便真的拒绝了黄金荣，在旁人眼里，自己已然是傍了大亨的金丝鸟。

活在乱世，父母双亡，小小年纪的她，早就学会了乖巧圆滑，学会了审时度势。娱乐圈尽管如大染缸一般繁杂，她总是能游刃有余。就这样，露兰春于实于虚，心不甘情不愿地成了黄金荣的人。不过，露兰春从来没有想过嫁给他，只想着有朝一日，能够摆脱他的控制，如今的含辱屈身，不过是一时的委曲求全罢了。

大亨"跌霸"，全是为了她

蜚言，铺天盖地；宿命，避而不及。是谁的眷恋，是谁的厌倦，总有一件事，让人痛了心扉，让人冷了心意。

一个"跌霸"，一场纠纷，把露兰春顶到了舆论的尖儿上。"红颜祸水"，成了露兰春的代名词，黄金荣也由此日暮西山，不复当年雄勇。

在上海滩，黄金荣固然威风八面、不可一世，但比他厉害的角儿却也多了。卢筱嘉，就是一个比他厉害的角儿。

卢筱嘉，与孙科、张学良、段宏业被时人称为"民初四大公子"。这位卢公子的家世十分了得，乃浙江督军卢永祥的儿子。当时的上海、浙江都在卢永祥的控制之下，上海的最高军政长官、松沪护军使何丰林就是卢的部将。说得夸张点，卢永祥跺跺脚，上海都要抖三抖。凭借老子的势力，卢筱嘉在申城过着声色犬马、一掷千金的生活。对于喜欢的女人，这位卢公子毫不吝啬，出手阔绰，自然是与上海的名媛伶人们都有些风花雪月之事，剪不断，理还乱。这位卢公子平日里喜好听戏，到共舞台看了几次戏。露兰春唱的是老生，但风情做派，一吟一唱，自有别样的媚人娇柔。卢公子有心与佳人共度一良宵，戏台上下，送花约会，展开了猛烈的攻势。

一日，露兰春在共舞台演出《镇潭州》。这原本对露兰春来说，是一场轻车熟路的戏目。也许是身有小恙，露兰春一个不留神，竟然唱走了板。露兰春慌了神，还不等她将戏文调整，却听下面一位年轻人阴阳怪气地喝了倒彩，刺进了她的耳。

年轻人，正是卢筱嘉。只见这卢公子五官分明，脸如雕刻般，有棱有角的模样，当真俊美，可双目满是放荡和轻佻，伴着眼角间的轻笑，一声声地喝倒彩。

那一天，黄金荣就坐在场子里"抱台脚"。谁吃了熊心豹子胆，敢在太岁头上动土？黄金荣当即怒气冲天，气势汹汹地就冲进了卢筱嘉的包厢。一见是个翩翩的青年小生，不问青红皂白，直接上前一把揪住，狠狠地扇了他两个耳光。卢筱嘉只带了两个保镖，见黄大亨人多势众，"光棍不吃眼前亏"，挨了打，低头出了共舞台。

关于黄金荣在共舞台打卢筱嘉一事，不同的书籍各有说法。除去上述喝倒彩一说之外，有的说是卢筱嘉为露兰春大声喝彩，行为张狂，忘乎所以，被巡场打手扭送到黄金荣处，黄一台手便是两巴掌。还有的说，露兰春在表演时，与卢眉目传情，卢也情不自禁大喊叫好。怒火中烧的黄金荣，一气之下惹出了掌掴小卢的闹剧。

至于这件事情的结局，也是众说纷纭。最为人津津乐道的是以下几种：从共舞台出来后，卢筱嘉径直跑到了位于龙华的护军使署，向何丰林告状。何丰林觉得事情重大，他不敢擅做主张，立即报告顶头上司卢永祥。卢永祥一听说儿子遭黄金荣欺负，火冒三丈，马上令何丰林率军包围共舞台，把黄金荣逮到龙华，欲置他于死地。何丰林之母吃斋念佛，听说黄金荣也时常出入庙宇，又是法租界捕房的要员，这才让儿子放了黄金荣。

另有一说是卢筱嘉带领便衣军人冲进共舞台，将黄金荣架走，关在护军使署里，狠狠吊打了一顿。更有甚者，称卢永祥调动装甲车把共舞台围了个水泄不通，借机大敲黄金荣的竹杠，开价10万银圆。大兵压境，黄金荣只得乖乖交钱息事宁人。

那么事实究竟如何？首先，黄金荣与卢永祥、何丰林的关系非同一般，他们相互勾结大做贩卖鸦片烟土的生意，尤其是黄、何二人还是义兄义弟。黄金荣拜何母为义母，凡遇名角来共舞台演出，黄金荣总要将何老太太接去看戏，殷勤侍奉。因此，卢永祥与黄金荣并未在此事上大动干戈。根据一些亲历者的回忆，此事的下文大致是这样的：卢筱嘉事后是向何丰林借了兵，准备教训黄金荣一番。何丰林虽不敢得罪卢公子，但也怕义兄吃亏，所以把风声放了出去，上海各界闻人纷纷替黄求情。黄金荣失手打了卢筱嘉后，也是追悔莫及，第二天就亲至龙华"自首"，称自己是"酗酒逞凶"，托义弟何丰林向卢谢罪。

黄金荣操办的烟土生意是卢永祥的一笔大财源，他岂能和黄闹翻自断财路呢！但卢又爱子心切，堂堂督军也不能因此丢了面子。最后，他想出来一个"辕门斩子"的办法。卢永祥借口儿子无权调兵，违犯军纪，要枪决卢筱嘉。何丰林等赶忙替卢公子求情。卢永祥仍故作姿态，非杀儿子不可。解铃还须系铃人，黄金荣不傻，他向卢永祥负荆请罪，要求赦免卢公子。卢永祥这下算是达到目的，自然卖了黄的人情。黄金荣还在护军使署住了两天。社会上不知情的人，还以为黄金荣被押往了杭州。

不管如何，黄金荣为了女人争风吃醋而"跌霸"，被小报渲染得满城风雨。从此，黄金荣慢慢退出江湖，大佬地位被杜月笙所取代。

水浪激荡，山石毫发无伤；光影蹁跹，草木时枯时荣。青梅煮清茗，闻着是飘然的淡香，尝着却是带着淡淡的苦。颜面丢尽的黄金荣，对露兰春的爱意没有减淡反而更浓重了，但是露兰春依旧是波澜不惊的女子。

事发后，露兰春又是否与那风度翩翩的卢公子一度春宵？答案也是"没有"。虽然露兰春对黄金荣百般厌烦，但她却是个头脑清醒的聪慧女子，黄金荣"跌霸"闹得满城风雨，她已然被架上了舆论顶端，万不可再生是非。再者说来，风流成性的卢公子对她本就无心，面对有权有势而无心的人，她心如明镜，避之唯恐不及。

时节微凉，往事如春茗，一壶清茶，泡尽情爱恩怨。秋风吹过，黄叶落尽，绝色伶人已被时光洗去了铅华，清丽而明净。本以为不过是人生匆匆，聚散难料，尝过尘世间的重重苦涩，才知道，自己已经厌倦。

听说，你曾爱过他

他是一阵风，吹过了她的耳际；她是一片云，试图怀抱着他。云又如何挽住风的随意？转眼间风逝云消。那人闯进了露兰春的心底，想着，要衍生出一段情，便在初春种下了一粒种子，到春末却还没生出半寸枝桠，原来，种子早已腐蚀在了黄土之下。就像是这段感情，没有发生，便已经结束。

露兰春也许一生也忘不去荀慧生的模样，那俊秀间的点点温柔，眉目间的和润如玉，笑容可掬的脸上总是带着淡淡的幸福。荀慧生所拥有的，是露兰春所没有的，所以，回回看到这个脸上写满幸福的男子，露兰春的心里便如小虫撕咬，她何尝不想拥有这样幸福的表情。

这一年，"三小一白"南下上海演出。这个温润如牡丹的男子，在上海创造了"万人空巷看荀郎"的奇景。不光是台下的观众追捧迷恋荀慧生，就是台上的名角儿也是对他频频示好。

尤其是露兰春，只要是荀慧生出现的地方，她也会以名伶佳人的姿态出现。目光所到之处，净是荀慧生的身影。明眼人一看便知她对荀慧生的心思。后来，杨小楼离开上海时，特别叮嘱荀慧生："十里洋场，花花世界，我等一去，你要格外小心。"

荀慧生将一番话语铭记于心，在十里洋场上海滩，风华正茂的荀慧生越演越红。虽然处在一片追捧和迷恋声中，但是他谨记杨小楼的叮嘱，不被醉香铜臭所感染，不被灯红酒绿所迷惑。

荀慧生和露兰春之间有了第一次合作，是在天蟾舞台。戏目是《四郎探母》，露兰春演的是被困塞外的铮铮男儿杨家将，荀慧生演的是通情达理的温柔公主。

台上，异邦公主眉眼含羞，丹唇微启，耳坠明珠摇曳，十指春葱纤细。杨家儿郎冷峻寒冰，质傲如霜，英气回荡却不失柔美，果真是流落在外的刚性男儿。

一场戏演得出色，看得观众连连叫好。这一剧《四郎探母》大获全胜，请两人同台唱堂会的也就多了。露兰春从来不放过每一个与荀慧生同台的机会，对于她来说，只要是能看到荀慧生就是此间最大的幸福，况且与之台上演绎颠龙倒凤的爱情戏目，想着都觉得幸福。

只是，男女之间相处得久了，自然会生出些好感，有的算不上暧昧，却也逃不出悸动；有的算不上情愫，却也在朦胧中想念。更何况露兰春和荀慧生，一个是芳龄佳人，娇俏容颜藏妩媚；一个是风华正茂，温润男子含深情。一来二去，露兰春的心思慢慢地就不再满足于同台演绎，倘若在台下也能与荀慧生如台上般，倾情切切，浓情依依，岂不是了却自己的一生姻缘？

黄金荣差人发来了帖子，请荀慧生与露兰春唱一场堂会，选的剧目是《游龙戏凤》。

在排练中，露兰春对荀慧生越发痴情，借机吐露心声。她含着眼泪，非常认真地说：“我是个好女人，我想找个好男人。我爱戏，可女人不能唱一辈子戏。我想找个人品好、戏也好的男人。见到你我就迷上了，你大我一岁，慧生哥，我命苦，长这么大都不知道亲爹亲娘是谁。慧生哥，你要了我吧！”

假戏真做，他始料未及，但还是很理智地说：“你的心意我知道，但是我有妻子，很快就要有孩子了。”

“做二房我也心甘情愿，我也会给你生孩子……”她完全抛开了矜持，宁愿屈身为妾，只盼着能与荀郎共结连理。

她又问：“如果我们能在恰当的时间、恰当的地点、恰当的场合，相遇在一起，会不会在一起相恋？”

“时光恍若隔世，或许会吧，只是没有如果！”他说。

泪光滑过她的脸颊，在发黄的灯光照耀下，显得晶莹剔透。

担心露兰春再起心思，荀慧生推脱了这场堂会。黄金荣听了大怒，大骂"白牡丹少调教"。

为了保护荀慧生，露兰春声称这堂会是自己不想出演的。黄金荣问她为什么，露兰春带着有些凄惨的笑意，回了一句，想嫁人了。

没过几天，露兰春给荀慧生送来一信，告诉他，自己要嫁给黄金荣了，请他出席婚礼。

荀慧生百感交集，不知所措。

正当荀慧生为参不参加这场婚礼愁肠百结时，老舍来看望他。荀慧生把露兰春的事讲了，问老舍该怎么办。老舍提笔写了一个字：避。

于是，荀慧生带着剧团到杭州演出，避开了这纸醉金迷的大上海，也彻底避开了敞开心扉对他倾诉真情的女子。

只是对于露兰春而言，荀慧生不过是她人生的过客，风雨中，红尘路上，一位匆匆的过客罢了。没有冷暖爱恨，没有五味情仇，有的只是无意间的擦身而过。她与荀慧生之间有一堵墙，不是荀慧生的娇妻，不是霸气的黄金荣，而是一种对爱的感悟和态度。

彼岸豆蔻，谁许谁地老天荒？此去经年，谁伴谁天涯海角？只道是情深似海，奈何缘浅于此。只道一声"君安，勿忘"。

为爱拼争的"小白狐"

露兰春结婚了，新郎就是那个给了她名声和荣耀、也毁了她青春和爱情的黄公公。

说起黄金荣的起家，离不了另一个女人，就是他的妻子林桂生。当初，黄金荣是一个不起眼的巡捕，而林桂生虽无花容月貌，却有八面玲珑的心思，开了妓院，还卖烟土。一来二去，两人就走到了一起。林桂生的野心，比一般男子都要大，他发誓要让自己的老公在上海界有名气。后来两人就干开了烟土生意。伴在黄金荣左右，她为他出谋划策，为他指点迷津。果不其然，烟土生意越做越大，黄金荣成了上海滩上人人听之敬三分的大亨。成就了黄金荣的林桂生，虽然是著名的"白相人嫂嫂"，却还是能放下身段，一如既往地做他背后的女人。

黄金荣显赫上海滩之后，什么样的女人没见过，什么样的女人没碰过，但林桂生不在乎他的逢场作戏，毕竟她是与黄金荣一同打了天下的女人。她知道，与各色女人逢场作戏，也是混迹于社会不可或缺的手段。她也知道，无论他在外如何风流，但心终归还是属于这个家。只是，露兰春的出现，让林桂生感到了不安。她看得懂，黄金荣的眼神中对露兰春的迷恋日益盈满，对家的眷恋慢慢地消散。这一次黄金荣并非简简单单地逢场作戏，只怕是假戏真做。

　　有些男人是这样，在功成名就的那一刻，忘却了携手艰辛的糟糠之妻，看到花红柳绿的女子，便将曾经的同甘共苦忘得不留半点痕迹。男人嫌弃了白开水的无味，贪恋着淡茶清香，痴迷着浓酒醉香。

　　对于黄金荣来说，林桂生无疑是那杯白开水，而露兰春就是青梅春茗，就是浓郁烈酒。为了这杯醉人的春茗、甘烈的浓酒，他甘于沉沦，不惜放弃江湖。

　　黄金荣与露兰春同居，当然瞒了林桂生。但不管做得多么天衣无缝，林桂生还是知道了。林桂生带人砸了"金屋"以泄私恨，在家中更是对黄金荣不依不饶，连哭带骂，拳打脚踢。几十年的温存烟消云散，几十年的姻缘满目疮痍。

　　黄金荣铁了心要娶露兰春，请来杜月笙当说客。但怎知，林桂生坚决不同意，直截了当地说："黄金荣再讨十房八房小老婆，我都不反对，就是不许讨露兰春。"

　　而另一边，露兰春提出了两个条件：第一，要从林桂生手里接掌黄家全部财权；第二，自己是清白女儿身，要正式举行婚礼，坐龙凤花轿。林桂生与黄金荣结合，既未坐过花轿，也未举行过婚礼，这样一来，按中国传统观念，林桂生岂不成了偏房。可就是这么离谱、苛刻的条件，黄金荣想都没想就答应了。

　　林桂生的心，寒了。她对黄金荣的情意，不浅。可如今，自己人老珠黄，黄金荣正如猛虎出山，而露兰春呢，如小白狐那般骄傲地看着她与黄金荣，每个眼神都有让她愤怒的挑衅，举止间都透着一股妖媚的嚣张。

　　林桂生经历过大风大浪，当真是个不简单的女子。她参透了那小女子的一番心思，知道她并不愿意嫁给黄金荣，提出这两个离谱的条件，正是小狐狸设下的陷阱。只要她林桂生不点头，不离婚，黄金荣就永远娶不到露兰春。可是，即便自己不点头，不离婚，那个枕边人，心已飞走，情已断绝，往后的日子又有何意义？

好吧，离就离，散就散，这个牢笼可是你小白狐自己投进来。不得不佩服林桂生，她冷笑一番，转身走得彻底，决然同黄金荣离婚。

得知林桂生的抉择后，露兰春觉得天都塌了。她只得硬着头皮嫁入黄公馆。富丽堂皇的黄公馆，一妻之室的名分，这些本不是她想要的。人越是不在乎什么，就偏偏能够轻而易举地得到。

那一日，鞭炮声声，宾客盈门，她凤冠霞帔嫁入了黄公馆。大红的喜装，映红了新人娇俏的脸，只是脸上带着丝丝的哀愁。宽大的喜床，并无半点温度，手触过丝滑的绸缎，心一下子冷了，泪一下子轻落。

本是新婚燕尔，却不见露兰春脸上露笑意，虽然掌管着黄公馆财权，但丝毫不见她半点开心。露兰春突然变得忽冷忽热，喜怒无常，肆意发泄心中的委屈和不甘。她只是希望惹怒黄金荣，好让他一纸休书休了自己，不过她这只小狐狸还是算错了一步棋子，黄金荣对她宠溺到了极点，把她耍性子、闹情绪看作是新人的撒娇。

局外人都看得出来，年方二十五的她，正值踏春思秋的年纪，心中渴望的不是荣华富贵，不是深宅大院，而是一段让她刻骨铭心的爱情。杜月笙就说，黄金荣迟早栽到这小女子手里。

短暂的婚姻维系不到三年，耐不住寂寞的露兰春终于红杏开出了黄公馆。

薛恒薛二公子是在秋末时分，踏着满地的枯叶，静静地来到了露兰春的窗下。那安静的相视，那流光的眼眸，分明充盈了浓浓的爱意。他陪她聊，逗她笑，希望她能笑容永驻，青春不输芳华。

露兰春被突如其来的爱情砸到了。露兰春不是不感动，只是不敢轻易托付。如果遇人不淑，就将自己逼上了绝路。然而，他之所以敢闯龙潭虎穴，向她表明一腔爱意，完全是对她的一片痴情。就算让他粉身碎骨，也是绝无半点留恋、半步退却。

甜美的爱却总是在遮遮掩掩之中，这让露兰春有些心有不甘。她也深知，纵是薛家家财万贯，却没有半点势力，要想与薛恒光明正大地结合，再多的金钱也赎不出她的身，唯有靠自己去努力争取。

好在，露兰春不是头脑简单的笨女人。这一日，黄金荣外出，回到家时已是半夜。打开门却发现家中一片凌乱，保险柜被撬开，书橱也被翻得乱七八糟。露兰春带着钱财和他的秘密账目本跑了。那是这些年来所有的江湖秘密，官场罪证，泄露开去，可真能要了他的命。

露兰春真的跑了，从黄公馆潜逃出去，投奔在会审公廨担任华籍推事的聂榕卿门下。这位会审官刚正不阿，在社会上颇有些声望，因他雅好戏剧，兴起时还客串粉墨登场，露兰春曾拜他为义父。

黄金荣对露的私奔勃然大怒，但考虑到自己的全部秘密文件都在她手里，投鼠忌器，不便使流氓招数。而露兰春呢，同样在等待一个良机，能与黄金荣心平气和地谈判，既能不伤了黄金荣的脸面，又能让他痛快地放了自己。

露兰春终是个幸运的女子，机会也像是她的如意郎君一般，在她需要的时候，翩然而至。在聂榕卿生日寿辰那天，黄金荣、张啸林等大亨悉数出席。

家宴上，为了助兴，聂榕卿亲自披挂上阵，与露兰春演了一出戏。一阵紧锣密鼓后，露兰春将手中红缨枪刺向聂榕卿。此时却听台下，张啸林高呼一声："好个露兰春，你怎么杀起你干老子来了。"

被蒙在鼓里不知情的聂榕卿，一时愣在了台上，怒目看着台下的张啸林。黄金荣等人也腾地站了起来，露兰春深感愧对干爹，在台上使出了浑身解数，临危不乱地舞出了一手漂亮的梅花枪，场内气氛重新高涨起来。

见惯各种场面的黄金荣明白，这是露兰春用偷梁换柱的方式，顾全他的颜面，并且也表明了她不想再僵持下去，可谓是用心良苦。他没办法让自己真的恨这个偶尔耍着心计的小狐狸。

隔日，两人在双方律师的见证下，办了离婚手续。露兰春将公文皮包原样归还黄金荣。黄金荣看着娇媚的露兰春，看到她露出自己从未见过的舒心笑容时，心中怎是一个苦字了得。

而露兰春为了恢复自己的自由，答应黄金荣此生不再登台唱戏，放弃来之不易的坤伶名角儿的声誉。

再后来，露兰春如愿以偿地与薛恒共度良宵好姻缘，嫁与了薛家。

只是不知，嫁入豪门的露兰春是否过得幸福？是否能够应承那样的豪门生活？是否能放下自己曾经辉煌的舞台？是否回想起那个其貌不扬、对自己百依百顺的男人？不管怎样，离开了人们视野的露兰春，过的是属于她的生活，不再被关注，不再被流言蜚语所左右，应该还算是幸福的。

回首，不过是如风往事。像是琴瑟断，曲终，人散，留一壶凉茶，寒战了一曲伤离。低眉，浅笑，晚风吹过，有些凉意，惊醒，回眸，却还念着当年台上几多风流。过眼的，挽不住；将来的，才重要。

这样的幸福，在1936年的流火七月戛然而止，露兰春离开了三十八年的纷扰流年。

一世情缘，半生相随。红尘一笑，终其一生。露兰春是个幸福的女子，最终是随着真爱躲开了。

白玉霜：从云端到尘泥

1934 年的北平，出了一件"新鲜"事儿。当时正在走红的落子戏伶人白玉霜，因其演出有伤风化，被市长袁良下令逐出北平。

据说白玉霜被逐，是跟她演了粉戏《拿苍蝇》有关。当时，为了求卖座，很多艺人在演出时都会在戏里"加料"。那些露骨的唱词，通常被称作"粉词儿"；而极富艳情色彩的剧目，则被称之为"粉戏"。《拿苍蝇》内容很简单，讲的是苍蝇精修炼多年，幻化成美女，迷惑年轻书生，后被天神收服的故事。白玉霜上演《拿苍蝇》，推出的宣传语就是"白玉霜香艳名剧"。而在表演时，更是花样翻新，身穿肉色紧身衣，用薄纱模拟翅膀，并伴以各种媚态，直看得台下如痴如狂。

白玉霜在演出时，台下来了位重量级观众，他就是北平市市长袁良。提起这位袁市长，着实不简单。1933 年 6 月，袁良出任北平市市长。上任之初，袁良就力主借鉴欧美各国先进的经验，开了北平大规模城市现代化建设之先河。在任职期间，他不仅救助过化名为"胡服"的刘少奇，还曾经发放特别通行证，促成埃德加·斯诺去延安采访毛泽东。也正是这位袁市长，仿佛对"有伤风化"特别紧张，鲁迅就曾经取笑过他关于禁止男女青年在同一游泳池游泳的命令。而他驱逐白玉霜，其理由就是她的表演有伤风化。

莲花落，扬了名

白玉霜不姓白，原姓郭，1907 年出生于天津地区。由于家庭贫困，七八岁时被父亲卖给了莲花落艺人李景春夫妻作养女，此后改姓李，取名李桂珍，又名李慧敏。

这个李景春小时候在县城一家铺子里做学徒，迷上了落子戏，一有空就跑出去看戏。后来看得多了，渐渐琢磨出了门道，索性辞了学徒工，跑到戏班子里正式下海，当起了莲花落艺人，还取了个艺名儿，叫粉莲花。粉莲花名字虽好，但因其是半路出家，且天赋有限，扮相、技艺均是一般。他先在老家搭班，后跟随孙凤鸣、孙凤岗两兄弟的孙家班进了天津。作为落子戏班，刚进班时，李景春唱的是对口莲花落，到天津后，对口落子借鉴了其他剧种表演模式，发展成为蹦蹦戏，李景春也就此改唱彩旦。

李景春的妻子卞氏，虽然模样一般，但头脑精明，嘴也灵巧，既拿得起家里的活儿，又应酬得了场面上的事儿。卞氏为了多些进项，自己打门路，到桂花书寓当"跟妈"。虽然叫桂花书寓，其实是所妓院，而"跟妈"负责帮助老鸨调教姑娘。

卞氏嫁给李景春之后，一直没有身孕，因此买了李桂珍回来，原打算当亲闺女养着，不想几年后李大奶奶生了一个男孩儿，从此把所有的母爱都放在了儿子身上，打起了用养女赚钱的主意。

为了能让这棵摇钱树更值钱，卞氏让李桂珍读了几年书。长到十来岁，李桂珍弃了学，跟着养父李景春和孙家班跑江湖。跟着养父的班子混得时间长了，李桂珍逐渐喜欢上了落子戏，台上演出，她在后台看，竟然无师自通地学会了《马寡妇开店》。

一天，她正在后台哼哼《马寡妇开店》中的唱腔，被班主孙凤鸣发现，觉得她唱得很有味道，鼓动她上台"票"一出。桂珍小小年纪，并不胆怯，但她没正式学过戏，怯怯地说："我只会半出呀！""半出也行，后边我接着。"孙凤鸣当即拍板，就这样，桂珍第一次粉墨登场，出人意料的是半出《马寡妇开店》唱得有板有眼、做得有模有样，还让台下叫了好。

小小年纪居然能表现出主人公马寡妇的寂寞心情和满腹辛酸，孙凤鸣觉得她是个天生的唱戏料，于是正式收她为徒，并给她起了个响亮的艺名"白玉霜"。这一年，她14岁。

当时孙家班挑大梁的旦角只有一个花莲舫，除了白玉霜以外，孙凤鸣还先后收了筱桂花、筱菊花等几个小姑娘，教她们学传统老戏。

初学艺时，白玉霜给台柱子花莲舫打下手。一次事故的发生，让她顶替花莲舫成为孙家班里的台柱子。

花莲舫是天津人，早年间学的是河北梆子，后改梅花大鼓，民国初年拜师孙凤岗学艺。花莲舫在同庆馆挑班演出十余年，白玉霜出道时她已经大红大紫。这时她家里有一个丫头寻了短见，有人说是因为她虐待养女，逼死人命。这事不仅传得街知巷闻，还上了报纸，一时间整个天津都沸沸扬扬。花莲舫在天津无法立足，于是跑到关外去演出，其实就是远走他乡去避祸。

事出突然，花莲舫也走得匆忙，结果孙凤鸣一时措手不及，只能出下策，让白玉霜顶唱大轴。当时白玉霜出道不久，会的戏并不多，即使唱了大轴还是压不住场。当时有句话："会唱戏的进园子，不会唱戏的进堂子。"卞氏不是善男信女，白玉霜清醒地看到，一旦选择登台，如果不能唱出名头，"进堂子"将注定成为她的宿命。

恰在这时，孙家班来了一位小生艺人。他的出现，为白玉霜点燃了指路明灯。

小生艺人名叫安冠英，出生于黑龙江。他嗓音宽厚、粗犷，演唱韵味浓郁且带有天津口音。他会的戏多，而且嗓子又好，演唱时潇洒风趣、形象生动。他进班后主要给白玉霜配戏，不仅能配还能教。经他一"拾掇"，同样一出戏，演出来就别有风味。也正是因为有了他，白玉霜技艺大进，戏班的生意也一天比一天好。

白玉霜的成功让卞氏看到买女孩养"闺女"带来的收益，于是她决心再买一批。养几年，有天赋的送去学戏，不够材料的转手再卖出去。为了图吉利，卞氏为新买进门的丫头起名福子、金子、银子、喜子、顺子……一大批女孩子被相继买进李家，小的不懂事则罢了，大一些的就当粗使丫头。其中山东丫头福子有灵气，专跟着白玉霜去戏园子，脚前脚后地伺候着，也从旁学会了白玉霜的本事。白玉霜过世后，她成为其嫡系传人，艺名小白玉霜。

当时，白玉霜的戏班叫玉顺剧社。白玉霜挑班，卞氏做班主，又从家里调来兄弟卞老舅管事。卞氏与李景春育有一子李国璋，一开始在卞氏娘家读私塾，后来父亲去世，书读不下去了，就到戏班子里拉二胡。玉顺剧社成立后，剧社一切对外的场面事，卞氏都让儿子李国璋出头。因为玉顺剧社由里到外都是由李家人主事儿，因此又被称为李家班。

此时的白玉霜舞台经验越来越丰富，根据自己的嗓音琢磨出适合自己的声腔，一开口宽厚亮堂，坐在最后一排的观众都听得清清楚楚。白玉霜一改评剧老腔老调粗犷、激越，代之以委婉、柔媚，新颖动听。尤其是她采用的低弦低腔唱法，韵味醇厚、低回婉转，稍稍一用劲，就挑了上去。这样高低相间，增强了评剧声腔的抒情色彩。而且她本是个美人坯子，身材高挑，面貌清秀，扮出戏来妩媚艳丽，非常好看。大眼睛，双眼皮，脉脉含情，善与台下看客交流感情，引得许多观众专门前来捧场。

李家班在天津、北平轮着唱，只要贴出白玉霜登台，唱什么戏都是满堂彩，白玉霜由此成为京津两地走红的落子戏名伶。

"评剧皇后"

1934 年，李家班时了北平城，结果因为演出有伤风化被市长袁良逐出了城。

不过，坊间对此事添油加醋，又有了多个新版本。一种说法是袁良请白玉霜吃饭，白玉霜婉言谢绝，市长大人觉得丢了面子，借口白玉霜的戏内容不健康而把她驱逐出境。还有一个说法，袁良手下一个科长想打她的主意，没有如愿，便向袁良说了坏话。无论是哪一种原因导致了被驱逐的命运，其结果都是白玉霜被荷枪实弹的警察押解到火车站，登上了开往天津的列车。

白玉霜被市长袁良逐出北平以后，唯一的出路就是回到天津。然而，这里虽然是她的家乡，但没人哪个戏园子愿意与"淫伶"合作。经过几次奔走，终于有一家小戏园子愿意让白玉霜登台。要在以往，这种小戏园子是根本容不下白玉霜这种角儿的，可事到如今，白玉霜的身价已经跌到无戏可演的地步，自然也不会挑剔这些了。

被逐出北平是因为演了"粉戏"，这一次再战津门，白玉霜决定攒一出新戏。当年，只有尽快上演新戏，抢在别的戏班前头，才能引起观众尝鲜的兴趣，也就能卖座。所以有些戏班排演新戏，只有一份剧目提纲（幕表），简单写写上场顺序、人物角色，然后再简单介绍一下剧情，再由懂戏的人分派角色，指挥上下场，串串戏词儿……艺人在舞台上具体的对白和唱词，则需要由艺人自己视剧情发展临场发挥。这样排戏，慢则两三天，快则小半天就可以拿出一出戏来。

《秦香莲》就是白玉霜落拓津门时的急就章。演出场所搞定了，新戏也拿出来了，整个班底都在摩拳擦掌，希望能借此机会东山再起。但《秦香莲》的上演并不成功，只卖出去两成座。

正当白玉霜一筹莫展的时候，上海恩派亚大戏院向她伸出了橄榄枝。转机就这样来了。

当时的蹦蹦戏属于正在兴起的地方剧种，很多京剧可以演出的地方，小剧种根本进不去。不仅如此，蹦蹦戏剧团规模一般都很小，而且行头、布景也都很简陋，有的剧团角色行当都不是很齐全，想要搬演大型剧目根本是天方夜谭。

此前，天津蹦蹦戏名伶爱莲君、钰灵芝已在上海"跑码头"，但演出并不景气。恩派亚大戏院经理徐培根北上去请白玉霜南下，希望她可以与爱莲君和钰灵芝的班底搞一个三班合演，丰富角色，精良装配，以迎合海派精致的审美情趣。

可以南下演出，这个消息对白玉霜来说既喜又惊。她遭到了平津两地的封杀，现在可以转战他处，这让她万分欣喜。但南北不仅有文化差异，更有语言障碍，以北方方言演唱的蹦蹦戏，在大上海会有人看吗？也就是在这一时期，她大胆决定改用北平音演唱。

1935年7月，李家班改名华北评剧社到了上海。在恩派亚大戏院，白玉霜与爱莲君、钰灵芝合作演出，三大主演同台献艺，一个比一个卖力气，纷纷亮出自己的绝活儿。

三班合演合作起初上座率尚好，红火了一阵子，但是仅仅几个月，就宣告破产了。因为在三人当中，白玉霜较为年长，在表演功力与舞台经验上都占了上风。最开始的时候，上海的报纸在宣传时将三人名字并列，但随着时间的推移，白玉霜的名字逐渐变大，另外两人俨然成为宣传配角。这样的变化首先让爱莲君颇为气愤，她当时不足20岁，少年有成，对名气看得很重，再加上养父从旁挑拨，因此她假称有病，不再与白玉霜搭档。不久之后，钰灵芝也借故退出了三班合演，白玉霜在上海再一次陷入单打独斗的境地。

其实，让白玉霜为难的不仅仅是同行的背离，还有来自当地各方的刁难。上海滩十里洋场，从来都是龙蛇混杂的所在，在这里唱戏，哪个码头没拜，都会让你在上海无立锥之地。当时，来上海闯荡的地方剧团，艺人年龄小，大多出身穷苦，有的甚至无亲无故，由养父母或师傅、亲戚打理日常生活。为了怕女伶结婚影响了财路，他们都会对角儿管得很严，打理一切对外事务，断绝角儿与外界的接触，尤其是与异性的接触。但白玉霜的养母卞氏恰恰反其道而行，她并不把白玉霜关在家里，反而教导她去应酬各色人等，见识各种场合。与那些被关在笼中的同行相比，白玉霜的幸运在于她可以了解社会，尝试融入社会。她的不幸也往往因为其"抛头露面"，屈辱直接加身，令其避无可避。

对于卞氏与白玉霜这娘俩，时人有个评价：小的古怪，老的难斗，一对不好伺候的主儿。

当白玉霜在上海落脚后，恩派亚大戏院经理徐培根多次建议白玉霜上演在北平遭禁的《拿苍蝇》。他认为，人总有猎奇心理，越是禁戏越想看，吊足了观众的胃口，就一定能大卖特卖。但是白玉霜却不想再演这出戏，一来往事不堪回首，二来她意识到蹦蹦戏发展到当时，那些老桥段已经拢不住观众。所以她到上海以后，演出了《夜审周子琴》《双蝴蝶》《苏小小》等戏。虽然这些戏唱得都很红，但出于商业目的的考虑，徐培根担心新戏唱成老戏，留不住观众，又竭力劝导白玉霜出演新戏《潘金莲》。

《潘金莲》的剧本，由欧阳予倩撰写。这一剧本并非单纯地讲述《水浒》故事，更不是刻意借写"淫妇"招揽观众，而是为潘金莲翻案之作。在他的笔下，潘金莲被还原成一个活生生的女人，一个被富豪压迫、被生活折磨、被命运捉弄的女人。她有作为女人的诉求，有迫于生活的委屈，有追求幸福的勇气。

对于出演潘金莲，白玉霜起初有些犹豫，经不住徐培根一再撺掇，就应允了。然而，《潘金莲》中武松是个重要角色，白玉霜的班底单薄，没有好的武生材料，这个角色请谁演呢？徐培根是生意人，脑子灵光、记忆力也好，他猛地想起京剧武生赵如泉正在上海，何不来个"两下锅"，用全新的方式上演全新的剧目？

就这样，赵如泉演武松唱京剧，白玉霜演潘金莲唱蹦蹦。这一别开生面"两下锅"的演出形式，立即在上海滩引起了轰动。两位名角儿的表演功力深厚，对人物拿捏准确，两班人马在台上配合也十分默契。白玉霜凭借自己的表演才华，把潘金莲饱受富户欺辱、身心受到压抑、为爱而献身的性格刻画得淋漓尽致。尤其是戏中潘金莲面对杀气腾腾的武松，叙述自己被迫无奈嫁给武大郎和对武松爱慕之情的大段念白，朗朗上口、声情并茂、真挚动人，开蹦蹦念白规范化与情感化之先河，成为经典。

《潘金莲》连演一个多月，场场座满。此戏受欢迎程度由票价可见一斑——当时标价两角钱的池座可以卖到一元，价值一元两角的包厢票已经被炒到了四元，每一场演出连站票都能卖二百余张……

白玉霜红了。她成为茶余饭后街谈巷议的人物，连当年极力探讨"淫伶秘事"的报纸也纷纷转向，极力吹捧白玉霜。

在上海，白玉霜还巧遇了当年的"仇人"袁良。袁良卸职后在上海做寓公，观看白玉霜的戏后宴请她。白玉霜提起往事，袁良答："当日你在台下，我在台上，不得不那样；今日你在台上，我却在台下，不必再那样，应该这样了。"

一天，在白玉霜下榻的临江公寓，来了一位稀客，上海明星影业公司的名编导洪深。白玉霜满脸堆笑："洪先生，难得您光临寒舍，一定是又给我送剧本来了吧！"洪深回答："不是剧本，是给你送一部电影。""电影？"白玉霜一脸茫然。洪深笑了笑说："我请人给你写了一部电影剧本《海棠红》，内容是写一个评剧艺人的凄惨遭遇，故事曲折，打算让你去演。"同时还告诉白玉霜，京剧名家欧阳予倩还专门为她写了几段唱词，用上了白玉霜最拿手的"反调"唱腔，非常感人。

《海棠红》摄于1936年7月，由明星影业公司制作完成，是中国第一部评剧影片。剧中的海棠红是身怀绝艺的评剧艺人，她走红时名震三江，红透了半边天。因到大帅家唱堂会，得大帅垂涎，大帅霸占未成，将其下狱。海棠红的丈夫嗜赌如命，把小儿子卖给了人贩子，海棠红出狱后已是家破人亡，最后流落到街头行乞……

明星电影公司对《海棠红》这部电影非常重视，安排了最佳的演出阵容，除白玉霜之外，配角全由当时享誉影坛的演员王献斋、沈骏、舒绣文上担任，特请经验丰富的电影圈名家张石川担任导演。

为了不影响戏班的生计，白玉霜白天照样在戏院演戏，散了夜戏就去电影厂拍戏，虽然整天累得疲惫不堪，但难以抑制的亢奋心情，支撑她在短时间里完成了拍摄任务。

电影一经放映，立即轰动全城。白玉霜一夜之间成了炙手可热的明星。她的名字出现在每天的大报小报上，不少公司和商店都争着用"白玉霜"给商品命名。全国各地跑来邀请她去唱戏的戏院数不胜数，甚至北平的戏园子也来找她签合同。据说当时白玉霜挣的钱都要用麻袋来装，而她手下主要艺人每天的分红也有 20 元。要知道，二十世纪三十年代的国民政府部长月薪也不过几百元。

早在 1935 年蹦蹦戏在上海演出时，因为上演剧目多有"惩恶扬善""评古论今"之意，名宿吕海寰建议将其改称"评剧"。《海棠红》上映，新闻界首次把"评剧"之名刊载于《大公报》，从此评剧取代蹦蹦、落子，成为这一剧种的正式称谓，传遍全国。

白玉霜成为上海滩影剧双栖的大明星，自然引起了各界关注，舆论上形成了褒贬不一的态势。褒的一派，如欧阳予倩、洪深、田汉等，赞誉白玉霜为"评剧皇后"，更有报纸尊她为"评剧坤角泰斗"，将白玉霜与刘翠霞、爱莲君、喜彩莲并列为评剧"四大名旦"。而贬的一派则认为"蹦蹦戏风魔了整个上海"，甚至公然进行人格侮辱，开始制造一些白玉霜的绯闻，揭她曾委身娼门的老底。有人公开向她敲诈勒索，有人要纳她为妾，更有人传出话来要把她拐卖到香港、澳门！

阿英先后在《大公报》上撰文，并在其著作《小说闲谈》中明确指出：蹦蹦戏最大的特点，就是"词句全用俗语，说白应戏，完全和平常口气一样，而能一字一句都听得明白"。同时，他还指出"蹦蹦到了白玉霜在上海演《潘金莲》《玉堂春》，已经不是蹦蹦原来的形式，而是有了不少改革，这是实情。白玉霜的大部分新戏，是更加京剧化，且有了若干文明戏的成分"。

为爱私奔

1937 年大年初一晚，恩派亚大戏院上演《马寡妇开店》，这可是白玉霜的拿手好戏。开演之后，细心的观众便发现台上这位角儿有点儿不对劲儿。虽然她唱念、做派都很像白玉霜，但总是差了那么一点儿味道。再仔细观察，才发现台上的角儿根本不是白玉霜，而是她的养女小白玉霜。于是，观众们都急了，有的喊着倒好，有的嚷嚷着要退票。

而此刻后台早已乱作一团，剧院经理和戏班的艺人都在找白玉霜。多方查找，仍然没有下落。人们不禁产生了同一个念头：白玉霜失踪了！可是，年初一到初五的票都已经卖光，剧院经理像热锅上的蚂蚁，急得团团转。卞氏忙着到警察局报案，又跑到报社去刊登寻人启事，一时间"评剧皇后"、电影明星白玉霜的突然失踪，又成了上海滩的一大新闻。

白玉霜失踪了，最着急的莫过于养母卞氏了，因为白玉霜一失踪，她的摇钱树也就倒了。直到年初二的早上，卞氏稳住各方后，才想起查看白玉霜房里的东西，仔细清点，才发现首饰和存折都不见了。打电话询问银行，才知道三天前已经有人取走了钱。眼前的现实告诉她：白玉霜跑了！可她怎么也想不明白：白玉霜为什么要跑呢？又跟谁跑了呢？

对于白玉霜的失踪，似乎只有小白玉霜一人隐隐有些预感。她一直随身伺候白玉霜，细心的她，已经感觉到白玉霜对戏班里的铙钹手李长生有意思。有的时候两人遇在一起，常会打发小白玉霜去做些别的事，有些根本是无足轻重的琐事，就此支开她。在白玉霜失踪之前的腊月廿八晚上，小白玉霜陪着白玉霜去拜客，路上"碰"上了这个铙钹手，两人站在一个小弄堂里说了好一阵子话。第二天，白玉霜在自己房间里待了一上午，关着门谁也不让进。午后，她说出去买东西，也不让小白玉霜跟着，这一去就再没有回来。

李长生，河北杨村人，幼时读过几年私塾。虽为乡下人，但其眉目清秀，很有几分书生气。父亲早亡，11 岁时即离家闯荡江湖。

初时，李长生在一个梆子戏班里跑龙套。他是个有心人，在空闲的时候，跟着学打铙钹。一次，班子里的铙钹手因故没能到场，他毛遂自荐上了场，不但圆了场，还得到角儿的夸奖。自此，他成了班子里的一名铙钹手。

1932 年春，白玉霜在天津南市演出，因上座率不高，就想排演新戏。她到春和大戏院来偷戏，看了一会儿，台上的戏演得平平，倒是武场的铙钹手让她着实心动了，尤其是铙钹手那怀中抱月的优美姿态，给她留下深刻印象。也是天遂人愿，不久，唱戏的那个班子垮了。李长生正在为生计发愁的时候，白玉霜的人找上门来，说明来意。于是，李长生就进了白玉霜的玉顺剧社。

几场戏下来，白玉霜对李长生非常满意，除按月给他包银外，还经常对他特殊优待，给点"茶钱""烟钱"之类的。李长生也隐约觉察到白玉霜对他的格外"关照"，但他深知自己在戏班里的地位，从未敢对白玉霜有非分之想。

白玉霜大红大紫之后，把她当作摇钱树的养母卞氏害怕她结婚嫁人，一直劝导说："你可别结婚，一个唱戏的嫁了人，就没有人来捧场了。"但白玉霜也是一个普通的女人，她也渴望一份真情，也需要爱情的滋润。那么找谁呢？李长生的影子一下子浮现在她的脑海里。

初闻白玉霜的想法，一下子把老实憨厚的李长生吓坏了。可是她的主意已定，你行也得行，不行也得行，一向唯命是从的李长生只得点头了。白玉霜让他订下大年初一的火车票，二人一起直奔长生的老家——河北杨村。

白玉霜突然失踪以后，李家班的演出也彻底停了下来。七十多人耗在一起，每天的开销费用就让卞氏心头滴血。戏班里的几个骨干跟卞氏商量了几天，准备让小白玉霜临时出演。戏班里的小生安冠英原本就教过白玉霜戏，值此危难关头，又挑起教导小白玉霜的任务。几场戏唱下来，小白玉霜还真有几分白玉霜的神韵，这也让卞氏抓住了救命稻草，决定改打小白玉霜这张牌，在上海滩继续唱下去。

但才几天的工夫，人们就看厌了稚嫩的小白玉霜，上座率逐渐下滑。卞氏根本不管小白玉霜年纪还小，主张上演北平时的禁戏《拿苍蝇》。

小白玉霜也是亲历过北平驱逐事件的，对当时的种种心有余悸，不同意上演。安冠英出主意，可以攒一出新戏，于是就有了《蝙蝠尘缘记》。其实《蝙蝠尘缘记》不过是另一个版本的《拿苍蝇》，一样的袒胸露背，一样的西装短裙，一样的西洋舞蹈，一样的神怪香艳戏。此戏一上演，不几日上海滩便传开了，小白玉霜的新戏有"花头"。这个"花头"不仅保证了上座率，还让李家班与戏院续签了三个月的合同。眼前虽然安稳了，卞氏却心中有数，靠着小白玉霜撑不了多久，长久之计还是要把白玉霜找回来。

卞氏之所以并没有立即动身去找白玉霜，因为她对养女的心态了如指掌。虽然白玉霜此刻向往乡下日出而作日落而息的生活，但不出多久，戏瘾犯了自然就忍不住，总是要露头的；而且小白玉霜在大家的帮衬下，已经得到了一些观众的认可，这一招又可以让白玉霜吃足了戏醋。事实上，卞氏还真想对了。只不过半年的时间，白玉霜厌烦了北方乡下农妇的生活，对舞台越发向往。小白玉霜崭露头角的消息也逐渐传到白玉霜的耳朵里，养女的成长让她陡增压力。她担心自己老去，被舞台抛弃，被观众遗忘。日子越长，这样的想法越迫切，她回归戏班的愿望也就越强烈。

当李家班结束上海的演出回到天津之后不久，白玉霜终于回到了戏班。那"失踪"的 6 个月时光，大概是白玉霜一生中最愉快的日子了。

白玉霜回津重返舞台的消息很快传遍了整个天津卫，人们都想一睹"电影明星""评剧皇后"的风采，一个月的戏票三天就卖光了。白玉霜在天津卫红了，"白派"评剧得到了观众和同行的广泛认可。

然而，就在她沉醉于凤冠独占的欢乐之中的时候，死神却一步步地向她逼近！ 1941 年 12 月 3 日，在北平，一出《暗室青天》还没演完，白玉霜就一头栽倒在地，下身奔涌而出的脓血染红了戏衣和舞台。在协和医院，她被确诊为子宫癌。

1942 年 8 月 10 日清晨，白玉霜在天津病逝，结束了她悲剧的一生，年仅 36 岁。白玉霜临死前，床前已无多少故人。早年间她曾为之私奔的李长生已经远离她的生活，养女小白玉霜也已嫁作他人妇。白玉霜生病以后，一直有一位邝姓男子守护在她的病榻前。临死前，白玉霜提出了自己的心愿："我有最后一个请求，我想成家，我想结婚！"

面对垂危的白玉霜，养母终于同意了，邝某也表示愿意娶白玉霜为妻。但一切不过是对垂死之人的安慰，一代名伶就这样离开了这个她亦恨亦爱的世界。

从此人间碧落，未有归程，一缕暗香。好一个悲戚女子，在变幻的春秋中，看穿了十丈红尘。

停灵三天，发丧下葬，白玉霜安葬于天津公墓，低矮的墓碑上只写了"李桂珍之墓"五个小字。

鲜有人知，这座荒丘里，埋葬着昔日的评剧皇后。天尽头，何处有香丘，一抔净土掩风流。

养女小白玉霜

白玉霜"失踪"后，小白玉霜"顶包"演出，那一年她15岁。

后来，白玉霜又回来了。母女二人渐渐有了同台的机会，先后合作了《盗金砖》《天河配》等剧目。《369画报》封面刊登过母女俩的一张合影，小白玉霜站在白玉霜身后，带着怯生生的神情。

19岁那一年，小白玉霜遇到了她生命中的第一个男人。包头商人赵清才，是一个鸦片贩子。尽管身上带着浓厚的江湖气，但是他却是一个挺讲情义的人。

赵清才花了50两鸦片烟土的高额身价，为小白玉霜赎了身。1941年5月，小白玉霜在北平嫁给了赵清才。

嫁作商人妇的日子是幸福的，但是这种幸福对于小白玉霜却是短暂的。小白玉霜一心想要为赵清才生个儿子，特地到一个法国人的医院做了一次检查，结果令人失望，由于很小就吃过一种特制的避孕药，卵巢发育不全，已经无法生育了。

白玉霜死后，迷恋评剧的小白玉霜重新出山，先搭上了喜彩莲的"莲剧团"，后来又组建了自己的"阳秋社"。但是小白玉霜因此与赵清才发生感情危机。早期的落子戏女艺人，一般都是卖艺卖身"两业"兼操。民国年间的评剧演出虽说有了不断地进步，但是毕竟出卖色相的艳情表演仍占有了相当大的比重，赵清才之所以斥巨资为小白玉霜赎身，也是不愿意看到自己钟情的女人从事这样的职业。

可是，小白玉霜是戏班里生、戏班里长的人，戏是她的命，戏是她的业。她抛弃不下这些。二人的矛盾终于激发了。

与他，在千万人中擦肩停留，那一瞬间的停留带着浓浓的笑意，初识于锦瑟年华；与他，在阳光明媚、小溪潺潺、翠柳摇曳之中嬉耍，于垂柳之间倾诉爱意；与他，在夏日傍晚，齐坐树下，斟一杯清茶，并肩赏星，于温柔夏风中相爱。不承想，风雨的日子里，却各自天涯。

一气之下，二人分手。与赵清才分手后，小白玉霜做了一件最不应该的事——她结识了当时天津的日本汉奸头目佟海山。经不住佟海山的花言巧语，小白玉霜不久就与之同居。一心以为佟五可以帮她自立门户，不想，佟五正想利用小白玉霜的名气发财！1946 年，小白玉霜终于不堪忍受，秘密出走了。1947 年，佟海山因盗卖枪支被国民党政府枪决。这之后，小白玉霜又与一个清室破落王孙有过一段不了情，过着居无定所的生活。虽然偶尔也出来唱戏，但是连年战乱，收入也不景气，到了靠典当度日的地步。

新中国成立后，小白玉霜又结交了一些男友，但都因轻信草率无果而终，反落下一个轻浮放浪的名声。1963 年，排演《李双双》，小白玉霜与剧团领导发生激烈冲突，被临时换了下来，自此，再无上台的机会。1967 年年底，她自杀身亡，时年 45 岁。

袁雪芬：爱越剧，是人生的骨架

火辣辣的太阳，犹如一团火，炙烤着浙江嵊县的杜山村。

好闷热的天啊。一个十一二岁的小姑娘，沿着田间崎岖狭窄的阡陌，急匆匆地向北走去。她蛋圆形的脸上，浮现着委屈烦恼的神色。父亲的斥责声，似乎还在她耳边回响：

"你为什么要去学戏？戏子吃的是江湖饭，是最低贱的行当。还是好好读点书，将来送你到上海进纱厂。"

小姑娘挥起手里的葵扇，用力地扇着，似乎想把这声音从耳边驱散。

苦涩的花样年华

1922年3月26日，正是农历二月廿八，一场大雪纷纷扬扬地飘落，整个世界变得圣洁无瑕。在杜山村，随着声声响亮的啼哭，一个女孩来到了人间。父亲袁茂松是一位乡村私塾先生，粗通文字，为女儿取名"雪雾"，取其傲雪凌霜之意境。

后在进科班学戏时，剧场写戏牌时为了通俗易懂，将"雾"演变成芬芳的"芬"。

袁雪芬排行老三，在她出生之前，哥哥、姐姐都已夭折了。母亲裘水仙相继生下八个孩子，在袁雪芬之后，接二连三生下一溜女孩。浙东农村，讲究薪火相传，女人没有男丁，不能为夫家传宗接代，人前马后显矮三分。

就在袁雪芬呱呱坠地之时，有一种小剧种已经在嵊县大地上慢慢孕育成形。

1852年，一位名叫金其炳的农民，在田头晒谷场上干活，随意哼唱起生活轶事。农友们都觉得小曲悦耳，纷纷跟他学唱。大家在田头自娱自乐，人们称之为"田头唱书"。

时至 1860 年，太平天国运动兴起，农民生活愈加贫困。于是，从这年秋收后到来年清明播种前，那些能唱小曲的农民，趁着农闲，开始沿街卖唱，养家糊口。这就是所谓的"沿门唱书"。

历经几年"田头唱书""沿门唱书"，艺人逐渐走进城镇茶楼，在固定地点唱书，由此演变成了"落地唱书"。1889 年，金艺堂在余杭葫芦桥茶楼边唱书，边帮人修鞋子。他吸收了"湖州三跳"的特长，用"呤吓呤呤吓"作为帮腔，形成了"呤吓调"，慢慢地在嵊县传播开去。并且以剡溪为界，又分为"呤吓南调""呤吓北调"。

在 1906 年清明节前，一批南派艺人在打谷场上，用稻桶、门板搭起露天舞台，简单进行"清水打扮"后演了几个节目。这消息不胫而走，传到北派艺人耳里。几位艺人同样搭起了"草台"，上演了几个节目，竟然引起四乡的轰动。于是"小歌文书班"应运而生，村里人嫌那名字太拗口，就顺嘴叫起"小歌班"。因为都是男艺人，又俗称"男班"。

由此，"落地唱书"演变成草台、庙台演出的戏曲形式。

1917 年 5 月 13 日，"小歌班"首度闯荡大上海，在十六铺的新化园茶馆登台。演出还粗糙简陋，没有乐器伴奏，男艺人前面扯着嗓子干唱，一帮人在后面帮腔接调，算作"唢呐伴奏"，或用手敲打桌子，发出"的笃"的锣鼓节奏。

一帮在上海经商的嵊县老乡，集资翻造了一座升平歌舞台，将小歌班艺人独揽下来。后台老板还从嵊县找来3位民间乐师，组成越剧史上第一支专业乐队，由此丝弦伴奏取代人声帮腔。人们把板胡定弦称为"正宫调"，简称"正调"。从此，"丝弦正调"成为主腔。

"小歌班"在升平歌舞台演出，一直持续到 1922 年。这一年，一位名叫马潮水的艺人又带领一班三十多名男艺人，告别升平歌舞台，自己组建戏班，跻身于上海大世界。

在与剧场签约时，马潮水给这种新兴的地方戏取名"绍兴戏"，遭到剧场老板黄楚九的反对。马潮水一拍脑袋，取名"绍兴文戏"，于是这名挂在了大世界门前。至此"的笃班"寿终正寝，开始"绍兴文戏"

时代。

　　袁雪芬正是在这一年出生。这个剧种后来经过发展和定型，被定名为"越剧"。谁又会想到，正是这位呱呱坠地的女孩，日后会在越剧的发展中做出了不小的贡献，成为一代大师。

　　就在袁雪芬出生的第二年，1923 年 6 月，越剧第一副女科班在苍岩镇施家岙正式开科，班主王金水，师傅金荣水，招收了二十来个女艺徒。农村女孩几乎不识字，毫无办学经验的金荣水，开创了"赋子教学法"。

　　所谓"赋子"，就是对特定景物的描述，形成程式化的唱词套路。很像古诗中的赋、比、兴，通常是七字韵句，用来对人、景、物、事的描写，故而称"赋子"。如"街坊赋子""茶坊赋子""厅堂赋子""寿堂赋子""佛堂赋子""春景赋子""夜景赋子""花园赋子""大话赋子"等。王金水还总结出一套表演程式，对旦、生、五、大面各行当角色，包括台步、眼神、坐相等动作都做了规范。

　　经过短短几个月训练，急功近利的王金水，迫不及待地将一群黄毛丫头拉来上海。结果，3 个月后铩羽而归。

　　1929 年，女科班历经 6 年打磨，黄毛丫头变成金凤凰。她们一个美丽转身，赢得一片叫好声，女艺人开始吃香起来。当家花旦、当家小生戏价每夜 10 块银圆，并有"门轿"接送，招摇过市威风凛凛。

　　一转眼，袁雪芬 11 岁了，村上戏班穿梭而行。原来的"落地唱书"，已有 27 年历史，正朝着女子越剧迈进。浙东农村女孩的出路，不是做童养媳，就是去上海做童工。但经济危机的侵袭，让农村女孩少了做童工的机会，学戏就成了女孩谋生的主要出路。

　　一天，杜山村里热闹起来。原来，村里来了一个女子文戏的小戏班，在祠堂里演出，村子里老老少少都去看。袁雪芬也挤了进去。

　　台上的戏文，使她觉得非常有趣，五颜六色的服装，悲欢离合的故事，吸引了她。原来演戏就是这样啊。更使她心动的是，听说唱主角的施根妹一月有三十块钱的包银。袁雪芬心里"咯噔"一下，小脑袋瓜子开足马力转：父亲含辛茹苦，一年教 30 个学生，也才赚 30 块大洋。要是唱戏赚那么多钱，爸爸就不用那么辛苦，妈妈也不再嫌她无用了。

"我要去学戏！"袁雪芬打定主意。

"四季春"里一小花

就在三四里外的柳岸村，眼下正在创办一副女科班，班长名叫王天喜。班名"四季春"，正是袁茂松取的。

1933年7月，带着11岁女孩懵懵懂懂的理想，袁雪芬成为"四季春"科班门徒。同门学艺的全是邻村女孩，那个和袁雪芬年龄相仿的孙全香，就是后来大名鼎鼎的傅全香。师傅见袁雪芬眉清目秀，安定淡然，指定她工青衣旦角。

按照规矩，进科班必须立"关书"。立了"关书"，才算正式学戏，可"关书"一定要家长签字画押。袁茂松来了，却要拉女儿回家。读过几年书的袁松茂，有几分孤傲，毕生最瞧不起三种人：当兵的"粮子"、卖身的"婊子"、唱戏的"戏子"。

袁雪芬执意留下。班长告慰秀才："当艺徒三年，不行再回去也不迟。倘若不放心，可以出资入股，派一个亲戚来做杂务，可以照顾你女儿。"袁茂松拗不过女儿倔劲，只好签了"关书"，并拿出几文铜钿"入股"，实际上只是做个小人情，好让女儿少受些委屈。

专门摆放牌位的破庵堂，阴森潮湿弥漫着霉味。都是穷人家的孩子，几乎目不识丁，全凭师傅口口相传，死记硬背那些"赋子"，将一个个字吃进肚子里。

在藤条、竹片相伴下，度过半年科班生活，大家肚里的"赋子"够唱两天两夜了，班长就将她们推出去"串红台"，开始为他赚钱。

"四季春"科班，包了两只乌篷船到处流动演出。船是论月包租的，一只男船，一只女船，平时吃住都在船上。诸暨、绍兴一带是江南有名的水乡，河渠纵横，乌篷船成了主要的交通工具。演出时常常在一种叫"万年台"的舞台上，这种舞台用砖石砌成，伸进河里，三面是水，看戏的人有的站在岸边，有的则撑着小船立在河中。如果到陆地，一般就在城隍庙、祠堂的小戏台上演，有时就在河滩或晒谷场上用稻桶、门板临时搭个草台。

1936 年春天，"四季春"乌篷船漂游了两年多，终于登岸走进大城市，在杭州老国货商场登台。这时前台老板请来了名旦王杏花领衔，当客师。王杏花比袁雪芬大 5 岁，虽然岁数不大，但成名比较早，已经是女子绍兴文戏的名旦。

科班聘请知名艺人做客师，与科班艺徒同台演出，一方面可以利用客师打名气，招徕观众，另一方面能够为艺徒作示范，起传、帮、带作用。

14 岁的袁雪芬，被推到舞台中央，第一次挂上头牌，与前辈同台"飙戏"。"打炮戏"，连演三天，一天两场，一共六场。毕竟是名旦，王杏花的唱腔，流畅明快，清新活泼。她的表演，也比较细腻，身段、台步、表情相当讲究，唱词不粗俗。在给王杏花配戏时，袁雪芬注意看，注意听，细细地暗自琢磨。下了场，她站在上场门或下场门的里面，用手把门帘稍微掀开一条缝，贪婪地"偷戏"。

一次，杭州老国货已挂出《百花台》的戏牌，客师王杏花却执意不演。这出戏的下半场，女主角莫玉珍遭到勒死。为追求舞台刺激，艺人要像真的一样，在人物临终时，吐出几口"鲜血"，还要甩发变脸，垂死挣扎半天，舞台形象极其狰狞恐怖。

王杏花为何不肯出演呢？原来，就在此前不久，王杏花在后台遭到恶霸的凌辱和恫吓，马上登场又受角色凄惨命运刺激，她竟然情绪失控泣不成声。在回到住地后，王杏花不敢将遭恫吓的事说出口，母亲见她神情呆滞，说话含混不清，以为她"吊死鬼缠身"精神失常。不明真相的王母，执意不让女儿再演《百花台》。

经几番劝说，考虑梨园名角压台规矩，王杏花最终勉强答应出演。

女主角被一脚踹下场口，这个时候王杏花要赶快换装，接下去演那场垂死挣扎的戏。跌跌撞撞来到下场口，王杏花抬头愣住了。只见袁雪芬头扎甩发、黑衣白裙、外束收腰裙，一切准备停当地等候在那儿。见王杏花下场，袁雪芬赶紧迎向客师，恭敬地悄声说："杏花姐，你歇一歇，我上去了。"说着猛喝口红水含在嘴里，天衣无缝地衔接上场。那些"王迷"入戏太深，竟然没有察觉已经"狸猫换太子"。

袁雪芬机敏垫戏，让王杏花大为感动，对小姑娘"偷戏"的不悦，就此一笔勾销。

整整一个多月，袁雪芬都与王杏花同台，学到了不少东西。她的台风、戏路和腔调，都有客师几分神韵了，观众给了她"小王杏花"称号。

1936年9月，"四季春"第一次闯荡上海。近三个月的时间，"四季春"在老闸、蓬莱大戏院辗转演出。

"老闸"戏院是绍兴同乡章益生开的。此人正是"猴王"六龄童的父亲。这次演出，在广告上首次使用了"越剧"的名称。

演出结束之前，上海高亭唱片公司灌制中国第一张女子越剧唱片，"越剧皇后"王杏花、"小王杏花"袁雪芬一并被邀进录音棚。唱片A面灌制的是王杏花的《玉蜻蜓·游庵哭图》，B面是袁雪芬、钱妙花联袂灌制的《方玉娘哭塔》。这是越剧史上的第一张唱片。

1937年初夏，"四季春"二进上海滩，献演于通商剧场，这次请来了施银花、屠杏花、马秋霞当客师。与这些前辈同台，袁雪芬边学边记，碰到问题就硬着头皮问，并将咀嚼到的意味，融入自己表演之中。

1938年3月19日，袁雪芬领衔的"四季春"，竺素娥、王杏花为首的"素凤舞台"，携手绍兴大班"同春舞台"，两剧三班联合大会串，在老闸上演《宝莲灯》《盘夫索夫》等剧目。这是绍兴人章益生开设的戏院，平时只供绍兴大班登台，女子越剧进入老闸演出，在当时算是"抬举"了。

竺素娥工小生，厚待新人，主动为袁雪芬说戏，手把手地教戏。对于竺素娥的戏德，袁雪芬一直铭记在心。1949年上海解放不久，袁雪芬通过上海电台播音寻人，呼唤退隐的竺素娥重现舞台风采。

解不了的姐妹情

1942年2月19日，农历正月初五。在传统习俗中，这天是财神菩萨的生日。大清早，接财神的爆竹声就响遍了上海的大街小巷。

袁雪芬接到了一个电话。电话中传出一位老太太的声音。电话中的声音时断时续，还带着抽泣声。袁雪芬的心紧缩起来，她有种不祥的预感。

果然，电话那头传来了一个不幸的消息：马樟花死了。

几个月来，她最担心听到、最不愿听到的消息，还是听到了。

马樟花与袁雪芬合作了三年多，她们是当时越剧界合作时间最长的一对搭档，也是在艺术上志趣相投的一对舞台姐妹。

马樟花也是嵊县人，早年在"镜花舞台"学戏，以后又转入"天然凤舞台"。1938 年 4 月，她应聘到上海大来剧场，加入"四季春"班演出，不久成为袁雪芬的头肩小生。

马樟花的性格，与袁雪芬很不一样。那时的大上海，十里洋场，花花世界。有钱有闲的戏迷太太、姨太太，专挑台柱艺人做"过房囝"。当时有种说法："跑跑龙套，过房娘不可不拜；做做娘姨，过房囝不可不收。"

袁雪芬立下自律规矩："过房娘""过房爷"一律不拜，堂会不唱、礼物不收、请客不去。为杜绝各种应酬，十七八岁的大姑娘，整天拖着一条大辫子，一身老气横秋的蓝灰旗袍。为摆脱纠缠，她以吃素为挡箭牌，过着清教徒般的生活。而马樟花爱时髦，拜过无数个"过房娘"，每天穿不同花色的旗袍，不管谁送来的礼品，她都照单全收。她俩走在大街上，袁雪芬像个"大阿姐"，马樟花则像"大小姐"。

袁雪芬与马樟花在性格上、生活上、习惯上不一样，在舞台上却是珠联璧合，生活中又互相照应。

袁雪芬 16 岁，马樟花 17 岁。袁雪芬清丽沉静，唱腔淳朴委婉，情真意切。马樟花扮相俊美，唱腔清新，才华横溢。马樟花对小生中的巾生、官生、穷生驾轻就熟，演绎童生、武生也得心应手。演《梁祝哀史》中的"楼台会"，事先马樟花和袁雪芬约好要到台上一道出眼泪。演出时，马樟花以使人荡气回肠的唱和夺人心魄的眼神，激起袁雪芬内心深处的情感，眼泪就禁不住流出来了。那时，越剧还处在唱"路头戏"的阶段。她们两人在台上你来我往，唱得非常痛快，有时唱得连时间都忘了。一次演《合同记》中的"化缘认妻"，按老的演法，认妻时唱几个回合就可以了。她们俩却越唱越有劲，唱了一个多小时还欲罢不能，让观众大呼过瘾。袁雪芬瞅了个空悄悄问："你到底认不认啊？"马樟花这才把戏转向结束。

"八一三"事变后，日军占领上海。昔日热闹的舞台，遭战火洗劫而十分萧条。昆曲濒于消失，梅兰芳等京剧名角，纷纷隐居罢演，话剧界、电影界精英也去了陪都重庆。在日伪统治下，申城文化呈畸形态势，为招徕观众丑态百出。越剧戏班唯利是图，演起了色情戏。男艺人传授的版本《梁祝哀史》，祝英台被骂成"无情无义"，梁山伯被描绘成急色儿，里面塞进许多庸俗低下的东西，充斥着迷信、黄色、荒唐的情节。

然而，马樟花和袁雪芬出演的梁祝，却反其道而行之。那些描写梁山伯的色情唱词，还有那场"英台哭坟"中舞台出现的无常、大头鬼等东西，全被她们摒弃了。她俩演出的版本，不是以无聊的东西迎合某些观众的低级趣味，而是以人物纯真的爱情拨动观众的心弦，如一道清风刮过，令人耳目一新。后来传承下来的精品越剧《梁山伯与祝英台》，就是按照她俩的蓝本，进行重新整理和改编打磨而成的。

当时，上海一些私营电台，向商人出卖节目冠名广告时段，邀来艺人到电台播唱。申曲（沪剧）、滑稽戏、宁波滩簧（甬剧）的当红艺人，都被电台请去播唱。当时越剧进入上海，虽然发展迅速，但是多半在茶楼、旅社、小剧场内演出，没有走进大众视野。

上海的民族企业三友实业社，生产中医药"三友药丸"。老板陈万云决定买电台广告时段进行推广。他向三千多名职工和家属做问卷调查，让他们圈定"最喜欢的节目"。结果反馈回来的答案是，喜欢越剧的居多。于是，陈万云邀请马樟花和袁雪芬到电台播唱。

马、袁两人自然一口答应。在随后的一段时间里，每天演完日场戏，她俩顾不上吃口饭，就直奔电台播唱越剧。唱完电台再赶回剧场，边化妆边吃几口小点心，再赶夜场戏。

陈万云专门请人写了一部新戏《恒娘》。该剧取材于蒲松龄《聊斋志异》，每周在电台唱一段。十七八岁的舞台姐妹，青春活力激情四射。她俩生动活泼的演唱，令听众感觉新鲜悦耳，这些新唱段很快风靡上海。有上万听众来电、来函，向电台和剧场打探："什么时候能在剧场看到《恒娘》？"马樟花由此大红特红，观众们把她称为"闪电小生"。

大来剧场老板陆根棣是警察所的"包打听"，得到有土匪要绑票陈万云的消息，赶紧去通风报信。陈万云避免了一场灾祸，知恩图报，将《恒娘》剧本送给剧场。

袁雪芬：爱越剧，是人生的骨架

1940 年，《恒娘》在大来剧场上演，由马樟花、袁雪芬、傅全香合作演出。在这出戏中，通常的旧式绣幪变成了简单布景，艺人传统的"大包头"改成了仕女画中的古装头，服装也不再是满身大绣花，而变得简洁大方。全剧里外共五幕戏，一改老戏分场不分幕。《恒娘》在大来剧场连演 64 场，场场爆棚。

有位茶商阔太太，一直追着看马樟花的戏。实在喜欢马樟花，这位太太就让大学刚毕业的儿子明媒正娶，独览马樟花风采。一个堂堂正正的大学生，和马樟花"一夫一妻"，百年好合，成为一时佳话。

马樟花要嫁人，离开大来剧场，这意味着要与袁雪芬拆档。道别演出，正是《梁祝》。她们从台上哭到台下，辨别不出彼此是为剧中人伤感，还是为姐妹分离难过，台下戏迷更是哭翻天。谁也没有料到，这竟然成为舞台姐妹的生离死别。

1941 年 7 月，马樟花在夫家的资助下，自组"天星剧团"。马樟花很快排出新戏《恩爱村》，于 8 月底在九星戏院亮相。不料，夫家不断收到匿名信，内中以极其下流不堪的语言，造谣马樟花"行为不端"，一些小报更是连篇累牍，大肆渲染。"闪电小生"，顷刻间名誉扫地。

那么，谁是这些造谣事件的幕后人呢？据说正是大来剧场老板陆根棣。他对马樟花早起歹心，只是碍于没有机会。煮熟的鸭子飞了，"摇钱树"走了。他实在咽不下这口"恶气"，于是对马樟花采取了"暗算行动"。

多重打击，让马樟花郁郁寡欢，一蹶不振，导致躺倒病榻大口吐血，演出就此匆匆收场。经医院诊断，马樟花患了肺结核及肋膜炎。

1942 年 2 月 19 日，农历正月初五凌晨，"闪电小生"马樟花，还未满 20 周岁，就在新年的鞭炮声中，饮恨离开人世。

只要闭上双眼，就是你的影子，你是我最牵挂的人。睁开双眼，我最想看到你的样子。远方的你，可知我的无奈，我的泪？

你的世界，我曾来过；我的生活，你是主角。纷繁之中，尘嚣之下，来过，走过，便是无悔与人生。

"要我演，就得改"

1942 年 3 月 7 日，袁雪芬突然大口吐血，经检查患的是肺病。报纸上用大字标题登出这条消息，并且说"据一般人推测，为哭马樟花而起"。

无奈之下，袁雪芬回到嵊县老家养病。战争年代，好不容易回到嵊县。不料，等着她的又是一个新的打击：父亲病危！延宕了几个月，父亲也去世了。

9 月中旬，心情平复的袁雪芬又回到了上海。好几家戏院争着聘请她去挂头牌。老闸大戏院提出的条件是，每月给她四万元的包银。四万元大约相当于每天一两黄金。

"包银多少我不在乎。我只有一个条件：同意搞改革。""我要演新戏。演什么戏，得我做主，保证老板有钱可赚，但他对剧目不得任意干涉。"袁雪芬说。

"大来"的中间人也来了，说："你要改革，要演新戏，只要卖座，都由你。""只是演新戏，得请编剧、导演、美术设计、舞台监督，钱由谁出？"

"只要同意搞改革，我的包银只要十分之一，剩下的包银给他们当薪水。"袁雪芬说。

就这样，20 岁的袁雪芬在大来剧场重新登台。不过，此时的她，不再是一位单纯的艺人，而是一位立志对越剧进行改革的"先锋"。

于吟编导的《古庙冤魂》，是袁雪芬复出后的第一出新戏。

于吟当过业余话剧演员，此次被邀请前来当编导。他捧着剧本为艺人排戏，为艺人讲人物关系，帮她们体验角色内在情感。多少年唱惯"幕表戏"，突然字斟句酌地"照本宣科"唱剧本，艺人都不会演了。他们纷纷找到袁雪芬"兴师问罪"："过去学戏学好了，天下都走得。只要看一眼幕表，不用排戏马上就能演，谁不能甩出几十句'路头'？现在就是要我们重新当学徒。"

受京剧衣箱制影响，越剧艺人"私彩行头"，也都由自己负责添

袁雪芬：爱越剧，是人生的骨架

置。许多戏迷看戏，特别关注艺人的行头，致使艺人之间互相攀比，竞相炫耀私彩行头。此刻，衣箱制也改了，由专业人士通盘设计戏服，再由艺人自己置办。

越剧发展初期，男艺人通常不用化妆，即便是男旦艺人，也只在脸上简简单单抹层胭脂和铅粉，女艺人的妆饰则以水粉妆为主，白粉底、红胭脂、墨膏描眉眼。这次，尝试给艺人化油彩妆。

原先的舞台灯光，充其量只起照明作用。这次，用铅皮做成长条灯槽，中间用铅皮分隔开来，用各色彩纸罩在上面，再用脚灯打在上面，灯光由此变得"姹紫嫣红"。

12月，第二部新剧《断肠人》推出。该剧根据陆游的词《钗头凤》改编。从这出戏起，开始用了完整的剧本，正式实行了剧本制，废除了幕表制。有些艺人因新剧的唱念、身段，不如老剧那般得心应手，打起了退堂鼓。

有人找来"陶叶剧团"小科班，艺人都是学戏不久的十几岁的女孩子，她们中有戚雅仙、赵雅麟等"小旦"，有客师身份的老生吴小楼，还有不满18岁的老生徐天红。以"陶叶剧团"为班底，袁雪芬于1943年农历正月初一又在"大来"演出了，演的是根据京剧《临江驿》改编的《人海飘航》。小小的大来剧场实在坐不下，借了"湖社"二楼礼堂演出。

1943年，于吟告别大来剧场，蓝明接替担任编导工作。蓝明加盟"大来"后，推出了新戏《雨夜惊梦》。该剧运用《打渔杀家》故事框架，采取曹禺《原野》情节构造，前后共分八幕。侠盗林金标的女儿林芸香，被恶少华子明调戏，少年骆文英路见不平。华子明抢亲不成，反被林金标毙命。林家父女和骆文英雨夜出逃，躲到古庙落脚，在庙里听来一段惊悚故事……后三幕戏，出现魔王、无须仙、妖魔等虚幻梦境。这部戏第一次用上两千盏聚光灯，在聚光灯前装上红、黄、蓝、绿等彩纸转盘，使灯光忽暗忽明，神话色彩浓厚。

《雨夜惊梦》获得了很好的票房，剧务部随之成立，负责所有剧目的创作演出，蓝明为剧务部主任。

毕业于上海立信会计学校的刘海涛，在业余时间排演话剧。他在《雨夜惊梦》中客串舞剑，被袁雪芬"慧眼识才"，改名南薇从事编导工作。

一次，他观看京剧大师周信芳演出的《香妃恨》，不由萌生了将此剧改编成越剧的念头。

《香妃》描写清朝初年清兵西征新疆，香妃的丈夫小和卓木酋长被杀，维吾尔姑娘被掳至北京。乾隆皇帝见她貌美且遍体生香，使用各种手段诱惑她顺从，香妃宁死不屈。1943 年 11 月 1 日，《香妃》在大来剧场推出。连续上演四周，日夜两场共 56 场，场场爆满。

在越剧唱腔音乐史上，《香妃》具有里程碑意义，是"尺调腔"特征音调的第一个剧目。虽说当时已有完整的剧本台词，但是却还没有专人定腔定谱，所有唱段均由艺人自行设计。前半场演出，袁雪芬唱的还是传统的"四工调"。这出戏演到第三场，香妃被掳，她的丈夫小和卓木被杀，乾隆皇帝为了使香妃死心，命人端着盘子，把用红布盖着的小和卓木的头给香妃看。袁雪芬饰演的香妃此时既不相信丈夫已经死去，又害怕丈夫已经被杀。当她战战兢兢地揭开了红布，发现果然是丈夫的头颅时，霎时受到巨大的震动。此时，以明快、活泼、朴实见长的"四工调"，再也无法表现主人公悲哀的心境。

沉浸在人物感情里的袁雪芬，不禁震撼心弦地呼喊："小和，我那苦命的夫啊……"此时的袁雪芬，突然冒出的一个高音，就像展翅翱翔的银鹰，冲出"四工调"的跑道。琴师周宝才猝不及防，好在京胡出身的他，深得伴奏之道，赶紧以京剧二簧定弦，用强有力的碎弓帮衬。随后，袁雪芬缓缓开唱："听说夫君一命亡，香妃心中暗彷徨。只见那小军捧头跪地上，盘中莫非我夫郎。走上前去揭布望，一阵伤心袭胸膛……"

这段委婉深沉的唱词，痛快淋漓地抒发了香妃的悲痛和仇恨。曲调离"四工调"越来越远，形成了富有传统韵味、浓郁悲剧色彩的新唱调，这就是"尺调"。

在初闯上海滩时，越剧只在茶楼、酒馆、商场等小场子演出。"四季春"登陆上海滩，能够在四百多座的大来剧场演出，在越剧界已属非同小可。越剧改革两年多，特别是《香妃》的成功演出，大来剧场已经装不下观众对新剧目的热望，1944 年 7 月剧组转入了近千座的九星大戏院演出。

11 月 4 日，又一出新戏《黑暗家庭》在九星大戏院上演。这是一部具有强烈现实批判主义的作品，取材于当时上海社会毒品泛滥的实际生活，由袁雪芬自编、自导、自演。

少女卢红英父母双亡，嫁给富商之子张如海为妻。如海自幼为父母所溺爱，染上吸食鸦片的恶习。婚后，红英对丈夫好言相劝，但均无效果。一次，红英撞破了小姑柳姑的私情，柳姑从此对红英怀恨在心，经常在父母面前搬弄是非。除夕之夜，如海向红英要钱，谎称前去戒烟。谁知如海立刻拿了钱去吸食鸦片。身处如此黑暗家庭，红英渐感绝望，服毒自尽。

袁雪芬扮演的主人公，从纯情少女，到染毒绝望，最终服毒自杀，令现场观众扼腕痛惜。人物原型的亲属好友，甚至不少瘾君子，都慕名前往观看，在现场流下伤心之泪。

紧接着，剧团抓紧时间投排《红粉金戈》。这出戏是根据明末清初名妓柳如是与"复社"名士陈卧子的经历编写的。袁雪芬饰演的柳如是，虽然沦落风尘，但深明大义，情操高洁，气节坚贞。在戏里，柳如是痛斥尚书钱牧斋屈膝投降、变节保命，袁雪芬唱得酣畅痛快、慷慨激昂。她仿佛不是在演戏，而是在痛斥民族败类的罪行。

"雪声剧团"

1945 年 3 月 31 日，剧团又移师明星大戏院演出。同为一家影院，它要比九星大戏院多出约 200 个座位。

当袁雪芬一脚踏进戏院时，"雪声"两字扑面而来，令她猝不及防。越剧改革推行两年多，新剧团无形之中已然成立，但袁雪芬却始终没有正式打出"旗号"。此次，突然亮出"雪声"名号，袁雪芬却茫然不知。袁雪芬有几分不满，当即询问："这是什么意思？"

剧团人员出面解释，成立剧团，亮出旗号，这不只是剧场的宣传策略，更在于越剧改革的需求。越剧改革不再是个人行为，而是整个越剧发展的需要。袁雪芬作为领军人物，理应走到台前"登高一呼"，扛起越剧改革这面大旗。

一天，编导南薇拿来一本《妇女与文学》，里面有解析鲁迅小说《祝福》的文章，与袁雪芬商议将小说改编成越剧。

对于小说中的描述，袁雪芬很熟悉。绍兴与她的家乡毗连，人文习俗一脉相承。祥林嫂的悲剧命运，她感到"似曾相识"。她当即同意搬上舞台。

1946 年 5 月 6 日晚上，《祥林嫂》在上海明星大戏院举行预演。

剧场里的灯光暗了下来。在音乐声中，幕布缓缓拉起。舞台上展现出鲁镇的风光：鲁四老爷家的大门口，墙一层比一层矮，鲁府的仆人出门燃放爆竹……极像一幅活生生的绍兴地区春节期间的风俗画。全剧包括序幕在内共分为六幕，有几幕又分为两场或四场。与小说相比，增加了一条线索：祥林嫂小时候跟随同在鲁府当长工的父亲到鲁家来玩，常与小少爷鲁阿牛做游戏；后来两人都长大了，阿牛少爷仍想与她纠缠，但被她正色拒绝。她二次进鲁府帮佣时，阿牛已成为老爷了，摆出一副封建卫道者的面孔。祥林嫂捐门槛回来，仍被他在祝福之夜赶出门外。其他情节，如祥林嫂出逃、到鲁府后被抢、被逼与贺老六成亲、老六病死和阿毛被狼吃掉等，都与小说差不多。

戏的结尾，袁雪芬两眼木然，失去知觉一般走上台来。她手里拿着被赶出鲁府时拿的五百文钱，好似做梦一般。随着她沉重踉跄的脚步，手中的铜钱一枚枚"吧嗒""吧嗒"掉落地上。最后，她挣扎着，绝望而又不平地仰望苍天呼喊："我没有罪！千千万万的人都没有罪！"

当天，许广平、田汉、洪深、黄佐临、史东山、费穆、张骏祥、欧阳山尊、白杨、李健吾、胡风、丁聪、张光宇等上海文化界知名人士前来观看。

从 1942 年下半年开始，到《祥林嫂》的成功，越剧改革已经走了接近四个春秋。改革之风，席卷上海滩。尹桂芳领衔的芳华剧团、范瑞娟和傅全香为首的东山越艺社、筱丹桂为首的丹桂剧团、徐玉兰为首的玉兰剧团、徐天红为首的天红剧团等八大剧团，相继实施越剧改革。

但是，艺人的命运，仍然受到剧院老板的牵制。徐玉兰连轴演戏，累得台上吐血；尹桂芳唱得嗓子嘶哑，每天照样日夜两场疲于奔命……

必须挣脱藩篱，方能自由飞翔。姐妹们通过联合义演，筹集资金建设剧场，在自己剧场演戏，不再受剧场老板控制；创办学校，自己培养新人，学员不再受班主的欺侮。

1947年年初，袁雪芬满地里寻找剧场"样板"，最终相中了南京电影院剧场的造型。这是呈扇形的1500座剧场，作为戏曲场子，效果恰到好处。在不到30天时间里，新剧场设计初稿绘图出来了，并且在霞飞路相中了一个地块。

袁雪芬"登高一呼"，尹桂芳、竺水招、筱丹桂、徐玉兰、范瑞娟、傅全香、徐天红、张桂凤、吴小楼等越剧名伶，纷纷加盟联合义演。这十位名伶，就是越剧史上赫赫有名的"十姐妹"。

这次演出意义非凡，几乎聚集上海滩越剧名流，不像过去义演凑个热闹。大家讨论的结果，决定从中国历史故事中找素材新编剧目，取名《山河恋》。

《山河恋》分上下集，故事取材春秋时期《东周列国志》，讲述意欲争霸的梁僖公，不断侵吞邻邦，掳得曹国美女绵姜为自己的夫人。相国黎瑟垂涎绵姜姿色，频加挑逗，屡为绵姜斥拒，怀恨在心，意欲设计陷害。于是，假传绵姜书信，召自幼与绵姜相好的纪苏公子柏潜进宫私会。幸宫女戴赢从中帮助，方得化险为夷。谁知绵姜赠纪苏公子明珠凤钗一事，为黎瑟部下卢豁侦知。黎瑟一面怂恿僖公逼问绵姜，一面以不攻纪国为条件，串通纪侯宠妃宓姬，潜赴曹国窃取珠钗，加害公子。正在危急之际，戴赢通过宓姬的女婢季娣的帮助，恳托禁军钟兜、申息两人，跋涉关山，历经艰险，终于在湘灵庙手刃妖妇宓姬，解救了绵姜。这时，翟国世子公孙敖，联合了被梁僖公征服的各国诸侯，攻入都城，打破了其妄想称霸的黄粱美梦。

都是大名鼎鼎的艺人，角色如何分配？大家决定先由个人抓阄，再由导演微调。结果，由徐天红演梁僖公，竺水招演绵姜，徐玉兰演纪苏公子，傅全香演宫女戴赢，筱丹桂演宠妃宓姬，张桂凤演宰相黎瑟，袁雪芬演只有几句唱词的侍女季娣，尹桂芳和范瑞娟则分别饰演御林军申息、钟兜，是站着不说话的大龙套。

1947年8月19日，这是上海越剧界联合公演《山河恋》的日子。由于排练特别紧张，演梁僖公的徐天红突然病倒住院，改由吴小楼出演。张桂凤在演《山河恋》下集时，也病倒住进医院，她的角色由他人顶替。

田汉得知这个消息后，非常激动地亲笔撰写《团结就是力量》评论，在《新闻报》上发表，热情赞扬"十姐妹"义举。

9月12日，几经波折的《山河恋》，在观众的热烈欢呼声中落幕。一个月后的10月13日，"十姐妹"之一的筱丹桂因恨服毒自杀。"十姐妹"的《山河恋》由此成为绝唱。

1949年，上海笼罩在黎明前的黑暗之中。一天演完夜场戏，没等袁雪芬出门，黄包车工人就逮着一个形迹可疑的人。那人躲在车篷后面鬼鬼祟祟，正将硝镪水倒在皮质车篷上，被黄包车工人一把抓住。等到袁雪芬走出剧院，车篷上已烧出一个大窟窿……

5月25日清晨，袁雪芬起身。最近一段时间的折磨，让她原本虚弱的身体又有了不适的反应。昨天日场结束后，同事们再三叮嘱她注重安全，让她想办法在外面避一下，或者告假住进病房里。可是，剧场的事务还离不开她，她也离不开越剧舞台。

袁雪芬稍事洗漱，来到大街上，她发现这一天与往常有所不同。马路上和衣卧着不少穿黄色军装的军人，有的在睡觉，有的就着咸菜啃冷馒头。一个年轻的士兵拦住了袁雪芬，很有礼貌地告诉她，前面还有战斗，不安全，请她先回去。

原来，解放大军已经攻占上海，上海解放了。

袁雪芬：爱越剧，是人生的骨架

筱丹桂：桂落

1947 年 10 月 14 日，淅淅沥沥的秋雨，将整个上海滩淋了个透湿。街路旁，桂花树下，一地满是细碎花蕊。昨日还是香满枝头，今天却已落入泥土，不禁让人黯然神伤。

这一天，"筱丹桂自杀身亡"很快传遍了上海滩，更让人们有了丝丝的寒意——

前一天，也就是 10 月 13 日晚，越剧艺人筱丹桂在家中服"来沙尔"自杀，临死前写下了"做人难，难做人，死了"八个字。一代名伶留下了这一生中最后的感慨，饮恨吞声而去，走完了年仅 27 岁的生命。

风动桂花香

筱丹桂，原名钱春韵，又名春凤，生于 1920 年，出生于浙江嵊县，因为家庭贫寒，从小就做了童养媳，11 岁时才被一个好心人领到了越剧小科班"高升舞台"学艺。

在"高升舞台"里，小姑娘们大都出自贫苦人家，没有谁比谁更高贵，也没有谁比谁更娇气，所以大家都铆足了劲儿学艺。哪怕是再苦再累，大都是咬咬牙忍过去。唱词儿，腔调儿，那余音未了时的似水多情轻蹒，止步，那一甩水袖间的柔情万种，又怎是轻易学得会的。

学戏，是个苦差事，越剧虽然不同于京剧，没有那么多的架势，也不用什么功夫底子，但旦角儿水袖点到之处的柔媚和脉脉含情的唱腔，却也不是容易事。春韵是个骨子里透着倔强的女孩，此时的她很清楚，想要不再回到当年，就要身有一技之长。

刚过 10 岁的春韵，天资聪颖，刻苦用功，先工老生后改旦。她是天生唱戏的料，彩衣披上，胭脂涂上，就是活生生古代的佳人美妇，爱恨怒怨、悲痴喜嗔都能触及人肠，尚未出科即成为该班主要花旦。

那时科班内，班主裘广贤立有一个规矩叫"满堂红"。所谓"满堂红"，就是说，一个学生犯了错，一班的学生陪着她受罚。比如搭台唱戏，一个人唱错了歌词，台下看客都没反应过来，但是老板却听得刺耳。戏谢了幕，便叫上这一班子的人，全部罚跪，兴许是跪上半炷香的时间，兴许就是跪上半天的时间。

班主惩罚完毕，其他人起身离去，即使委屈，也只能是无奈顺从，若无其事。唯有春韵依然跪在那里，静静地挑起自己一缕头发，柔软的青丝在手掌之中，却见她毫不犹豫地一剪下去。她用这样的举动表明自己是冤屈的。

只是，当夜深人静之时，她静静地看着自己一缕缕青丝的时候，会是怎样的一种心境？是反思自己的鲁莽之举，还是会对犯错之人略加怨恨；是轻笑一声将往事淡忘，还是每看一眼便如针扎？她不是个能轻易放下的人，不论是一个回忆、一个瞬间，还是一段感情。

她的性格孤僻、倔强，还带着些不近人情，这样的性子在戏班子里恐是没有几个能说上话的。不过，她的技艺超群，大家也对她礼让三分。不知道，这样的一个女子究竟是怎么在集体生活的戏班子里度过了十余年，也不知道跟其他的科班成员们有过多少的摩擦磕绊。

春韵啊春韵，如此柔顺的名字背后，竟是一个倔强、孤僻的女子，不停地跟自己较劲，最终是扛不住千言万语，倒在是非之下。不过，好在她的倔强与不认输，同样用在了学艺上，使得她耐住了寂寞，守住了平静，成就了一位无人争艳的越剧名伶。

苦练八年，终于要登上大上海的舞台。说起来，大上海滩是个好地方，虽然战乱频仍，但是娱乐活动却是雀跃得很，剧院仍然人满为患。听曲儿的，找乐儿的，在大上海滩是一抓一大把。

1938 年 4 月，"高升舞台"也在上海搭台了。作为一个外来的小越剧班子，也许登不上大乾坤、小世界，只能是在二流的恩派亚戏院里搭台唱戏。不过，酒香不怕巷子深，一出好戏，一个好角儿，在哪里都能引得几分轰动。

此时的春韵，挂出了"筱丹桂"的牌子。18岁的她正是如水年华，有着小女初长成的秀丽，也不乏历练十余年的老到。一笑一颦间的情意朦胧，双眸望，看似无情总多情，又似多情却无情。让筱丹桂一下从大上海雁过留声的，是一出经久不衰的名剧《贵妃醉酒》。筱丹桂在这出戏中将杨贵妃的哀怨和风情刻画得入木三分，眉角处的淡淡寂落，轻笑间的铮铮妖娆。是贵妃的眼角触了戏子的眉，还是戏子的笑容抵了贵妃的泪？是轮回的演绎，还是用碎乱掌纹赎回的前世？

只见她，香腮晕红，凤钗摇曳，风情如若三月花；只见她，云堆翠鬓，水袖轻摆，步履轻盈如飞燕；只见她，春葱玉指，回眸浅笑，万般娇美绕眉梢；只见她，轻吟唱词，矫脆如滴，脉脉含春唤舞蝶。

贵妃的悲戚，贵妃的妖娆，被她演绎得丝毫不差。最后，却见她将酒杯用嘴衔起，纤腰慢拧，翻身倒下。台下看客惊呆了，沉醉在她浅浅的莞尔一笑之中，沉醉在贵妃失落时的放荡妩媚之中，沉浸在她轻柔无骨的唱腔之中。一曲唱罢，台下连连叫好，筱丹桂这个名字随着这场《贵妃醉酒》红透了大上海。

一个伶人红极一时，但是不代表她所在的戏班子就能在上海站住脚跟。8个月后，"高升舞台"离开了曾经风光一时的上海，打道回了嵊县。有人说，是因为班主经营不善，也有人说是班主为了保护班里的小姑娘，不让她们被十里洋场金钱、性和腐败的城市生活所诱惑。

班主裘广贤对徒弟们的训诫可以用他的两句口头禅概括："清清白白做人，认认真真演戏。"他不仅为学员们请来最好的师傅，让她们在唱念做打等各方面都接受严格的训练，而且坚决地守护着女孩子们的道德与贞操。裘广贤制定了严格的纪律，禁止班里的女孩子与异性交往，甚至专门请了一位女管家监督她们的日常起居。当班里的女孩子开始被公众当作欲望的对象而走红之时，他意识到已经管束不了女孩子们的行为，担心这样下去会出事，于是带领戏班回到了家乡。一年后，裘广贤甚至解散了"高升舞台"。

在上海演出的日子，如过往匆匆，似风，似云，不过是一场惊鸿罢了。只是即使做了一帘幽梦，在梦里还是那般沉醉，那般难舍难弃。这穷乡之间寻不到霓虹灯闪烁，僻壤之内没有曲调婉转的歌。昔日随着眼泪滑过脸颊，桃李年华的女子，怎守得住这份寂寞？繁华随着"旧岁"

落了幕，淌过泪的脸颊冰冷冷的，轻叹一声，不过是徒伤悲，割舍不掉，却也是覆水难收的挽回。

不过，上天似乎读懂了这夜夜望星的小女子，在她灵动的双眸中寻到了丝丝留恋。这时候一个人出现了，但不知，是上天派来圆筱丹桂的梦，还是碎筱丹桂的梦的人。总之，一个人的出现，带给"高升舞台"的是一度的高升，带给筱丹桂的是人前的荣华、人后的凄凉。

华丽的外衣上爬满了虱子

这个人，就是张春帆。他也是嵊县人，算是一方能人，人们对他的评价褒贬不一。他既有贪婪、盛气凌人、控制欲强的一面，又有对朋友慷慨、豪爽、乐于助人的一面。1930年来到上海，靠自己的打拼当上了两家小丝厂的经理。或许，就在上海的小戏院，听了一幕筱丹桂的《贵妃醉酒》，于是他记住了这么一位技艺精湛、容貌娇媚的女戏子。

当"高升舞台"解散的消息传到他的耳朵里之时，他随即赶回嵊县，买下了剧组，将筱丹桂和"高升舞台"其他几位台柱带去了上海。

卸了妆的筱丹桂，不过中人之姿，但是，一上了妆，就像换了个人，俏丽艳美，风姿绰约，足以颠倒众生。

重返上海的筱丹桂，拿出看家本领，在舞台上咿呀呢喃，唱念做打，无不夺人之目，动人之魂。从上海的卡德戏院到浙东戏院，一路走红。不论是英姿飒爽的樊梨花，还是为父申冤不屈于强权恶霸的孟丽君；不论是温柔贤淑的蔡兰英，还是娇美如水的杨玉环，筱丹桂将她们翩翩演绎。每一个角色，似是量身定做；每一处的委婉，似是前世所转。很快，筱丹桂红透上海滩。

张春帆是冲着筱丹桂来的，自然力挺筱丹桂为台柱，不论是到哪里演出，首捧的就是她。想来，豆蔻筱丹桂不过是一直生活在嵊县的小女子罢了，见到的大都是粗布衣衫的男人们，所以，当看到一身新式西服的张春帆的时候，怦然悸动，有了丝丝爱意。只要巧遇一个春天，便是杏花开枝头。

张春帆是有妇之夫，又是猎艳高手。不过，筱丹桂似乎并不在意当这样的尘埃，很快两人同居了。

说起来，张春帆是个非常出色的经纪人，捧红了筱丹桂，让筱丹桂成了享誉一时的"越剧皇后"，其声势直逼"评剧皇后"白玉霜。筱丹桂也是第一个被誉为"皇后"的越剧名伶。越剧是个年轻的剧种，却发展迅速。民国时期，名家辈出，争艳斗奇。其时，坊间流传着这样的说法："三花不如一娟，一娟不如一桂。""三花"说的是早期的女子越剧名伶施银花、赵瑞花、王杏花；"一娟"是说相较"三花"稍后的姚水娟；"一桂"就是后来居上、红透津沪的筱丹桂了。

筱丹桂的成功让张春帆立感自己押对了宝，不满足于现状的张春帆，在大上海买下多家戏院，将剧团改名为"丹桂剧团"。

1940 年到 1947 年，这短短七年时间，对于张春帆来说，就是地痞无赖流氓的发家史，而对于筱丹桂则是展现才华、吃痛情爱的演绎史。

爱是盛开着的白莲，美丽得让人心生摇曳，那般纯洁无瑕，那般轻柔淡雅。只是，爱上一个不能去爱的人，如白莲开错了季节。入秋时分，白莲还不等露出尖尖的乳芽，便在瑟瑟秋风中慢慢落去。

说到底，张春帆从本质上是一个自私、卑鄙的小人，已经在越剧界占了一席之地的筱丹桂，却不能如自己所愿，仍然要事事听从张春帆的摆布。要说张春帆那倒也是个歪才，特意为筱丹桂量身定做了《马寡妇开店》《果报录》《姐做媳妇妹做婆》《潘金莲》《风流小姨》等剧目。

特别是他自创的《马寡妇开店》竟是百场不败，场场满员。倒不是说，这场戏里的筱丹桂比《贵妃醉酒》中的杨玉环多了几分媚态、添了几分娇柔，而是这场戏里有着一段段粗俗的表演，在旁的戏里看不到。

既然是寡妇，自然是没了男人的女子，却还有个襁褓的婴儿。在这出戏里，就有这样一段怀抱婴儿喂奶的戏。她坐在台上，秀眉微蹙，轻轻解开衣衫喂孩子奶。雪白的肌肤刺激了台下的男人们，他们一声声的高叫却像是石头砸进了柔软的蛋壳里。

不知道生性倔强的筱丹桂顺了他的意思，在台上卖弄姿色之后，会不会偷偷地哭泣一番。或许她放不下现在的身段，放不下自己千辛万苦之后的成功，放不下"越剧皇后"的美誉，事到临头也就只能认了。

至今也说不清楚，在台上演着一出出庸俗戏目的筱丹桂，以她大胆婉转，俏喉咙、媚眼波的表演，赢得了阵阵掌声。不过，那响彻的掌声，是让她如感春桃三月暖阳天，还是让她如临寒九腊月天？

筱丹桂是个真性情的女子，她没有因为奢华而故意掩去自己的喜好。筱丹桂爱好吃糖炒栗子，尤其是"新长发"的糖炒栗子，七载春秋竟是没有吃厌。

说起"新长发"的糖炒栗子，在上海是有些名气的。这家的炒栗子就是在门外的大铁锅里现炒，栗子个个圆大，且均匀，将它们倒入特种黄沙伴着白糖的大铁锅中，生油合炒，香飘四街。

筱丹桂每次去电台录制节目，都会带上一包糖炒栗子，所以也成了习惯。这时间久了，大家都知道"越剧皇后"爱吃这"新长发"的糖炒栗子，买的人自然也就多了起来。筱丹桂不知不觉中就为"新长发"做了广告，老板自然是开心，只要筱丹桂到电台，老板都会马上派人送去刚炒好的糖炒栗子。就这样，"新长发"的糖炒栗子借了筱丹桂的光，成了大上海无人不知、无人不晓的铺子。

她喜欢吃糖炒栗子，而且年年吃同一家的糖炒栗子。筱丹桂的确是个容易知足的女子，也是个专情的女人。毕竟，以筱丹桂的性子，不会轻易放弃任何人和事，放弃任何让她付出的感情，虽然明知道这段爱情没有结局。

不知是从筱丹桂大红大紫开始，还是从张春帆腰缠万贯开始，两个人的爱情慢慢地变了质。

上海滩各种小报多如牛毛，女明星和女戏子是这些小报评说的焦点。筱丹桂上演的"粉戏"，以及她与张春帆的关系，着实让这些小报不胜兴奋。为了增加发行，它们往往会歪曲事实，添油加醋，带着些讥讽嘲笑之意。

筱丹桂与张春帆几年的感情，出门入庭，任谁也心里跟明镜似的。不过，再是同出同入，也只是个没有名分的女子，张春帆从来没有想过给她半点名分。

而这样被暴露在光天化日下的不光彩的感情,让筱丹桂愈加苦闷。世上有哪个女子，不希望能嫁与才俊郎君？哪个女子不想要个名分？不知道，在两人相处的时候，倔强的筱丹桂有没有向张春帆讨要过名分，想来即便是讨要了，也不过是被张春帆辱骂一顿。

她，不是不想离开他。可是张春帆是一张庞大的网，网住了筱丹桂。毕竟当年她不过是个乡下剧团的戏子，是他捧红了她，现在的她到了回报和奉献的时候了。他认为，她的功成名就都是他一手造成，所以她怨不得，恨不得。无所谓情仇，只为了金山，也不能放走在爱中困顿的女子。

筱丹桂的爱情写满了孤独，誉满了委屈。当年为了表明受冤，长跪不起，立断青丝，如今却也只能委曲求全，饮泣吞声。回想当年，这个生性不肯受半点委屈的女子，不知会不会感到可笑？

张春帆自始至终是个小人，筱丹桂自始至终是个戏子，后来又有了不堪入耳的辱骂，有了冷嘲热讽的羞辱。面对张春帆的种种，筱丹桂据理力争之后，选择的是沉默。一个女人，哪里承受得了如此多的讥讽？况且，羞辱自己的人还是夜夜与她同眠共枕的男人。

或许当年的惊鸿一瞥，已经不再惊艳，或许曾经的爱意，成了赤裸的利益。筱丹桂喜爱舞台，因为在舞台上她可以肆意地挥洒她的姿采，可以引得台下看客对她痴迷痴醉，而这一切又是他给予的，离了他，或许她将归于沉寂。

筱丹桂曾说："许多人说我们唱戏的人都是快乐的，哪里知道我们内心的苦闷呢？"筱丹桂在尝尽了成功的果实之后，她内心又有什么苦闷呢？

她很想放下与张春帆的私情，然而唯一想放下的，偏偏又是放不下。

她本就是个放不下的人，每一件事，每一个字，每一句话都牢牢地刻在自己心中。旁人看她的目光，爱人对他的羞辱，她从来不言不语，不是不介意，而是太介意。怪只怪自己轻易地将心捧了出去。当年翩翩情郎不过是唯利是图，但他终归圆了自己一梦。

不管筱丹桂心底是如何地纠结，是怎样地挣扎，她还是一次次地容忍了张春帆，一次次地，在以爱为名的理由下妥协。

生活就像一袭华丽外衣，上面却爬满了虱子。为了面子，为了舞台，她伪装着虚假的幸福。

说到这儿，不得不问一句，筱丹桂作为女人，深爱浅爱，的确是爱过的，但是张春帆有没有真正爱过她？这个问题即使是筱丹桂，恐怕也回答不上来。或许应该说，筱丹桂跟着张春帆过了这么多年，却不曾了解他的心意。不得不说，虽然倔强，虽然孤僻，但却也是个痴心的女子。

桂落

二十世纪四十年代，越剧界兴起了一股改革的新风，"新越剧"由此兴起。从事"新越剧"的各剧团建立了剧务部，聘请新文艺工作者担任编剧、导演、作曲、舞美设计；从新文学、话剧、电影中吸收营养，上演新编剧目和经改编的传统剧目。

在"新越剧"的影响下，张春帆不甘落后也开始尝试改弦易辙。他特意从外面请来了导演，这一时期的筱丹桂出演了很多的新戏。但就在这看似一帆风顺的节骨眼上，冷山的出现，竟将一切的平静打破。

冷山，本名金照园，上海实验电影工厂的职员。冷山受雇于张春帆，主要是为了导演一出新剧《秦淮月》。在这出戏里，筱丹桂扮演的虽是秦淮河畔的卖笑女子，却如雪中春梅，霜下秋菊，令人惊艳。

在这出戏里，有筱丹桂翩翩起舞的剧目，但是演戏的舞台很高，排练的时候，筱丹桂台上蝶舞，然后跳下来的时候，冷山便在下面扶她一下。一来二去，也就衍出了悸动的男女情愫。只是把悸动当作爱情的开端，却又是一个错误的开始。

或许，筱丹桂生来便是一株凌霄花，如藤蔓一般附着了参天大树，便有了到达云端的希望，冷山的出现让筱丹桂以为找到了另一棵可以依赖的大树。

1947 年，尹桂芳、袁雪芬、傅全香、竺水招、徐玉兰等"越剧十姐妹"，准备筹建培养越剧人才的学校，组建自己的剧场。筱丹桂是红女伶，自然跻身其间。8 月，"越剧十姐妹"把法国大仲马的名著《侠隐记》同东周列国的背景结合在一处，开演《山河恋》。这出新戏有着江山美人的宏大故事架构。筱丹桂饰演的是戏份吃重的反角儿宓姬。《山河恋》一开演便引起轰动，连番上演，仍是一票难求。

可是，1947 年 10 月 13 日，《山河恋》演出结束不到一个月，筱丹桂就在家中饮毒自尽。《山河恋》成为了筱丹桂和"越剧十姐妹"

的绝唱。

筱丹桂的自尽，缘于一场电影。

那是在 10 月 5 日，筱丹桂和冷山相约一起去看电影。平日里被张春帆看得紧紧的筱丹桂，半夜时分回到家，看到的是张春帆铁青的脸。面对质问，筱丹桂有口难辩，撒谎说是和另一位编剧过房梁去看了电影。张春帆听完筱丹桂的话，冷冷一笑。凑巧得很，当晚过房梁却和张春帆在戏院里一起看戏。

张春帆自然不会善罢甘休，在恐吓与辱骂下，筱丹桂写下了"冷山"二字。10 月 7 日一早，怒不可遏的张春帆以讨论剧本为由把冷山骗到家中，让他和筱丹桂当面对质到底是谁买了电影票。冷山一口咬定是筱丹桂买了电影票请他的。这样的说辞不仅激怒了张春帆，也激怒了筱丹桂，她从来没想过，冷山竟是这么一个推卸责任的男人，自己满心以为的爱情，到头来不过是空欢喜一场。

冷山终是负了她的心思，当时看到冷山的时候，正如凌霄花看到了高入苍穹的大树，满心欢喜，随身而去。以为能摆脱竹篱的牵绊，能够依赖于大树望青天，不过这一切只是凌霄花的错觉罢了，大树不存在，爱情总是虚幻的。

张春帆觉得自己受了莫大的侮辱，开始对筱丹桂冷眼相待，视而不见，偶尔的一言半语，却也不过是加倍的讽刺和辱骂。张春帆从心底就没有信任过筱丹桂，两张电影票是谁买的或许在张春帆心里很重要，而他宁愿相信懦弱且信口雌黄的冷山，也不愿相信筱丹桂，怕是在他的心底早就将筱丹桂定位成了无情无义的戏子。这次电影事件，就是筱丹桂耐不住寂寞、红杏出墙的前兆。

筱丹桂从心底不愿意惹怒张春帆，请来同门师姐周宝奎说情。周宝奎曾回忆说："这个票一定是冷山买的，不是筱丹桂买的，我听到她嘴里也有个骂声，这种下作胚（冷山）也不好，自己赖掉了，她也没有同情冷山，好像他赖掉了，筱丹桂认为冷山也没什么好的。"

事情已经起浪，就不会平息，而且是男女间的绯闻，街头巷尾立时传开，再加上被报纸和舆论大肆报道，把这场三个人的情感纠葛暴露在了大庭广众之下，一时间满城风雨。筱丹桂，从一个感情圈套被卷入了一场绯闻风暴，明明是什么都没有的事，却被传言说道，这是何等的委屈。

筱丹桂怨愤填膺，气倒在床，说："为了这点小事情，闹得这样天翻地覆，做人还有啥味道！"

10月13日，距离电影事件刚过去8天，哀莫大于心死的筱丹桂终于扛不住流言蜚语，扛不住身边男人对她的羞辱，吞服大量"来沙尔"药自杀。

"来沙尔"绝非人们用来自杀的首选物品，因为它只是一般的医用消毒水，非大量饮用不会致人死亡，且其气味也十分难闻。可见，筱丹桂当时是去意已决。

弥留之际，这位年仅27岁的"越剧皇后"咬破手指，写下了"做人难，难做人，死了"八个鲜红淋漓的大字。

这是筱丹桂生命的写照，也是她对践踏其生命者的怨诉。

筱丹桂死后，整个上海滩都鼎沸了，也沉默了，34家越剧院一律宣布停演。14日那一天，成千上万的观众涌向停放着遗体的乐园殡仪馆。筱丹桂的舞台姐妹们都带着愤怒，含着泪水，为她送行。

12年前阮玲玉的葬礼也是在这里举行的。新闻媒体急于指出两位女演员相隔12年的悲剧事件的相似之处。10月15日《大公报》报道称：

全沪的越剧红星都已到殡仪馆去祭奠，只有姚水娟在香港没有来。这次筱丹桂死后的情形，不亚于以前电影女星阮玲玉，颇为轰动社会，所以警局也很注意这件案子，正在调查她自杀的原因。

对于筱丹桂的突然自杀，张春帆也是大感震惊，其实情爱与婚姻是一双鞋，大小是否合适只有双脚才知道。不论我们如何评价张春帆，他是流氓也好，是恶霸也好，但他与筱丹桂的爱情只有筱丹桂心里清楚。在一起七年的时间，对于爱情来说，也已经足够久了。

筱丹桂临死前除了一句话之外，还有就是想给张春帆写一封遗书，却只在纸上写下"春帆"二字便倒地不省人世。她是想对张春帆说什么？是忏悔，是谴责还是申诉？还是在回忆他们曾经短暂的美好？这些都无人知晓。

"越剧十姐妹"剩余的九位明星在报上发表联合声明，控诉张春

筱丹桂：桂落

帆的罪行。警察局也采取行动，以"唆使筱丹桂自杀"的嫌疑为名将张春帆带走讯问。11 月 5 日，法院正式开庭审理此案。

公审当天，旁听者多达 700 余人，把法庭挤得水泄不通，人们急切地想知道，张春帆到底会有什么样的下场。

在证人席上，出现的是一张熟悉的面孔——冷山，冷山作为证人出来指证张春帆曾经暴力对待筱丹桂，为筱丹桂鸣冤。恼羞成怒的张春帆反过来一纸诉状把冷山也告上了法庭，说他是第三者插足。当时的越剧界认为，筱丹桂之死，千错万错冷山顶错；冷山则口口声声咬定与筱丹桂只是普通朋友关系。

后来，张春帆终因罪名不成立，被法院宣告无罪释放，但他最终还是自己搬起石头砸了自己的脚。四年以后的 1951 年 10 月，张春帆被上海市军管委以反革命恶霸罪判处死刑。据史料记载，张被处死的另外两个原因是其在新中国成立后还犯下"窝藏包庇"罪与"造谣破坏"罪。但更多的原因应是张春帆在上海戏剧界所犯下的种种恶行，袁雪芬等越剧姐妹的强烈呼声得到了政府的积极回应。冷山也得到了报应，被逼沦落他乡。当初倘若他不是懦弱地将一切过错全部推给筱丹桂，也许就不是这样凄惨的结局。

筱丹桂用自己的方法洗刷冤屈，其实，她不仅没将冤屈洗刷，更是平添了谜案，当时到底是谁请了谁看电影，也成了不解之谜，更不要说她与冷山之间的情感是真是假，都成了过眼的云烟，一散而去。

很快，以筱丹桂为蓝本的多个剧本在上海演出，轰动全城。只是不想筱丹桂一辈子都在台上演戏，不曾半刻停歇，怎料，自己身后竟也化成了一部令人趋之若鹜的戏。当真让人感叹了，戏如人生，人生如戏，是台上演戏，是台下看戏，都不过是一个瞬间的转变。

常香玉：此生只为豫剧生

　　花开了，又落了；草青了，又枯了；月圆了，又缺了。站在人生的舞台上，幕，终究是要合上的，总要谢幕！

　　走过了寒来暑往，那些过往的陈年旧事，那些流逝的日月交辉，像一张张发黄的旧照片纷至沓来。曾经的感动、曾经的爱情、曾经的迷惑、曾经的苦涩、曾经的伤痛……在经意与不经意之间恣意，弹奏出情意绵绵、思念绵绵，震撼着久违的心田。

　　有人说她是"豫剧皇后"；有人说她是"巾帼英雄"；有人说她是"人民艺术家"。而，她则说："我常香玉只是一位普通的豫剧人。"

"百家饭"养大的苦命孩

　　常香玉并不姓常，姓张，家人为她取的名字很好听，叫妙玲。1923年9月15日，她出生于河南省巩县一个名叫董沟的小村子。

　　妙玲的父亲叫张茂堂。因家里太穷，就跟着人到军队里当兵去了。年轻时的张茂堂聪明伶俐，虽然没文化，不识字，不认谱，却跟一起当兵的朋友学会了唱戏。从军队回家后，就到处搭班唱戏，养家糊口。

　　张茂堂学唱的就是旦角，最拿手的是唱花旦。为了唱响出名，他取了个女性化的艺名叫张凤仙。唱戏虽苦，生活总还有个着落。农闲时，张凤仙背着族人和乡亲出去串戏班，农忙时，回家收拾自己家那点地的事。

　　张妙玲是喝着苦水长大的，可是苦日子并没有影响她长得标致。到了六七岁时，两道浓浓的眉毛，两只水汪汪的大眼，加上又黑又粗的一条独辫，使她谁见谁都喜欢。

当父亲在那里练戏时，妙玲感到很好奇，爹比画的动作蛮好看，娘哼哼的调儿蛮好听。慢慢地在一旁也跟着爹比画。有一次，爹看着她比画得还有点意思，就先做个样儿，然后让她走几下看看。她拉开肩膀一溜儿圆场，停下来一个"亮相"。还有模有样，蛮是那么回事儿。

常言说："同行是冤家"，张凤仙的好嗓子招人嫉恨，他喝的水里被人偷偷下了哑药，嗓子一夜之间就坏了，迫不得已只好离开能吃一口饱饭的戏台。家里的半亩地显然养活不了一家人，在冬闲春荒接济不上时，妙玲就跟她奶奶时不时去外地"串门子"。那言外之意，有走亲戚、出去办事的意思。说到底，就是出门要饭。

为了让妙玲吃到一点儿稀罕东西，奶奶每次梳头时，都会把梳下的那一绺一绺的花白头发拢起来。等到吹糖人的小贩来了，她就把那些攒起来的头发拿出来，换来一只很小的糖公鸡或小糖鱼。这个时候，小妙玲往往是舍不得立刻"消灭"，直看到它快化了，才和奶奶"咝喽咝喽"地把它吃掉。这对年纪幼小的张妙玲来讲，已是很奢侈的事了。

从小就没饭吃、靠"串门子"讨饭活命的小妙玲，慢慢懂得了生活的艰难，懂得了谁对她亲，谁对她远。

要饭要饭，百家饭养着苦命的小妙玲磕磕绊绊地长到了七八岁……

因为贫穷，张妙玲的四个姑姑都当了童养媳，饱受虐待，其中一个被打死，一个被打残。妙玲8岁那一年，大姑来了，给妙玲介绍了一个人家，说是那家人家有十几亩地，还有牲口，日子过得殷实，让凤仙送妙玲过去给人家当童养媳。

父亲虽然不识字，但两个妹妹的悲惨命运，让他认清了一个道理：穷人家的闺女，自小给人家当童养媳，就等于把孩子送到火坑里了。

怎么办呢？三十六计，走为上。不管怎么说，学戏总比送去当童养媳挨打受气要好。

于是，一天夜里，张凤仙带着妻子，担子一头挑着铺盖卷儿，一头挑着小女儿，摸黑偷偷逃出董沟村，流落江湖。

他们最先到了一个叫站街的地方。站街离老家董沟不远，是巩县一个繁华的镇子。这里有一个开小饭铺的常老大，是张凤仙的拜把子兄弟。

这个常老大对戏很是痴迷，一听说让孩子学唱戏就高兴。他对张凤仙说："这个闺女，我一看就知道可有灵气儿。如果学唱戏，保不定是个大材料！"一听这话，张凤仙向妙玲递眼色。

妙玲很懂事，立刻跪下恭恭敬敬地磕了三个头，喊了声"干爹"。

妙玲开始学戏，是跟着爹学的。每天一早，头上还顶着星星和月亮，妙玲就被父亲拉着，跑到河边，对着河水喊腔。对水喊腔，腔会水灵。爹喊"咿"，她跟着喊"咿"；爹喊"啊"，她跟着喊"啊"。要先把嗓子喊开，然后再一句一句地学着唱。白天，不管阴天下雨还是烈日当头，都要练基本功，翻跟头、折把式、跑圆场、卧龙绞柱、拿大顶等等。到了晚上，不管是月缺月圆还是三九严寒，既要喊嗓子，又得背戏词。临睡觉前还要练一炷香的眼功。小妙玲盘膝坐在床上，手拿一根香放在两眼正中，香头向左，眼珠就随着向左转；香头向右，眼珠也得跟着向右转；香头转一周，眼珠也得转一周；香头转得快，眼珠也转得快；香头转得慢，眼珠也要转得慢。

张凤仙心劲很大，一心要把女儿培养成个名角。张凤仙没少吃苦，一边在戏班帮忙，一边下窑挖煤，什么苦活累活都干过。他对妙玲的要求十分严格，甚至到了苛酷的地步，一点儿亲情不讲。他的信条是"戏是打出来的"。他认为，大凡练唱戏，不打就不出功，不打就不出戏……这些事他明白，他经历过。

张凤仙特制了一条鞭子，妙玲稍有懈怠，立刻就劈头盖脸地一顿抽打。有一次，妙玲踢腿没到位，张凤仙二话没说，拿出鞭子举手就打，直到把妙玲打得昏死过去。

在张凤仙的鞭子抽打下，妙玲的武功、唱功进步很快，可以上台唱戏了。张凤仙就带她投奔戏班，走村串乡跑高台，以"常香玉"的艺名，边学边演垫戏、跑龙套。

在乡村跑高台，三天一个台口。这个台口完了，当晚就要启程赶下一个台口，不能耽误第二天上午唱戏。夜晚赶台口，近的一二十里，远的四五十里，也必须天明之前赶到。常香玉困了累了，凤仙就叫她练着功走路。若是碰见路边上四五尺高的田埂，父亲就让她从田埂上向路边"劈双叉"。

一旦常香玉演戏出了差错，张凤仙劈头就是一顿鞭子。观众见此情景，认为常香玉是张凤仙夫妻用钱买来的，一张一常两个姓就是铁证。

大家一看常香玉满脸是血，更是恼火，于是拳脚相加，把张凤仙饱打一顿。后经常香玉苦苦哀求，说明自己改名的缘故，才把张凤仙放了。

说起张妙玲改名常香玉，也是一个故事。有一次，常香玉随戏班到巩县站街唱春会。董沟老家有人来赶会，看到妙玲唱戏，感到是丢了脸面，说她再唱戏，就不准姓张。张凤仙与常老大一合计，干脆给张妙玲起个艺名，跟着常老大的姓。从此，常香玉的名就响起来了。

后来，常香玉的名声越来越大，人们渐渐地就把她张妙玲这个名字忘记了。

闯江湖

在豫西跑了数年高台之后，张凤仙决定到城市去闯闯。他选择了郑州，那里有个领班的叫周海水，也是张凤仙的朋友。

周海水，幼年进科班学戏，初演丑角，活跃于豫西舞台。1928年他在郑州创办"太乙班"，后又筹资兴建"长发戏院"。他的唱腔讲究"三分唱、七分白"，念白时抑扬顿挫，唱腔则用豫西调的"下五音"，吐字清，腔调润，喷口准确脆拔，富有力度。说起表演，他还有一手"气死功"绝技，瞬间昏倒，形象逼真。

那时的郑州，由于有陇海、京汉两条铁路在此交会，从一个小县城迅速发展为人口六七万的城市。城市虽然不大，却也是常香玉平生第一次到的大地方了。

在长发戏院，常香玉先是当丫鬟，跑龙套，慢慢地也就演起重要角色。眼看常香玉就要红起来，担任主演的孙兰芳不免有些拈酸吃醋，处处找碴，不断闹别扭。不多久，张凤仙只好带着常香玉离开。

到了1935年冬，周海水策划赴开封演出，四处网络艺人，常香玉在长发戏院的演出水平给他留下深刻印象。他主动找到张凤仙，商量"豫西调"闯开封的事儿。张凤仙原本志大心大，自然一拍即合。

何谓"豫西调"？这里回溯一下河南梆子的发展历史。清乾隆年间，河南省已流行梆子戏。在发展过程中，由于受到各地语音和民间音乐等因素的影响，形成了带有区域性的不同流派，有"祥符调""沙河调""豫东调"和"豫西调"，大致以"豫东调"和"豫西调"为两大腔系。"豫西调"以中州音韵和洛阳语音为基础，在传统演唱中多用真嗓，声大腔满，具粗犷、浑厚、悲壮、深沉的特点。这两大腔系"各吹各的号，各唱各的调"，也"各有各的地盘"。常香玉学的正是"豫西调"，"豫西调"很难打进开封。

1936年1月，正值新春，周海水带着"太乙班"一班人来到开封。

那时的开封，是河南的省会。繁华热闹的大相国寺是市中心，在其四周分布着国民、同乐、永安和豫声四大戏院。周海水一行人来到开封后，选择了大相国寺西北边的醒豫舞台扎下架势，虽然处在开封的中心地域，但因不临大街，比较偏僻。

当时开封戏院的规矩，一般是一天演下午、晚上两场，每场唱三出，前面的一出是垫戏，由小字辈艺人演，边演边等观众进场，后面的中轴戏和大轴戏才由大主角出场。那时常香玉才13岁，名气不大，只能演垫戏。

尽管是垫戏，毕竟是"太乙班"进开封的"开炮戏"，周海水仍十分重视。

这场垫戏名叫《曹庄杀妻》，常香玉主演好吃懒做、对母不孝的妻子焦氏，是个彩旦角色。常香玉把一些生活化的举动做了夸张处理，演得幽默活泼、生动有趣，尤其是她那一连串的"屁股蹲儿""小翻""劈叉"等动作，演得干净利索，惟妙惟肖，把她几年苦练的功力显露出来了，赢得了观众阵阵叫好声。

"开炮戏"赢得个满堂彩，班主周海水和几位主演都很高兴，连连夸奖常香玉，就连一向十分严格的张凤仙，也兴奋得直搓手。看常香玉是个可造之才，班主周海水对她加意培养，把身上的绝活妙招都倾囊相授。慢慢地，常香玉就从唱垫戏，到偶尔演大戏，先后主演了《玉虎坠》《桃花庵》《大祭桩》里的小旦、青衣，还能演《荆轲刺秦》里的武生，有时还在一些剧目中扮演老旦、丑角。

在开封这一段时间，张凤仙还给常香玉请来了唱"祥符调"的旦角老师聂良卿。聂良卿一有工夫，就赶到常香玉的家里，教常香玉学习"祥符调"。既学"豫东调"，又学"祥符调"，常香玉的唱腔开始有了自己的唱法。

常香玉：此生只为豫剧生

张凤仙见此情景，喜出望外。为了常香玉早日走红，张凤仙抹开脸跑回老家，好说歹说请来了族弟张丙运，让他为常香玉写自己的戏。

张丙运是个教书先生，爱戏，懂音韵，从小书摊上买个旧唱本，闲着没事就照上面哼哼。来开封不久，他就照这个戏本改编了一出《秦雪梅吊孝》。

不久，《秦雪梅吊孝》上演，常香玉第一次当上了主演。"常香玉"三个字，按照戏班规矩第一次绣在"遮堂"上。

大相国寺里的戏院多。有一天，父亲领着她去看京戏，剧目是武戏《泗洲城》，女旦打出手的精彩表演深深吸引了她，特别是枪在空中不停地飞舞，脚在不停地踢，令人眼花缭乱。她着了迷，决心要把这种本领学到手。开始时，父亲不同意，认为太难了，但顶不住女儿的执着，最后请来一位姓杨的京戏师傅。出手戏的确很折磨人，配合稍有不好就会伤人。就这样，她一天两场戏照演，硬是苦练一个月，把《泗洲城》拿了下来。

中秋节前几天，常香玉的梆子戏《泗洲城》连演三场，顿时轰动了古城。

就这样，周海水的戏班在开封连着唱了几个月，会的戏翻来覆去唱了几遍，眼见观众越来越稀少。周海水想带领班子到陕西演出，问张凤仙是跟去还是留下来。张凤仙见常香玉已经能够担纲主演，毫不犹豫地选择留在开封。

1936 年年底，周海水带着大部分艺人离开。就这样，"太乙班"在开封整整唱了一年，打破了"豫西调"艺人难以在开封立脚的局面。

张凤仙说服主演张同庆等留下，请来了"祥符调"名家王金玉，又请来徐双槐、韩小丹、马天德等一批艺人，凑够六十多人的班子，自己当了掌班，继续在醒豫舞台演出。

其中，徐双槐从小学戏，主功武生，曾专程到登封拜武术名师学艺，很快就练就一身真功夫，刀枪剑戟无一不通，腾挪闪跳犹如闪电，翻墙上房一跃而就。尤其是他的"翻高"绝技，常练不辍，身轻如燕，敏捷似狸。常香玉向徐双槐学习《荆轲刺秦》一剧。整出戏里就没有几句唱，主要是表演武打功夫。武打紧张激烈，扣人心弦。常香玉在徐双槐的教导下，学会了"双枪"绝艺。在台上，常香玉把双枪耍得白练翻飞，风雨不透，精绝惊人，观众鼓掌叫绝。

　　女儿成了主演，自己也当上了掌班，但心高气大的张凤仙并没有满足，因为正在豫声剧院演出的陈素真，名气还比常香玉大得多。尤其是她跟前有一个大笔杆子樊粹庭，不断给陈素真编新戏，一连编了七出，唱一出火一出，惹得开封戏迷像发狂一样，每有新戏都蜂拥而去。

　　张凤仙心里明白，要让女儿赶上陈素真，光靠唱来唱去的几出老戏，那是千难万难。要想成为大唱家，就必须有自己的"独家戏"！

　　机会突然来了，一位名满省城的才子主动找上门来，提出要为常香玉写戏。

　　他名叫王镇南，1917 年毕业于北京高等师范学校。在上学期间，王镇南就开始学习京剧，并成为票友中颇有声望的人物，毕业后在河南洛阳、开封任教。

　　1927 年，冯玉祥主政河南期间，在开封创办"游艺训练班"，王镇南应邀前往任教，从事戏曲改良。一次，京剧戏班在开封演出，王镇南登台串演了一个角色。这一下可捅了马蜂窝，为人师表，却居然加入如此低贱的职业，报纸上有了"王镇南形同优伶，不堪为人师表"之类的文章。见到报纸后，王镇南反而要求在戏院门口的海报上把他的名字写大点，越醒目越好，公然叫阵："说我不堪为人师表，你的学生可以不跟我上学，但我王镇南不能不唱戏！"

　　王镇南对戏的痴迷，由此可见一斑。

　　1937 年，王镇南看到樊粹庭编写的几部新戏，出出成功，在省城引起巨大反响，也觉技痒，跃跃欲试。那时，常香玉已经在醒豫舞台唱红，名头越来越响。王镇南连着看了常香玉几场戏，觉得这个十三四岁的小女孩天赋好，嗓音亮，脸上有戏，能文能武，是个可塑之材。这天，他约上好友史树明主动登门，提出要为常香玉编写新戏。

　　正为编写新戏而发愁的张凤仙，见王镇南亲自造访，顿时高兴得手忙脚乱，眉开眼笑。

　　那天夜场唱的是《桃花庵》。刚结束，张凤仙就把王镇南请到后台，向艺人们点评点评。王镇南随口改了两句戏词，把"九尽春风桃花开"改为"九尽春回杏花开"，把"小猫儿叫得春心动"改成"蝴蝶双双飞墙外"，改得既妥帖又高雅。

张凤仙匆匆搭起的新戏班，到现在一直没有名字，便乘机向王镇南请教。王镇南沉吟片刻，说了个"中州戏曲研究社"的名字。张凤仙也连连附和，干脆让才14岁的常香玉当了"社长"。

"中州戏曲研究社"成立不久，王镇南和史树明一道，为常香玉编写了《六部西厢》。

《六部西厢》系根据元代王实甫的名作《西厢记》改编，扩充了情节，改写了戏词，把文言变成白话，更适合河南梆子的演出特点。整部戏从张生到山西游学开始，到最后的有情人终成眷属结束，分为六部，每晚演两部，分三晚上演完。王镇南还亲自担任导演，把京剧的一些表演方法、表演技巧和发声、吐字、归韵方法糅合进去，去了几分山沟和煤窑的土气，添了几分适合城市口味的雅韵。

第一、第二部主角是莺莺，后四部主角是红娘，都由常香玉出演。演出前一个星期，海报就贴得满街都是，演出时更是场场客满、掌声不绝。王镇南、史树明和常香玉演一场，进一步，边演边改，边完善边提高。六部《西厢》轰动了省城，盛况空前。

后来，《六部西厢》成为常香玉的主打剧目，也成为豫剧众多旦行演出的主要剧目之一。尤其是根据后面"拷红"一场改编的《红娘》，更是让常香玉辉煌一生的经典剧目。

1938年春天，日寇的铁蹄踏碎了中国大片沃野山川，中华民族再次承受着被侵略被欺侮的苦难。

在此国难当头之时，由王镇南编剧，常香玉又上演了一出《打土地》。尽管这是一出小戏，但在豫剧的历史上是第一出现代戏。那个小戏的内容很简单："九一八"事变后，一老汉携儿媳从东北逃往关内，在一个土地庙里栖身。儿媳因丈夫和孩子被日寇杀害，精神失常，她指着泥塑的神像问："这是什么？"老汉答："那是土地爷，快磕头。"儿媳愤怒地说："啊，他是土肥原（侵华日军将领，策划了皇姑屯事件、九一八事变）。"说着，边唱边控诉日本鬼子的侵略罪行，并将泥塑打翻在地，边唱边打，边高呼"打倒日本帝国主义"。尽管《打土地》的情节比较简单，但演出效果十分强烈，往往台上台下同呼口号，场面相当感人。

当时，樊粹庭率领"狮吼剧团"回到开封，陈素真在大陆、华光等剧场再度上演"樊戏"，与"豫声剧院"的司凤英、"醒豫舞台"的常香玉三台大戏同时演出，遂成"鼎足而三"之势，各有各的绝招，各有各的特色，各有各的观众群。"对台戏"在开封唱了三四个月，实实大饱了开封观众的眼福、耳福。于是，就有好事的热心观众开始打分了，评她们为"豫剧三鼎甲"：陈素真是头名"状元"，司凤英是二名"榜眼"，常香玉是三名"探花"。才14岁的常香玉，能够和两位名满省城的大主演齐名，分庭抗礼，已然显示出她的艺术实力和潜质。

一路上全是坎坷

1938年，常香玉带领"中州戏剧研究社"离开开封，来到尉氏县。

当时，尉氏县城驻扎着一支国民党军队。姓张的参谋长一见色艺俱佳的常香玉，立刻就起了歪念头，派副官给张凤仙送上一对金戒指，一副银镯子，非要纳常香玉为妾不可。张凤仙一看势头不对，吩咐常香玉和母亲跳过院墙，连夜逃回开封。

第二天，张参谋长闻听常香玉已经逃走，恼羞成怒，立即派大兵把庙院团团包围，声言如果常香玉不回来，戏班里所有的人，一个也别想活着出去！

闻听戏班被扣，逃回开封的常香玉焦急万分，束手无策。正当她们万般无奈时，一位好心人把常香玉引见给时任"国民政府军事参议院"副院长的张钫。常香玉拜张钫为干爹，在张钫的斡旋下，戏班才安全返回开封。

很快，日军抵近开封。日军飞机不断轰炸，市民纷纷外逃避难，艺人们也走上了四散逃亡之路。

张凤仙带着常香玉去了密县，后又去了巩县，接着又去了洛阳。一路逃亡，一路搭班演出。

在洛阳，常香玉地面不熟，没少受到压榨欺负。尤其是一帮滞留在洛阳的伤兵，军纪涣散，时常在戏院里大呼小叫，甚至到后台对女艺人动手动脚。有一次和艺人们大打出手，连机关枪都抬了出来。

眼看在洛阳越来越难以维持，正好西安来人邀请，张凤仙就带领戏班去了西安，把"中州戏剧研究社"改名为"易俗剧社"，开锣演出。

那时，西安东西南北四条大街，已有四大名角分占：孙盛辅的京剧、赵钰兰的评剧、王天民的秦腔、陈素珍的豫东剧，各显神通。常香玉在城内找不到舞台，只得在东关外火车站附近搭露天戏台演出。由于火车站附近聚集了大批河南难民，加之常香玉的票价定得较低，因此一开锣后，观众人山人海，连城里人也跑来看戏，无疑影响了陈素珍的票房收入。陈素珍当时正红，经常出入省府主席蒋鼎文官邸开堂会，被坊间称为"蒋主席怀里的小白兔"。她在蒋鼎文面前告了状，说是在火车站搭台，有碍交通，扰乱秩序。蒋鼎文听后，派出军警，勒令常香玉拆台停演。常香玉知道得罪了陈素珍，只得去陇海沿线的华县、渭南咸阳、宝鸡等地跑码头巡回演出。

1940年8月，张钫的"千唐志斋"在其老家洛阳市铁门镇落成，邀请常香玉去演出祝贺。

常香玉感念张钫的救命之恩，于是从西安返回河南。

在民国时期，张钫也算得上是一位叱咤风云的人物，出身行伍，颇通文墨，还办过煤矿等实业，曾担任二十路军总指挥等要职。张钫的一大功绩是收集一千八百块墓志碑，在家乡建起了"千唐志斋"，保存了大量历史文物。

在洛阳演出几场戏后，不料常香玉病倒了，昏迷不醒，持续高烧，命悬一线。

女儿这棵摇钱树病倒，张凤仙慌了手脚，连着请了多位中医、西医，诊疗费花了不少，可常香玉的病情一点儿都不见好转。后来，洛阳城南关林伤兵医院的一位医生，诊断出常香玉患的是肋膜炎脓胸，动了两次手术，抽掉两根肋骨，常香玉才得以苟延残喘。

屋漏偏逢连夜雨。此时的张凤仙夫妇竟然染上鸦片烟瘾，眼看常香玉活命的希望不大，买好了棺材和寿衣，干脆躲在洛阳城里撒手不管，任由女儿自生自灭，听天由命。

在那个寒冷而漫长的冬天里，常香玉卧倒在一间冷飕飕的小屋里，奄奄一息。

爹啊娘啊，我还不想死，只因我还太年轻，尚未尝过美味佳肴，还未感受完人间温暖情意；我还不想死，只因我还太幼稚，还未曾用成熟的眼光看过整个世界，还未体会到长大成人的喜悦与烦恼；我还不想死，只因我还没恋爱，没有真正感受过二人世界的甜蜜，没有尝过为人妻为人母的酸甜苦辣。

爹啊娘啊，昨日是热情似火，今天却无情冷漠；昨日是真心在乎，今天却无心陌路。这到底是谁的错？

在常香玉被所有的人抛弃的时候，义妹常香玲重情重义，始终守在常香玉身边，精心照料着常香玉的吃喝拉撒。

那时，常香玉和常香玲身无分文，全靠常香玲"唱门"要饭才能艰难度日。有一段日子，常香玉水米难进，一只脚已经迈进了鬼门关，常香玲万般无奈，想起了讨要人奶的主意，费尽千辛万苦，才生生把常香玉从鬼门关拉了回来。

1941年秋，大病一年的常香玉，听说当年"太乙班"的另一位主演汤兰香在洛阳唱红，就在常香玲的扶持下回到洛阳搭班，勉强支撑着病体演出，为父母还清吸大烟欠下的债。

债刚还完，从巩县来了四个老乡，诉说老家南河渡的黄河年年发大水，希望常香玉捐钱修坝。常香玉没有犹豫就答应了，演出一段时间，共捐出了约合买四百袋面粉的钱。

堤坝修成了，河水不再滚了，由于常香玉捐钱最多，这段堤坝就被家乡人称为"香玉堤"。

常香玉在洛阳越唱越红，一些有权势的人又开始打她的歪主意。有一个姓卢的专员天天纠缠，常香玉实在气不过，从土崖上跳下去，摔伤了脚骨。戏班没有办法，只好再次奔西安而去。

此后，常香玉向西边走边唱，一直唱到宝鸡、汉中、兰州、酒泉。一路上荆棘丛生，一路上沟壑暗堑，尽是险恶。好在常香玉是个坚忍的人，荆棘和沟壑挡不了她前进的步伐。她在磨难中一天天长大。

今生幸好遇见了他

1942年秋，常香玉应邀到宝鸡演募捐戏。这里，是河南难民大量集聚之地，河南同乡会为解决难民子弟上学问题，计划建设一所小学，特地举行了这次募捐义演。

正是这次宝鸡之行，常香玉遇到了一生唯一的爱人。

在演出期间，常香玉认识了河南老乡、宝鸡大新面粉公司董事长黄自芳。黄自芳是个戏迷，能写会画。1943年农历正月十六，常香玉就上演了他写的剧本《灯节缘》。

《灯节缘》的故事大意是：正月十五元宵节灯会，前来观灯的人很多。一位小姐爱上了一位公子，两人到背人处说话，相约来年看灯再次会面。到了第二年，两人私订终身，并且山盟海誓，就是海枯石烂也决不变心。这位公子告诉小姐说："今年是大比之年，皇上开科，我得去赶考。若得中有了地位，就请人说媒，用八抬大轿把你娶走。若还金榜不能得中，来年仍在此地相会。"那时，黄榜有名也绝非易事。因此，第三年灯节相会时，两人也就相伴着逃跑了。《灯节缘》上演后，上座率很高。就这样，在宝鸡，常香玉又成了妇孺皆知的当红艺人。

黄自芳举办了一个座谈会以示庆祝。会上，宝鸡县三青团书记陈宪章发表了一番妙论。他说："我提点儿意见，虽是一句唱词，却涉及表演和剧本的两个方面。这句唱词是：'我观他人忠厚眉清目秀。'常香玉女士在表演时，在灯节上一看到这位公子，就用水袖挡脸，有些欠妥。小姐一见这公子，应当上下打量一下，然后再唱'我观他……'略带一点背躬就行了，一定要看清之后再唱。"常香玉当时虽没说话，但心里想：一个大闺女，突然看到一位相公，就瞪着眼看人家，恐怕不妥。陈宪章接着说："常香玉女士的掌手戏是《西厢记》，《西厢记》里有一折叫'惊艳'，就是写张生和莺莺在普救寺里的初次见面。两人的眼睛彼此一看，各吃一惊。张生认为莺莺小姐堪称绝代佳人，莺莺认为张生儒雅风流，两人相爱就在这个'惊'字上。所以，彼此见面一定要看个清楚，然后再唱。"

陈宪章，1917年出生在河南郑州，比常香玉大6岁。他7岁前父母先后亡故，初中毕业考入了洛阳师范。抗日战争爆发后，在西安参加了战时的艺术班，积累了一些戏剧知识，渐渐地成了一名豫剧编剧。

与常香玉第一次见面后没多久，陈宪章在黄自芳的家中第二次见到了常香玉。为了排演《莺莺梦》，陈宪章给常香玉念戏词，说戏文。

这一次的见面，彻底地打开了常香玉的心扉。陈宪章的影子，在常香玉眼前始终挥之不去。情窦初开的常香玉心里想的是陈宪章，挂念的是陈宪章，做梦梦见的仍是陈宪章。当时，常香玉已经21岁，爱情之花已经从蓓蕾期到了开放期。

滚滚红尘，就好似一个圈，看不到起点，寻不到终点，让人不知不觉中就入了圈，随着圈子转来转去，总也跳不出去。转得有些疲惫的时候，总有人会出现在你眼前，为你提提神儿，随后，演绎一段或旷世奇恋或平淡姻缘。

没过多久，常香玉被逼唱堂会。为了反抗，常香玉把一个金戒指吞进了肚子。送到医院后，医生用吃韭菜喝蓖麻油的土法为其治疗。可她死活不肯吃。陈宪章听到这个消息后，就马上赶到医院。看到陈宪章，常香玉委屈得没有说话，闭着眼在流泪。经过陈宪章的劝导，常香玉终于同意了医生的建议。

身体恢复以后，清晨的渭河岸边，除了常香玉，又多了陈宪章的身影。每次清晨的见面与交谈，给常香玉带去了无限的快乐和温暖，常香玉生平第一次体会到了爱情的甜蜜。双鸟栖息，惹人羡慕，心如巧燕，却感丝丝不安。陈宪章已有妻儿，让常香玉很失望。

常香玉向陈宪章提出了三个条件：第一不当小老婆，第二不嫁当官的，第三结完婚得让她唱戏。

不久，陈宪章离开宝鸡，回西安办理离婚手续。

临别之时，那番情浓意更怅。再大的相思，也不能遮了其中的忧愁，再大的相守，也抵不过一时的孤独。

等待陈宪章回来的日子，对常香玉来说是如此地漫长。就在这个时候，剧团又去了汉中演出。

到汉中了，连续演出了三个星期后，常香玉又病倒了。因为相思之痛，常香玉的病一直没有起色。远在西安的陈宪章，千里迢迢托人捎来了药。不知是药物的效果，还是爱情的力量，常香玉的病见好了。

病好了，常香玉感觉此生再也离不开陈宪章了，于是她舍弃了剧组，独自一人，千里跋涉，来到了陈宪章的身边。

1944年，两个饱受磨砺和相思之苦的有情人在西安成婚。这一年，常香玉21岁，陈宪章27岁。从此，两人不离不弃，携手走过几十年。

常香玉不仅有了生活中相濡以沫的伴侣，而且事业上有了一个相辅相成的好帮手。陈宪章先后为常香玉创作、整理、改编了《花木兰》《拷红》《白蛇传》《大祭桩》《破洪州》《五世请缨》等戏。可以说，常香玉的每一个重大行动，每一个重大成功，都离不开陈宪章这个甘居幕后、默默奉献的终身伴侣。

1948年，国共内战兴起，河南再次蒙受沉重灾难，大批难民再次向西流动，西安又成为收容河南难民的一个中心。

常香玉萌生创办灾童豫剧学校的想法，得到陈宪章的理解和支持。经过艰苦筹备，"香玉豫剧学校"在西安市马厂子十三号院成立。招牌刚一挂出去，就吸引了大批前来报考的孩童。经过挑选，收录了第一批学员。

1949年年初，常香玉带团到甘肃兰州演出，引起轰动，万人空巷，一票难求。

随着解放军大举进军西北，局势十分混乱。常香玉不得已离开兰州，带着一个小戏班，租了一辆卡车，边走边演戏，途经武威、张掖，来到酒泉。解放军进军神速，9月25日，常香玉和她的剧社在酒泉迎来了解放。

这一年，常香玉已经26岁。

严凤英：一阵风，留下悠悠黄梅香

她是原野吹来的风，带着醇醇泥土味；她是原野吹来的风，留下悠悠黄梅香……

人们提到她，除了喜爱，还是喜爱；除了想念，还是想念。这份喜爱与想念，早已伴随着原野的风，吹进了无数人的心里，揉进了每一寸的泥土里。

天上人间，她还在深情地唱……

少年鸿六儿

1930 年 4 月 13 日，安徽安庆古城，在龙门口余家祠堂的连升栈小饭店里，洋溢着难得的喜气。

六十多岁的店老板严启纯，祖上几代单传，人丁不兴旺，想儿子偏偏不生儿子。抱了个儿子叫严思明，长大后粗通文墨，娶了个媳妇丁小妹，两年后生下个孙女儿。对严启纯来说，自然是天大的喜事。按严氏宗祠的族谱，这孙女儿应属"鸿"字辈分。老汉思量一阵，心想他年过六旬才得孙女儿，取个"六"字，正好也应"六六大顺"之说。于是，为这个女孩子取了个简简单单的名字："鸿六"。这个名字后来伴随了这个女孩整整 16 年。

鸿六儿的落地，虽给这个家庭带来了活力，但严家更需要男丁。然而，事情并不尽如人意，四年后，丁小妹生下的又是一个女的。

这一下，严启纯父子满心的欢喜化为乌有，少了言语，也少了温情。严思明更是经常乘着酒力发疯，不是摔东西，就是把气撒到老婆女儿身上。

接连生下个"赔钱货"，丁小妹更是伤心。日子实在过不下去了。有一天，丁小妹终于抛下丈夫与女儿，改嫁了别人。这样一来，严家陷入混乱不堪的状况……严思明一狠心，把几个月的小女儿抱给了人家。

以后，严思明今天张家，明天李家，帮忙打杂，弄些闲钱。手头有了钱，就在小酒店胡天黑地，然后自娱自乐地拉拉京胡，哼上一段《空城计》。

严启纯只能又做爹又做妈，把聪明的孙女鸿六视为掌上明珠，真是衔在口里怕化了，抱在怀里怕闪了，骑在颈上怕跌了。

有一晚，鸿六儿坐在爷爷在腿上，兴奋了一整晚。只因为，严启纯带着鸿六儿到剧场看了一场"什锦戏"。

那时的安庆，是安徽全省的政治、文化中心。清末之时，京戏也进入这里，与地方的黄梅调同时登台，有时还添上逗人笑的滑稽戏，这就是所谓的"什锦戏"。黄梅调源于湖北黄梅一带的采茶歌，在清道光前后，逐渐在皖、鄂、赣三省交界地区流传，形成以演唱"两小戏""三小戏"为主的民间小戏。以后吸收青阳腔及徽剧的音乐，结合了当地的民歌，开始搬演大戏，慢慢形成以怀宇为中心的"怀腔"，流行于安庆地区广大农村。

鸿六儿第一次看"什锦戏"，就被吸引住了，吵闹着要爷爷带她去看第二次。爷爷一则无那个经济实力经常看戏，二则对这些说说唱唱的戏剧打心眼里看不起，大有不屑一顾的味道。此后，不管孙女怎么吵闹，他再也不带她踏进剧场。

可是，当时他怎么也不会料想，这个四五岁的小孙女日后会成为一代黄梅戏大家，黄梅戏这个剧种会在她的身上得到升华。

1937 年，抗日战争全面爆发。物价飞涨，兵荒马乱，人心不安，连升栈饭店生意萧条了许多。看看小店撑不下去，严启纯跟儿子思明合计一番，觉得不如回老家桐城县罗家岭务农。于是，一咬牙就卖了饭店，推了辆独轮小车，吱吱呀呀地回到了罗家岭镇边的小陈庄。

回到老家，鸿六儿也到了该上学的年龄。不过，生性活泼好动的鸿六儿，在小学堂待了半个月，就对念书没有了兴趣。三天打鱼，两天晒网，断断续续上了二年学，就疯野在外，放牛拾柴。空闲的时候，与小玩伴学唱"山歌"。"山歌"中流行是的一问一答，当地叫"对广谜子"。这小玩伴们只要有人开了头，后面肯定有人接上就唱。在双方的一问一答间，俚音笑语脱口而出，诙谐成趣。

罗家岭有个黄梅调班子，逢年过节之时就聚在一起唱几台戏。为首的班头是个摆小摊的白铁匠，名叫严云高。按严家祠堂的辈分，他还比鸿六儿小一辈。

严云高的黄梅调，罗家岭人人爱听。可是十多年前，严云高却因为唱黄梅调触犯了族规。那天夜晚，听到一阵狗叫，他就告别妻儿，含泪逃出了罗家岭。以后跋山涉水，流落四方。何日是归期？何处是归程？想念家乡的亲人时，他经常彻夜难眠。他在外流浪了八年，将近三千个白天夜晚，他托人打听罗家岭的消息，最后终于听说那个不讲人性的族长死去了。家里人带信叫他回来，他这才踏上回罗家岭的小路……

不过，那几年也有他欢乐的时刻，经常有黄梅调戏班邀请他搭班演出。他使尽浑身解数，把一个思乡的游子之情唱绝了，多少观众听了他的戏不觉潜然泪下……

官府说黄梅调是"花鼓淫戏"，难登大雅之堂。鸿六儿的爷爷严启纯也不爱黄梅调，说："唱黄梅调，没出息！"

鸿六儿看了几场严云高的演出后，却爱上了黄梅调。她跟着一些小玩伴缠着严云高，想拜他为师学唱黄梅调。

可是，严云高心有余悸。收了他们为徒弟，如果走漏风声，让祠堂里知道了，那可是旧账之上又加新账，其严重的程度可想而知，还有连累人家小孩子的危险。自己也不比当年，如今是上了年纪的人，比起八年前体力也减了，火气也消了，一旦事发，再要外出闯荡就不容易了。可是鸿六儿唱起当地的"山歌"来，歌喉质朴大方，唱调有板有眼，是一块唱戏的好苗子。让一个好苗子从自己手上漏过去，自己又觉得不甘心。

思来想去，严云高终于下定决心，偷偷地收下了鸿六儿这位女弟子。

世上没有不透风的墙。鸿六儿跟严云高学戏的事，还是让爷爷严启纯知道了。他心里十分恼火，满脸乌云，吹胡子瞪眼睛。这颗掌上明珠，居然唱起黄梅调来，这是他所绝对不容的。

可是，鸿六儿的情绪好极了。低矮的茅屋关不住鸿六儿的心啦！她连做梦都梦见自己在学黄梅调，她更想象着自己在戏台上唱戏的情景。

管你怎么骂，任你怎么说，鸿六儿一看老人不注意，就"哧溜"一下溜出家，一口气跑到严云高那里，与师兄弟们一起有滋有味地学唱黄梅调。

鸿六儿学戏很快，不久，《小放牛》《闹花灯》《春香闹学》这些小戏也会唱了。她的模仿能力极强，同样一出戏，别人学十来遍才会，她只要几遍就熟记在心。很快，《花亭会》《送香茶》这些大戏也学会了。

在桐城农村，到了新春时节，有钱人家为长者做寿，往往请求戏班唱几天戏，剧目也多是喜庆一类内容。由于祝寿的人络绎不绝，故戏班演出的时间很长，有时要从上午唱到晚上。这种演出就叫做唱寿戏。如果有小孩子参加演出，更是吉祥如意，红红火火。

在练潭一带，有一个名叫琚世贵的黄梅调艺人，接到了一户有钱人家的邀请，让他组织戏班子去唱寿戏。唱黄梅调，戏班子必须要有"三打七唱"十个人，三个人敲打板鼓、小锣、大锣伴奏兼帮腔，七人登场演唱。那时，黄梅戏班的艺人并不稳定，时聚时散。这次，琚世贵排来排去，一时凑不起这十个人。琚世贵找到了严云高，严云高就叫他去通知鸿六儿。

听说是去练潭镇唱寿戏，鸿六儿高兴得跳了起来。可是当琚世贵气喘吁吁地跑来找到她时，她却犹豫了。因为她知道，爷爷是绝对不会让她登台演戏的。

怎么办呢？到了出发的那一天，机灵的鸿六儿在家打扮停当，拎着小竹篮，装作下湖滩挖野菜的样子，不慌不忙地走到白果树后，与接头的琚世贵见了面，二人拔腿跑去……

那晚，戏台搭在张家祠堂的大院里。这晚，看戏的人特别多，台前空地上挤满了男女老少，就连祠堂的圆柱上、白果树上，以及那高峻的风火墙头上，都是观众。做寿的老人穿上紫色的夹袍，坐在台口正中间的红木太师椅上，远远望去，俨然像个慈祥的老寿星。

开台锣鼓响了，观众的情绪怎么也安定不下来。鸿六儿刚上场，轻巧地在台上调皮地耍起花手帕，跑了个圆场，才把无数双眼睛吸引住。原来的嘈杂声，顿时平静下来，全场鸦雀无声，都在注视着鸿六儿的表演。

鸿六儿一板"火攻"唱罢，台下随即响起一片喝彩声。鸿六儿在台上见此情景，越发得意，于是又是四句唱，又把观众的情绪掀起了一个热潮……

练潭镇演出，使鸿六儿的名字不胫而走，可是却招来大祸。严启纯和严思明父子气急败坏，认为她伤了严家的风，败了严家的俗。两人把她关在屋子里毒打一顿，最后还要把她推到村口的藕塘里去淹死……

小荷才露尖尖角

1945 年，日本投降，抗日战争胜利结束。

老百姓感到自由了，心情舒畅了，繁荣的局面也随之形成，这正是戏班唱戏的黄金时刻。这时，黄梅调艺人程积善托人带来口信，约严云高搭班唱戏。

严云高与程积善是老朋友，两人经常合作，多次搭班演出。程积善为人谦和，性情开朗，戏唱得极好，而且人缘也好，在圈子里口碑不错。对程积善的邀请，严云高欣然同意。两人商定，头一站就在枞阳镇演出。

枞阳镇，是个背依长江的水陆码头，在长江北岸的码头中，在安徽省是个仅次于安庆港的第二号商埠。

可是，开场戏《何氏劝姑》没演出就卡壳了。原来戏里饰演小姑张兰英的旦角艺人生病发烧，无法兑现演出。

这可急坏了班主程积善。开场就不吉利，下面的戏还怎么唱？换戏码，怕观众起哄，难以收场；按原定计划上戏，这张兰英又由谁来演呢？程积善别无他法，只有开会请大家出主意。屋里顿时出现了尴尬的冷场，忽然屋角处响起一个悦耳的声音："师傅！我来试试好吗？"

这正是鸿六儿。虽然她才 15 岁，学的戏不多，可她聪明好学，有极强的记忆力，严云高心里十分清楚。大家一商量，到了这一地步，也暂时只有让鸿六儿上场了。

当晚，严云高就将鸿六儿领到一边，先讲《何氏劝姑》的关目，接着就教张兰英的唱腔。然后一边拉场子，一连点拨鸿六儿应该注意的关节处。

谁知这么七弄八弄，两遍下来，鸿六儿竟全会了。这可乐坏了程积善。

鸿六儿出演张兰英，是个至关重要的事。无论对戏班还是对她自己，都将产生大影响。但是，她得有个艺名。严鸿六这名字太土气，也太小气，登不得大雅之堂。

戏班里有一个老生艺人名叫张云风。平时里无事，他就代班子里抄抄戏报，班子里也就数他肚里有墨水了。于是把班主起名字的事交给了他。

眼看就要开场了，张云风连想都没想，脱口而出："你姓严，干脆就叫严凤英好吧！"

大家一致叫好，鸿六儿也就同意了。戏牌上出现了斗大的三个字：严凤英。也就是在那个晚上，"严凤英"这个名字伴随鸿六儿一道，初次登上了舞台。

鸿六儿在戏中演的张兰英只算是配角，主角是何氏。何氏唱腔共计二百二十多句，内容多是描写家庭里日常生活的景况，又是用当地人熟悉的生活口语演唱，能够比较容易引起这些乡下观众的共鸣。再加上唱词生动诙谐，唱一句观众就跟着笑一句。

可是，等到何氏唱完"聪明姑娘莫绣花快下楼阁"后，却高低见不到鸿六儿的人影。师傅的锣鼓敲了又敲，师兄的眼睛瞪了又瞪，鸿六还是两腿发颤，上不得台来。

师弟急中生智，拖过师姐，狠命一推，严凤英就这样被推上了舞台。

严云高一见严凤英上了台，立刻变换锣鼓点子。严凤英马上醒悟过来，顺着锣鼓点子亮了相。稍做镇静，摆起姿势，开口唱戏。她急于把过失弥补回来，这样一来就显得有点急火火地抢板。可凑巧戏中的小姑此时的心情也是十分着急："我情愿嫂嫂挑花绣朵，我不愿到叶家去见公婆。""我情愿跟嫂嫂打柴烧火，我不愿到叶家去受折磨。"几句一唱下来，反而收到了意想不到的效果。

何氏下场后，就是小姑子张兰英想嫁妆的一段独唱。经过嫂子的劝说开导，小姑子改变了原来的想法，同意了这门亲事。等嫂嫂走了后，她天真地盘算起自己的嫁妆来：

> 一心想牙床上青丝罗帐，
>
> 二心想朱红漆出一部牙床，
>
> 三心想好帐沿把麒麟来绣上，
>
> 四心想金帐挂钩在两厢，
>
> 五心想鸳鸯枕两头摆放，
>
> 六心想红绫被绿绫镶腔，
>
> 七心想铜锡器银光锃亮，
>
> 八心想太师椅八把一堂，
>
> 九心想押箱银数百余两，
>
> 十心想身穿红衫婆家去拜堂……

小小年纪的鸿六儿并不完全理解唱词的内容，也拿不准该如何做才到火候，表演时显得有些傻里傻气，结果演成了一个傻小姑子。谁知又是歪打正着，台下又响起了掌声和赞美。

严凤英的《何氏劝姑》震动了枞阳镇，吸引了很多戏迷和四面八方的客商。第二天，严凤英的名字就传遍了枞阳的大街小巷。人人争看严凤英，她走到哪里，总有人跟后指点议论不休。

风靡安庆城

1945 年下半年，严凤英又搭上张光友的班子，进了安庆城。

张光友这个班子，在众多黄梅调的草台班子中力量最为强盛，其间就有名噪一时的丁永泉。

丁永泉，人称丁老六，是怀宁县丁家咀人，这里离安庆城只十二里路程。他擅演青衣、老旦，是黄梅戏发展史上值得书写一笔的人物。起初，黄梅调很简单，也很土气，与京戏同台演出，多为垫戏，很难担当起压大轴之重任。这一改变，就始于丁老六。1926年，他带领一班艺人，来到安庆城演出。到了1934年年底，丁老六又带领22名艺人，分几批进入了大上海，在杨树浦一带演出，从而把黄梅调送进了上海滩。不久，他们又进了最热闹的城隍庙，在一个叫月华楼的三层楼上演出，与二层楼的扬剧分庭抗礼。这样，艺人们的眼界大开，学到了他们在安庆所无法学到的东西。他们吸引了扬剧的高胡伴奏方法，试行用胡琴作伴奏。服装上也有了明显的进步，"宁穿烂，不穿乱"，开始讲究什么行当穿什么衣服，代替了以往摸到什么衣服就穿什么的旧习俗。他们还学习了唱连台本戏的一套规矩，唱起了《梁祝》《上天台》《下天台》等连台本戏来，一唱就是七八个小时。这批从农田里走出的黄梅调艺人，第一次把不为世人所知的黄梅调推到了大上海，为黄梅调的发展立下了一大功。

对于严凤英来说，离别了8年，终于又回到了安庆。这儿是她的诞生地，也是她编织儿童梦幻的地方。旧情依依，严凤英兴奋地走在安庆的街道上。钱牌楼、迎江寺、振风塔、吴越街……过去在她幼小的心灵中，曾留下多少依稀的梦境。

严凤英在安庆演出，头三天的"打炮戏"是《送香茶》《戏牡丹》和《劝姑讨嫁》。

《送香茶》，又名《采茶送茶》，严凤英已唱过好多遍了，她把陈月英这个角色演得很熟练。写的是村姑陈月英与母亲相依为命，一日在桑园里采桑时，发现少年张保童痛不欲生，上吊自尽，便将他救下，尔后又结为兄妹。陈母见少年品貌端正，心中甚喜，要他刻苦读书，以求仕途通达。平日，陈母常叫女儿给保童送去香茶解渴。16岁的陈月英已经懂得朦胧的情爱，借送香茶的机会，向张保童吐露爱意……这是一出以情动人的唱工戏。试想，豆蔻年华、情窦初开的村姑，给同样青春芳龄的少年送茶，会出现什么样的情景？

那时唱《送香茶》这出戏，一般是由男艺人扮陈月英。且不说少女陈月英由男性扮演，本身就缺少青春的气息和女性的娇羞；就是像一些技艺成熟的艺人，也难以把少女初恋时那种惟妙惟肖的感情充分表达出来。现在，由同龄的严凤英来饰演陈月英，完完全全展示了采桑女的聪明、温柔和多情，是一个不同于别的陈月英的采桑女，这使安庆观众们为之耳目一新。

在安庆演出之时，乖巧的严凤英还积极向丁老六、郑绍周、程积善、王剑峰这些前辈们学戏，这样就出现了一批脍炙人口的剧目：《西楼会》《丫环挂帅》《小辞店》……

《西楼会》又名《鹦哥记》《放鹦哥》，写徽州的公子洪莲保家道中落，父母双亡，在其叔的培育下发愤读书，期望日后仕途通达。一日，他放鹦哥追到了方家花园，偶遇方家小姐秀英。二人一见钟情，相约在西楼相会。一个青年男子如何随便进入方家，与秀英小姐想见？洪莲保想了个办法，自己乔装扮作丫环卖到方家，瞒过了小姐的父亲等人，终于与小姐在西楼相会……

严凤英喜欢洪莲保的儒雅、温柔、多情。这是一个多么令她心动的男子！对于情窦初开的严凤英，洪莲保具有很大的诱惑力。在动乱的时代里，在环境、职业的熏陶下，她已经开始懂得了儿女私情。她的眼前，不时幻出想象中的洪莲保的影子。如果洪莲保真的出现在严凤英的面前，憧憬美好未来的她，八成会心醉的。

严凤英喜欢这个角色的另一个原因，是她喜欢反串小生。

凡是女艺人反串小生，都有着男艺人扮演小生时无法比拟的韵味。越剧的尹桂芳、徐玉兰是如此，河北梆子的裴艳玲也是如此。大约他们反串的小生，气质更柔美细腻，风度更淡雅洒脱，一举一动、一笑一颦，更显妩媚多情。这一番韵味，往往会使观众神魂颠倒，云里雾里……

《丫环挂帅》，是老艺人王剑峰专门为严凤英量身定制的，故事其实就起源于传统黄梅调《二龙山》。

《二龙山》的故事是：余彪、余素贞的父亲遭奸臣李怀德陷害后在午门被斩首，兄妹俩一气之下反了朝廷，上二龙山聚义。真是冤家路窄，巧逢奸臣之子李志珍路过山下，余氏兄妹将他捉拿上山，以报父仇。不料余素贞对李志珍一见钟情，自愿与其永结百年之好。正愁不得机会，幸好哥哥余彪被马寨主请去饮酒，把李公子交给了妹妹。余素贞即授意丫环从中撮合，李终被迫成婚。嗣后，余彪的被害及李公子的逃婚，却粉碎了余素贞的美梦。因此，她把山寨大印交给了机灵勇敢的丫环，自己则下山寻夫……

王剑峰见严凤英演过许多丫环，很讨观众喜欢，就建议把丫环的戏拉长，专写几场丫环戏，好让严凤英担任主演。其实，在《二龙山》里女主角应是余素贞，然而让严凤英演余素贞的话，又觉得戏的分量太重，一时怕她拿不下来。既要让严凤英挑大梁，又不能叫她顶不起来。王剑峰灵机一动，将《二龙山》易名为《丫环挂帅》，继续由严凤英演丫环，加重丫环的戏份。

《丫环挂帅》里的丫环，要演得吸引观众，就需要添枝加叶，以诙谐、幽默、风趣而又稚气的唱词、对白和表演，抓住观众的心理。严凤英正是这样做的。在"挂帅"这场戏里，她把丫环的喜悦心情、天真烂漫的性格、年轻得意的劲头，都惟妙惟肖地表现了出来。安庆的舞台上，头一次出现这么一个不同凡响的丫环现象。

在剧中，余素贞想下山去找她的夫婿，又丢不开山寨，左右为难、唉声叹气。剧本是这样写的：

> 余素贞：（叹气）哎！可叹哪可叹！
>
> 丫　环：姑娘，叹些什么？
>
> 余素贞：我心想上京，找你姑爷回来，可叹山寨无人看守。
>
> 丫　环：有我看守。
>
> 余紫贞：有此胆量？
>
> 丫　环：有此胆量！
>
> 余素贞：如此，看印拜过。

丫环接过大印，等余素贞下山之后，即发号施令：

"……手捧大印进寨口，大小喽罗听从头，山寨粮草般般有，不许喽罗私下山头。倘若有人违令走，宝剑出鞘斩不留……"

严凤英扮演的丫环，几句道白，对答如流，铿锵有力，唱得清脆圆润，刚柔相济，扮演也很生动，表现装腔作势的地方，使人感到可笑而又可爱。

过去有哪个丫环挂过帅印？没有。以后又有哪个丫环挂过帅印？也没有。在黄梅调的历史上，只有严凤英演过《丫环挂帅》。

戏是因她而编的，别的艺人不可能把丫环当作中心人物演。王剑锋之所以要把《二龙山》易名为《丫环挂帅》，改头换面，招徕观众，就因看中了她严凤英这块材料。所以，与其说严凤英演《丫环挂帅》的成功，毋宁说王剑峰、丁老六等"导演"这出戏的成功。

《小辞店》究竟是怎样的一出戏呢？它原系《菜刀记》中的一折。《菜刀记》全剧的故事梗概是：青年商人蔡鸣凤到下江做生意，住进了小镇卖饭女刘凤英的小饭店。刘年轻美貌、能干多情，虽然很多人追求她，但她并不为之动心。可是一见蔡鸣凤，她竟然一见倾心，成了这个年轻客商的俘虏。刘凤英真诚地爱着蔡鸣凤，希望从他那里得到幸福与爱情。可是蔡早有妻室，尽管与刘如胶似漆地生活了三年，却并没有使他忘却发妻，决意回乡。当明白事情真相后，她表现了十二分的失望、惊讶、愤然、后悔及痛苦，终致演出了一场爱情悲剧。

《小辞店》这折戏，就是描写蔡鸣凤辞别刘凤英回家之时的那一段情景。此时此地，刘凤英这个期待幸福的少妇的那种痛苦与绝望之情，以及蔡鸣凤的犹豫、自责而又真爱对方的热切感情，都需要艺人准确地表达出来。双方的心里都装着苦酒，经历着别离的痛苦，心里正掀起一场感情的风暴，彼此都有多少要说的话。

黄梅调有一句行话："男怕《访友》，女怕《辞店》。"唱小生的最怕《山伯访友》，梁山伯一口气要唱一百几十句唱词。唱花旦的最怕《小辞店》，刘严凤英一个人要唱三百多句，还要唱得有变化，有感情，又好听。

严凤英在好奇心及不服气心绪的驱使下，硬是把《小辞店》学到了手。

当卖饭女初次登台时，严凤英用她多情的眼给了人们一个秋波。三百六十行的客商，出入她的店中，有风流多情的、打情骂俏的、狼心狗肺的……无不在她的身上打主意。但是，一身清白的她并未陷于污泥之中。她需要的是爱情的慰藉，是一个真正男人的温存。蔡鸣凤与她相爱三年，她已得到了对方真挚的爱。因此她上台亮相时，那炽热多情的一瞥，热烈、深情，正是她为追求爱情而大胆坦诚的表露，把一个饱饮爱之蜜酒的少妇的幸福感赤裸裸地表现了出来。

这是一出以唱功见长的戏。卖饭女的三百多句唱词，是述说，是倾诉，是内心的宣泄，是感情的爆发。她述说时，娓娓动听，如细雨润物；她倾诉时，缠绵悱恻，哀婉凄戚，催人泪下。严凤英唱出了卖饭女的心，

严凤英：一阵风，留下悠悠黄梅香

演活了卖饭女的情，而台下却有多少个卖饭女和蔡鸣凤式的人在为之热血激荡，感慨万分。

严凤英的《小辞店》唱红了。此后，严凤英就经常到处"赶包"，有时一天三场，刚在钱牌楼剧场唱罢，立即坐上黄包车赶到皖中剧场，再回到黄金大舞台。她顾不得休息，只对着小茶壶"咕嘟咕嘟"喝几口茶，就又风风火火地上了台。

流年，悲喜

15岁的严凤英，已经长大了，不再是毛头小丫头。她半大的个头，长圆脸，身上的大襟红褂洗得干干净净，下身的直贡呢裤子十分合身，脚上粉红色的线袜上，穿着一双绣有牡丹花的小口布鞋。

一天夜里，她正睡在后台的一间旧房里，外面突然响起了剧烈的敲门声，一阵紧似一阵。工友夫妇开门一看，不禁吓呆了。一个三四十岁的麻脸军官阴沉着脸走进来，后面还跟着两个兵。这个麻子是怀宁县自卫大队的大队长。那人嘿嘿一笑，把工友夫妇赶到外面……

鲜灵灵的花朵，折了；活泼泼的雏鸟，萎了。

含泪问苍天，天色灰暗，阴沉沉。含泪问大江，江水呜咽，浪滔滔。

当时，她的父亲严思明也在安庆。然而，面对麻脸军官的"提亲"，他欣然同意了。严凤英被强拉进理发店烫了头发，换上紫红色的丝绒旗袍，穿上高跟皮鞋，塞进花轿，被送到了石牌镇的那座公馆，被逼成了麻脸军官的小老婆。

像鸟儿关进樊笼，如鱼儿游落网中。严凤英无法忍受"金屋藏娇"的痛苦，头不梳，脸不洗，装疯卖傻，把床上的被单和身上的衣服撕碎，有时号啕大哭，有时又哈哈大笑。还将房内的摆设用具打个精光，花瓶的碎片撒了一床，然后躺在地板上打滚撒泼，搞得一身灰和一脸的泥巴。

那个麻脸军官以为她真疯了，把她放走了。

没有行囊，没有一切。严凤英怀着悲愤回到了安庆城，在街上蹒跚。忽然，严凤英的眼睛一亮。那不是母亲么？她揉了揉眼，仔细一看，那提着篮子、穿着旗袍、匆匆行走的半老徐娘，正是自己的母亲丁小妹。

十多年前，丁小妹离开了严家连升栈，嫁给了一个国民党下级军官。现在已是中级军官的继父，对她的到来也很客气。然而，刚挣出樊笼的严凤英，又差一点被生身母亲推进了新的火坑。

继父的上级，就是安庆警备司令部的副司令，派了一个文官，登门拜访，为严凤英提亲。那人有权有势，财大气粗，威风赫赫，在安庆城有着举足轻重的地位。母亲和继父知道其中的分量，同意了这门亲事。

严凤英哭了一夜，拒绝了提亲。妈妈气了，骂她太任性。那个副司令见得不到严凤英，恼羞成怒，三天后，一道命令把严凤英继父调去外地任职。

那一天，病中的严凤英在昏睡中醒来，听听房内没有一点声音，挣扎着爬起来，有气无力地喊了几声"妈妈"，可什么回答也没有。她明白发生了什么事！

母亲啊母亲，过去几十年的思念，换来的只是几朝几夕的相聚。而几朝几夕的相聚过后，又是几十年的分离。是你负了我，还是我负了你？从此后，不再相见，亲情相忘。

亲人走了，丢下重病的她走了。

谁来照顾她？谁来关心她？父亲？师傅们？她的观众？斜阳照进昏暗的屋角，拖着长长的尾巴，好似一个大问号。

病好的严凤英，跟随程积善的班子去长江南岸演出。

铜陵县大通镇是一个较为繁华的水码头。在端阳节那天，班主为招揽观客，搞了一只"彩船"，夹在当地竞渡的龙船中。船上陈设着《白蛇传》中"端阳"一节的场面，由严凤英演白素贞，杨友林扮许仙。严凤英在大通舞台和船上的演唱，又引来了当地驻军和乡绅邪恶的目光。在一个雾蒙蒙的夜间，她搭乘小轮逃离大通，到芜湖去了。

在芜湖，严凤英结识了京剧武生艺人胡金涛。胡金涛，刚从北京一所戏曲学校学成归来，带着学生气。他的弟弟胡永芳、弟媳王艳梅唱青衣、花旦。还有一个小妹妹叫红线，比严凤英小两三岁。这一家善良的人，收留了严凤英。

1948 年春天，胡金涛一家离开芜湖来到安庆，严凤英也跟他们返回旧地。与胡家接触多了，严凤英学会了多折京剧，决意做京剧艺人，登台试唱。可是，困难就摆在了面前。一个新角登台，没有几件像样的"行头"怎么行呢？添置"行头"的钱从哪里来呢？

此时，黄梅调艺人杨友林特地赶到安庆，找到了严凤英，劝说她到青阳演出，包银不菲。严凤英正为"行头"钱而发愁，就跟着丁老六、杨友林的班子去了青阳。

青阳这个地方，是江南一个重镇，背靠长江，衔接九华山佛教圣地，是南北交会东西贯通的支点，商埠发达。在戏剧的鼎盛时期，艺人多在这里集散。历史上名重一时的"青阳腔"，就是在这一带形成的。因此，这里的群众十分喜欢看戏，至今还留存古风。

此去青阳，乃是应县参议长陈浩如的礼聘。台上的严凤英，那样多姿多彩，令人赏心悦目，可以跟任何一个京昆名角相媲美。戏刚一落幕，身为县自卫队长的陈浩如三弟，就提出了要娶严凤英为小老婆，三天内完婚。

听了这骇人的消息，严凤英先是大惊，接着是大哭，最后是大骂。她为苦难的命运而哭泣。她骂杨友林害了她。杨友林同样在暗暗落泪，内疚、自责在吞噬着他的心。

陈某撵走了丁老六一班人，派了人把严凤英扣下，逼她就范。严凤英坚决不答应，陈某就把她锁在镇上一个黑屋里。随后的几个月，小黑屋的门窗里，经常会伸进个枪筒，或扔进把匕首来。

严凤英横下一条心，任陈某软硬兼施，就是不做小老婆。一狠心，严凤英取下了指上的金戒指，久久地看着它。金戒指那么璀璨，那么宝贵。可今天，它却要陪伴她告别人世……

严凤英咬咬牙，将戒指送进嘴里……

空阔长天，寂寥似水；静浮新月，恬淡如霜。当被救活的严凤英坐着小船离开青阳，她不觉松了口气，发出虎口余生的感慨。

1949 年春天，人民解放军占领了南京，皖南重镇贵池也解放了。这时，丁老六带信给严凤英，叫她去安庆演出。她却坐船下了芜湖，不久于绵绵秋雨中第一次走上南京街头。

朦胧月色，满天星熠，一任街灯轻夺，漫舞成霓虹彩晶，缤纷着喧嚣繁华。严凤英改名严岱峰，在新街口米高舞厅当起了舞女。

可是，她依然放不下挚爱的黄梅调。那时的南京并没有黄梅戏，京剧和昆曲却很流行。严凤英加入了由一批京剧名票友组成的"友艺集"。在那里，她结识了京昆世家子弟甘律之。两人很快相恋同居。

由于严凤英是个底层的女子，而甘家是当地的名门望族，讲究门当户对。加上甘律之妻子新逝，按照家族风俗，丈夫续妻须三年之后。甘律之有所顾忌，没有将消息告诉家里。

谁料想，老爷子甘贡三倒是开明，说："家中的房子这么多，你们还住在外面干吗？"老爷子的这句话，让甘律之心里悬着的一块石头落了地。

终于，远方的云，不再漂泊；驿动的心，有了牵挂。1950 年年底，安庆市"群乐剧场"的黄梅戏班，派一位姓陈的职员到苏州购置演出行头，路过南京时，顺道前往甘家大院拜访，不经意间在这里见到了严凤英。陈某回到安庆后将见到严凤英的消息传了出来。"群乐剧场"的老板正在为演出生意不好而犯愁，听到严凤英已有下落，不禁喜出望外，赶忙派人到南京相请。

深明大义的甘律之，主动劝说严凤英返回安庆，并亲手张罗为严凤英添置了一套演出的衣箱行头。1951 年年初，严凤英终于踏上了返乡的归途，乘江轮回到了安庆。